Lernprozesse im Selbstcoaching

Caroline Lieser

Lernprozesse im Selbstcoaching

Eine qualitative Studie im Rahmen der Cahier-Methode

Springer VS

RESEARCH

Caroline Lieser
Freiburg i. Br., Deutschland

Zugl. Dissertation an der Pädagogischen Hochschule Freiburg, 2012

ISBN 978-3-531-19221-5 ISBN 978-3-531-19222-2 (eBook)
DOI 10.1007/978-3-531-19222-2

Die Deutsche Nationalbibliothek verzeichnet diese Publikation in der Deutschen Nationalbibliografie; detaillierte bibliografische Daten sind im Internet über http://dnb.d-nb.de abrufbar.

Springer VS

Einbandentwurf: KünkelLopka GmbH, Heidelberg

Gedruckt auf säurefreiem und chlorfrei gebleichtem Papier

Springer VS ist eine Marke von Springer DE. Springer DE ist Teil der Fachverlagsgruppe Springer Science+Business Media.
www.springer-vs.de

Danksagung

Ein herzliches Dankeschön geht an:

Herrn Prof. Dr. Thomas Fuhr für die Erstbetreuung dieser Dissertation,
Herrn Prof. Dr. Thomas Diehl für die Zweitbetreuung,

Herrn Ralf Schlieper-Damirch für die engagierte Unterstützung
im praktischen Projektabschnitt,

meine treuen Freundinnen
Céline Kuschek und Alexandra Falk für den fachlichen Austausch,

meine langjährige Studien- und Arbeitskollegin
Soony Neudeck für die fachliche Unterstützung

und an meinen Lebensgefährten Salvatore Feißt,
denn eine Dissertation bedarf auch seelisch-moralischer Unterstützung.

Meinen größten Dank möchte ich meinen Eltern
Renate und Thomas Lieser aussprechen:

DANKE, dass Ihr mir die Freiheit und Unterstützung
gegeben habt, das zu studieren, was ich wollte.

Inhaltsverzeichnis

Vorwort

Die vorliegende Arbeit untersucht den Forschungsgegenstand Selbstcoaching im Rahmen einer ausgewählten Interventionsmethode, der Cahier-Methode. Die Idee zu dieser qualitativen Studie ist aus meiner täglichen Arbeit heraus entstanden. Als Erziehungswissenschaftlerin und Coach habe ich den Anspruch, die Qualität meiner Arbeit durch Reflexion und Weiterbildung aufrechtzuerhalten und natürlich auch an der einen oder anderen Stelle noch zu steigern. Hierzu habe ich viele Methodenbücher gelesen, mich mit Kolleginnen und Kollegen fachlich ausgetauscht, viele Methoden ausprobiert, reflektiert und nicht zuletzt optimiert sowie meine Coachingpersönlichkeit und die der anderen analysiert.

Jetzt möchte ich einen klaren Perspektivenwechsel vornehmen, indem ich michmethodisch betrachtet noch stärker auf die Sicht meines Gegenübers, hier: des Probanden, einlasse und somit den Anwender der Cahier-Methode klar in den Vordergrund der Betrachtung stelle. Da ich keine adäquate Literatur fand, die meine Neugierde zu den Prozessen, die im Probanden ablaufen, zufriedengestellt hat, blieb nur eines übrig: selber machen.

Dabei war und ist für mich stets von zentraler Bedeutung, eine Schnittstellezwischen meiner beruflichen Praxis als Coach und der Erziehungswissenschaft mit dem Schwerpunkt Erwachsenenbildung zu finden. Daraus resultiert, dass meine Forschungsperspektive anwendungsorientiert geprägt ist. Mein wissenschaftliches Arbeiten ist dadurch motiviert, die berufliche Praxis für mich und andere Berater noch erfolgreicher zu gestalten.

1 Einleitung

Coaching ist momentan das Schlagwort in der Erwachsenenbildung – es scheint zu boomen. Jeder spricht darüber, obwohl nicht jeder wirklich weiß, was der Begriff Coaching überhaupt bedeutet und tatsächlich umfasst. Alles im Beratungsbereich wird zum Coaching.

Unter dem Begriff Coaching kann man momentan wohl ganz gut seine Dienstleistung vermarkten und verkaufen, da der Titel des Coachs rechtlich nicht geschützt ist. Jeder darf sich Coach nennen und jeder darf Coaching anbieten, was auch immer an Qualifikation vorliegt – oder eben nicht. Es scheint für einen Laien nahezu unmöglich zu sein, einen guten, vertrauensvollen und kompetenten Coach im Rahmen dieser rapiden Entwicklung auszuwählen.[1]

Populärwissenschaftliche Veröffentlichungen zum Thema Selbstcoaching erobern verstärkt seit dem Jahre 2002 bis heute den Buchmarkt. Den Publikationen von praktischen Selbstcoachingleitfäden sind keine Grenzen gesetzt: Es gibt Veröffentlichungen zum Thema Selbstcoaching speziell für Führungskräfte und Manager, für die Erzielung besserer Verkaufserfolge, zur Gewinnung eines selbstbewussteren Auftretens und der Förderung mentaler Stärke, Selbstcoaching speziell für Frauen, das Selbstcoachingprogramm für die Karriere bis hin zum verheißungsvollen Karrieresprung durch Selbstcoaching und Selbstcoaching zur Gewinnung von persönlicher Power und Kompetenz. Entsprechend wissenschaftlich fundierte Literatur zum Thema Selbstcoaching sucht man mit wenigen Ausnahmen nahezu vergeblich.

Es drängt sich die zentrale Frage auf, woran dieser Mangel an wissenschaftlicher Literatur zum Thema Selbstcoaching denn tatsächlich liegt? Steckt da etwa die Angst der Coachs dahinter, sich durch fundierte Selbstcoachingliteratur im Coachingsektor überflüssig zu machen?

Die vorliegende Forschungsarbeit setzt sich zum Ziel, die oben beschriebene Lücke der fehlenden wissenschaftlichen Veröffentlichungen zum Thema Selbstcoaching zu schließen. Dieses Ziel wird verfolgt, indem Selbstcoaching in Form der Cahier-Methode[2] wissenschaftlich untersucht wird. Bei der Cahier-

---

1 Vgl. Böning, U./ Fritschle, B.: Coaching fürs Business, S. 17 ff.

2 Der Begriff „Cahier-Methode" ist urheberrechtlich geschützt.

Methode handelt es sich um eine Selbstcoachingmethode, die als eine zielgerichtete Schreibmethode charakterisiert werden kann (vgl. 3.1.7) und die nach vorab definierten Rahmenbedingungen durchgeführt wird (vgl. 2.4.3). Zu diesen Rahmenbedingungen gehört, dass die einzelnen Probanden vorab einen Zeitraum von 14 Tagen definieren, in dem sie die Cahier-Methode anwenden. Das bedeutet, dass die Probanden in dem Zeitraum von 14 Tagen schriftliche Aufzeichnungen zu ihrer persönlichen Zielsetzung tätigen. Diese schriftlichen Aufzeichnungen werden hier als Cahiers bezeichnet, welche täglich morgens direkt nach dem Erwachen notiert werden. Dabei schreibt der Klient seine spontanen Gedanken möglichst so auf, wie sie ihm durch den Kopf gehen. Die morgendliche Schreibdauer beträgt als Richtlinie eine Stunde. Der Proband führt diese Arbeit jeden Tag möglichst zur selben Uhrzeit und am selben Ort durch (vgl. 2.4.3). Abschließend werden die Cahiers von den Probanden ausgewertet. Dies erfolgt mit Unterstützung einer Auswertungsanleitung (vgl. 3.1.9; vgl. Anhang).

Durch die Aufhebung des klassischen Coach-Klient-Settings im Selbstcoaching rückt der Lernprozess des Individuums als Untersuchungsgegenstand in den Mittelpunkt dieser Studie. Dieser Lernprozess wurde durch den Einsatz der Cahier-Methode initiiert. Anschließend wurden die Probanden leitfadengestützt interviewt. Die Analyse des Datenmaterials, welches qualitativ-inhaltsanalytisch ausgewertet wurde, liefert deduktive und induktive Kategorien, die einerseits den Lernprozess im Rahmen der Cahier-Methode modellieren und andererseits die Cahier-Methode im Sinne der Qualitätssicherung wissenschaftlich fundieren (vgl. 2.1). Die Darstellung dieses Kategoriensystems ermöglicht eine neue andragogische Theorie über Lernprozesse im Selbstcoaching (vgl. 4).

Weiterhin wird der Frage nachgegangen, ob es den Probanden durch die Anwendung der Cahier-Methode möglich ist, zu einer selbstständigen Lösung ihrer Anliegen zu gelangen. Es ist der Anspruch dieser Studie, für die Interventionsmethode namens Cahier-Methode eine wissenschaftliche Grundlegung zu liefern. Dies soll die Qualitätssicherung des Selbstcoachings maßgeblich vorantreiben. Ein wesentlicher Bestandteil bei der Durchführung der Cahier-Methode ist die Anregung der Selbstreflexion des Probanden (vgl. 4.1). Da Selbstreflexion ein zentrales Merkmal vieler (Selbst-)Coachingmethoden ist, ermöglicht die Untersuchung der Cahier-Methode Rückschlüsse auf ähnlich strukturierte (Selbst-)Coachingmethoden.

Im Coaching wird der Ratsuchende als Klient, aber auch als Coachee bezeichnet. Beide Begriffe werden in diesem Kontext synonym verwendet. Gemäß dem Forschungsgegenstand und -interesse dieser Arbeit müsste also von Selbstcoachee gesprochen werden. Da dieser Begriff aktuell im deutschen Sprachgebrauch keinen Einsatz findet, wird in diesem Forschungskontext darauf verzichtet. Stattdessen wird der Begriff Proband zugrunde gelegt. Hierbei wird im Sinne der Lesbarkeit in den Kapiteln 1, 2 und 3 von der geschlechtsspezifischen Differenzierung zwischen Probandin und Proband abgesehen. Erst bei der Analyse und Interpretation der Daten im Kapitel „Modellierung des Lernprozesses im Rahmen der Cahier-Methode“ (vgl. 4) wird eine geschlechtsspezifische Differenzierung vorgenommen, damit der Leser das Geschlecht der Probandin beziehungsweise des Probanden nachvollziehen kann. Ansonsten wird der männliche Begriff Proband verwendet, der die Probandinnen in dieser Arbeit stets mit einbezieht.

Es folgt ein Überblick über die vorliegende Forschungsarbeit, welcher dem Leser einen Leitfaden zur Orientierung geben soll: Das Kapitel „Wissenschaftliche Einordnung“ (vgl. 2) behandelt „Ziele der qualitativen Studie“ (vgl. 2.1), „Theoretische Hintergründe“ (vgl. 2.2) sowie die Begrifflichkeiten „Coaching“ (vgl. 2.3) und „Selbstcoaching anhand der Cahier-Methode“ (vgl. 2.4). Das anschließende Kapitel „Methodisches Vorgehen“ (vgl. 3) beschreibt detailliert die „Vorbereitungen zur Datenerhebung“ (vgl. 3.1), die eigentliche „Datenerhebung: Leitfadengestütztes Interview“ (vgl. 3.2), die „Datenaufbereitung: Transkription nach GAT“ (vgl. 3.3) und die „Datenauswertung: Qualitative Inhaltsanalyse nach MAYRING“ (vgl. 3.4). Das Kapitel „Modellierung des Lernprozesses im Rahmen der Cahier-Methode“ (vgl. 4) bildet den originären Teil dieser Forschungsarbeit. Die „Modellierung des Lernprozesses im Rahmen der Cahier-Methode“ erfolgt anhand des erarbeiteten Kategoriensystems (vgl. 4.1 bis 4.10). Dieses Kategoriensystem besteht aus insgesamt zehn Kategorien, die im Verlauf dieser Arbeit eingehend erläutert werden. Die sowohl induktiv als auch deduktiv gewonnenen Kategorien lauten „Selbstreflexion“ (vgl. 4.1), „Ergebnisbewertung“ (vgl. 4.2), „Selbstcoaching und Coaching“ (vgl. 4.3), „Innere und äußere Widerstände“ (vgl. 4.4), „Assoziationen“ (vgl. 4.5), „Austausch mit der Umwelt“ (vgl. 4.6), „Anliegen der Probanden“ (vgl. 4.7), „Umgang mit der Cahier-Methode“ (vgl. 4.8), „Bewertung der Cahier-Methode“ (vgl. 4.9) und „Motivation“ (vgl. 4.10). Auf das vierte Kapitel folgt die „Zusammenfassende Interpretation der Daten“ (vgl. 5), das neben der „Zusammenfassung des Kategoriensystems“ (vgl. 5.1) „Individuelle Zugänge der Probanden im Selbstcoaching“ (vgl. 5.2) charakterisiert.

Die Forschungsarbeit endet mit dem Kapitel „Resümee und Ausblick“ (vgl. 6), welches die wesentlichen Erkenntnisse dieser Forschungsarbeit zusammenfasst und Ausblick auf mögliche Anschlussstudien bietet. Die Forschungsergebnisse zeigen auf, wie innere Lernprozesse anhand der Cahier-Methode ablaufen (vgl. 4). Die Cahier-Methode stellt demnach eine ernstzunehmende Interventionsmethode sowohl im Selbstcoaching als auch im kombinierten Coaching dar.[3] Darüber hinaus liefern die Forschungsergebnisse generelle Rückschlüsse auf (Selbst-)Coaching als Interventionsmethode.

3 Der Begriff kombiniertes Coaching bezeichnet die Integration von Selbstcoachingmethoden im Coaching.

2 Wissenschaftliche Einordnung

Das vorliegende Kapitel hat die Funktion, den Forschungsgegenstand Selbstcoaching wissenschaftlich einzuordnen. Dies erfolgt anhand des Teilkapitels „Ziele der qualitativen Studie“ (vgl. 2.1), mit Hilfe der Darlegung der „Theoretische(n) Hintergründe“ (vgl. 2.2) und unter Klärung der Begrifflichkeiten wie „Coaching“ (vgl. 2.3) und „Selbstcoaching anhand der Cahier-Methode“ (vgl. 2.4).

2.1 Ziele der qualitativen Studie

Dieses Teilkapitel verfolgt das Ziel, sowohl die theoretische als auch die praktische Zielsetzung der qualitativen Studie vorzustellen. Bei der primären Zielsetzung dieser Untersuchung handelt es sich um eine theoretische Zielsetzung. Hierbei soll der Lernprozess, den die Probanden im Selbstcoaching durchlaufen, in Form eines theoretischen Konzepts rekonstruiert werden. Das theoretische Konzept wird aus andragogischer Perspektive erarbeitet und diskutiert. Die Entwicklung dieses theoretischen Konzepts wird als „Modellierung des Lernprozesses im Selbstcoaching“ bezeichnet (vgl. 4).

Die praktische Zielsetzung hingegen verfolgt die Absicht, die Selbstcoachingmethode namens Cahier-Methode wissenschaftlich zu fundieren. Bei der Cahier-Methode handelt es sich um eine Schreibmethode, die zur individuellen Bearbeitung und im Idealfall zur Klärung persönlicher Anliegen dient (vgl. 2.4). Diese wissenschaftliche Fundierung soll einen kompetenten Einsatz der Cahier-Methode in der (Selbst-)Coachingarbeit gewährleisten. Dabei wird Personen, die an (Selbst-)Coaching interessiert sind, ein methodisch ausgearbeitetes Konzept zur Bearbeitung eigener Anliegen zur Verfügung gestellt.

In der Planungsphase des Forschungsprojekts galt es sowohl die theoretische als auch die praktische Zielsetzung zu berücksichtigen (vgl. 3.1). Aus der theoretischen und praktischen Zielsetzung wurden die Forschungsfragen abgeleitet und entwickelt. Die Erkenntnisse zu den Forschungsfragen werden in dieser Studie qualitativ erforscht.

Das qualitative Vorgehen erweist sich im Rahmen des Forschungsvorhabens deshalb als sinnvoll, da bisher sowohl über Coaching – insbesondere aber über Selbstcoaching – wenig wissenschaftlich fundierte Literatur veröffentlicht wurde. Darüber hinaus stellt die Cahier-Methode eine neue Interventionsmethode dar, zu der an wissenschaftlicher Grundlegung bisher erst eine unveröffentlichte Diplomarbeit von LEITNER vorliegt.[4] Diese fehlende vertiefende wissenschaftliche Fundierung erfordert ein qualitatives Vorgehen zur Generierung von Erzähltexten. Methodisch betrachtet wird dies durch den Einsatz qualitativer Interviews umgesetzt. Somit soll die bisher mangelnde wissenschaftliche Fundierung anhand dieser Studie vorangebracht werden.

Zusammenfassend kann festgehalten werden, dass die vorliegende Forschungsarbeit eine zweifache Zielsetzung verfolgt. Dabei ist es das primäre Ziel dieser Studie, den Lernprozess anhand der Selbstcoachingmethode namens Cahier-Methode zu modellieren. Hierzu werden deduktive und induktive Kategorien vorgestellt, mit denen der Lernprozess der Probanden beschrieben werden kann (vgl. 4). Dadurch ist es auch möglich Hinweise zu geben, wie das Selbstcoaching anhand der Cahier-Methode verbessert werden kann. Somit rückt die Qualitätssicherung von Selbstcoaching im pädagogischen Handlungsfeld neben der wissenschaftlichen Fundierung der Cahier-Methode in den Fokus dieser Studie. Insgesamt kann festgehalten werden, dass die Qualität der Cahier-Methode optimiert werden soll – gesetzt den Fall, die Forschungsergebnisse zeigen diese Notwendigkeit auf.

2.2 Theoretische Hintergründe

Das Teilkapitel „Theoretische Hintergründe" fundiert die vorliegende Forschungsarbeit theoretisch, indem es sich auf das Menschenbild der Humanistischen Psychologie bezieht (vgl. 2.2.1), welches der Cahier-Methode zugrunde liegt und die Forschungsarbeit historisch-gesellschaftlich einordnet (vgl. 2.2.2). Darüber hinaus wird das Verständnis des Lernbegriffs im Rahmen der Cahier-Methode geklärt, um dem Leser theoretische Vorannahmen darzulegen (vgl. 2.2.3). Es erfolgt abschließend eine Einordnung des Selbstcoachings anhand der Cahier-Methode in das Konzept „Selbstgesteuertes Lernen" (vgl. 2.2.4).

4 Vgl. Leitner, C.: Die Cahiermethode. Ein neues Instrument für das Coaching?

2.2.1 Menschenbild der Humanistischen Psychologie

Das Teilkapitel „Menschenbild der Humanistischen Psychologie" klärt die der Cahier-Methode zugrunde liegenden Vorannahmen zu den individuellen Fähigkeiten im Lernprozess. Zur Darlegung des humanistisch-psychologischen Menschenbildes und dessen Auffassung von Lernfähigkeit bedarf es eines kurzen historischen Abrisses.

Die Humanistische Psychologie hat sich in den 50er- und 60er-Jahren als sogenannte „Dritte Kraft" neben der Psychoanalyse und dem Behaviorismus etabliert. Dabei handelt es sich um eine psychologische Denktradition, die sich in den USA entwickelte und die sich Ende der 60er-Jahre nach Deutschland und Europa ausdehnte.[5] Hervorzuheben gilt, dass die konzeptionelle Entwicklung der Humanistischen Psychologie maßgeblich von deutschen Psychologen entwickelt wurde, die im Zweiten Weltkrieg von Deutschland in die Vereinigten Staaten emigrierten. Der Grund für das Auswandern vieler deutscher Psychologen in die USA war die Flucht vor dem faschistischen Deutschland.

Die wirtschaftliche Krise, die sich unter dem Präsidenten Coolidge (Amtszeit 1923 bis 1929) in den Vereinigten Staaten zuspitzte, erlangte unter Präsident Hoover (Amtszeit 1929 bis 1933) mit dem historischen „Black Friday" ihren Höhepunkt. Sowohl die Weltwirtschaft als auch die amerikanische Nation erlitten schwere Erschütterungen. Es folgte 1933 die Präsidentschaftswahl von Roosevelt, der eine gigantische Wirtschaftsreform, den „New Deal", einleitete. Zu Roosevelts Beraterstab gehörten überwiegend Leute, die sich dem humanistischen Pragmatismus nach Dewey verpflichtet sahen. Diese politische Ausgangssituation der Vereinigten Staaten führte dazu, dass sich humanistische Ideen in den USA entfalten konnten. Humanistisches Gedankengut und sich daraus entwickelnde humanistische Konzepte konnten so über Umwege wieder zurück nach Deutschland gebracht werden.[6]

Die ersten ausgearbeiteten Konzepte der humanistischen Psychologie gehen auf ROGERS, GOLDSTEIN, FROMM, MASLOW und PERLS zurück.[7] ROGERS Kernthese besagt, dass das Individuum potenziell über enorme Möglichkeiten verfügt, sich selbst zu begreifen und seine Selbstkonzepte, seine Grundeinstellung und sein selbstgesteuertes Verhalten zu verändern. Dies nennt er den Drang

5 Vgl. Quitmann, H.: Humanistische Psychologie, S. 12.

6 Vgl. ebd. S. 17 ff.

7 Vgl. Rogers, C.: The Clinical Treatment of the Problem Child; Goldstein, K.: Der Aufbau des Organismus; Fromm, E.: Escape from Freedom; Rogers, C.: Counseling and Psychotherapie; Maslow, A.: Dynamics of Personality Organisation; Perls, F.: Ego, Hunger and Agression.

zur Selbstaktualisierung. „Es ist der Drang, der sich in allem organischen und menschlichen Leben zeigt: sich auszuweiten, auszudehnen, zu entwickeln, autonom zu werden, zu reifen: die Tendenz alle Fähigkeiten des Organismus in dem Maße auszudrücken und zu aktivieren, in dem solche Aktivierung den Organismus sich entfalten lässt oder das Selbst steigert."[8]

Die verschiedenen psychologischen Denkansätze, die sich im Zusammenhang mit der Humanistischen Psychologie heraus differenziert haben, gehen davon aus, dass der Mensch als Individuum über Ressourcen verfügt, mit deren Hilfe er seine Probleme eigenständig lösen kann.[9] Betrachtet man ROGERS Grundannahmen, so können diese wie folgt zusammengefasst werden:

- Der Mensch ist von Natur aus gut.
- Der Mensch weiß selbst, was für ihn gut ist.
- Der Mensch hat die Fähigkeit, seine Probleme selbst zu lösen.

Im Zusammenhang mit der Problemlösekompetenz des Menschen beschreibt ROGERS die Dynamik von Veränderungsprozessen.[10] Dabei betont er, dass unerwünschte Verhaltensweisen durch die Person erst akzeptiert werden müssen, bevor diese abgelegt beziehungsweise durch adäquates Verhalten ersetzt werden können: „In dem Maße schließlich, in dem er den inneren Gefühlen genauer zuhört und gegenüber sich selbst weniger bewertend und mehr akzeptierend wird, nähert er sich stärkerer Kongruenz. Er findet es möglich, hinter den Fassaden, die er aufgebaut hat, hervorzukommen, sein Abwehrverhalten fallenzulassen und ehrlicher das zu sein, was er in Wahrheit ist. Während diese Veränderungen stattfinden, während er selbstbewusster, selbstbejahender, weniger abwehrend und offener wird, entdeckt er, dass er endlich frei ist, sich zu verändern und in die Richtungen zu entfalten, die dem menschlichen Organismus natürlicher sind."[11] ROGERS weist in diesem Kontext auf ein Paradoxon hin, das besagt, dass Veränderung nur möglich ist, wenn man sich akzeptiert wie man ist, dass „wir uns nicht ändern können, bis wir völlig akzeptieren, was wir sind. Dann ereignet sich fast unmerklich die Veränderung."[12]

Insgesamt formuliert ROGERS zwölf charakteristische Schritte eines therapeutischen Prozesses. Der siebte Schritt stellt dabei „die Entwicklung von Ein-

8 Rogers, C.: Entwicklung der Persönlichkeit, S. 49.

9 Richtungen der Humanistischen Psychologie sind u.a. die personenzentrierte Gesprächstherapie nach Rogers, die Gestalttherapie nach Perls, das Psychodrama nach Moreno, die Logotherapie nach Frankl.

10 Rogers, C.: Entwicklung der Persönlichkeit, S. 76 ff.

11 Ebd.

12 Ebd. S. 33.

sicht“ dar und ist mit der Akzeptanz eigener Verhaltensweisen gleichzusetzen: „Diese Einsicht, dieses Verstehen des Ich und Akzeptieren des Ich, ist der nächste wichtige Aspekt des gesamten Prozesses. Er stellt die Basis dar, von der aus das Individuum zu neuen Integrationsebenen fortschreiten kann.“[13]

Die von ROGERS aufgestellten humanistisch-psychologischen Grundannahmen liegen der Cahier-Methode zugrunde. Während ROGERS sich bei seinen Grundannahmen stets auf ein Therapeut-Klient-Setting beziehungsweise ein Berater-Klient-Setting bezieht, wird in diesem Forschungsvorhaben seine These zur Dynamik von Veränderungsprozessen auch im Rahmen des Selbstcoachingsettings identifiziert (vgl. 4.1.5).

Darüber hinaus wird bei der Anwendung der Cahier-Methode dem Individuum die Kompetenz zugesprochen, persönliche Anliegen anhand des Selbstcoachingprozesses selbstgesteuert lösen zu können. Dabei wird der Begriff Lösung beziehungsweise Ergebnisbewertung in dieser Forschungsarbeit intensiv untersucht, indem er in Verbindung mit dem Begriff Qualität gesetzt und diskutiert wird (vgl. 4.2).

2.2.2 Historisch-gesellschaftliche Einordnung

Dieses Teilkapitel verfolgt das Ziel, den Lernbegriff in einen historisch-gesellschaftlichen Kontext einzubetten und dadurch die Legitimation des Forschungsvorhabens zusätzlich zu festigen. Es erfolgt im Anschluss eine detaillierte Darlegung des Lernbegriffs, welcher der Cahier-Methode zugrunde gelegt wird (vgl. 2.2.3).

Betrachtet man im Zusammenhang mit dem Lernbegriff den historisch-gesellschaftlichen Kontext des letzten Jahrhunderts, so stand das „sozialisatorische Lernen“ im Mittelpunkt der vormodernen Gesellschaft.[14] Sozialisatorisches Lernen bedeutet die Weitergabe von Kenntnissen und Fertigkeiten von Generation zu Generation. Mit dem Übergang in die Moderne vollzog sich eine Wandlung von einer feudalen, agrarischen Gesellschaft hin zu einer bürgerlichen, industriellen Gesellschaft. Die Wissensvermittlung von Generation zu Generation reichte nicht mehr aus. Zusätzlich bewirkten die beginnende Industrialisierung und die damit einhergehende Verstädterung, dass viele Menschen andere Berufe ergriffen als die ihrer Eltern. Der Staat musste mit der Erweiterung von Bildungsangeboten auf diese Entwicklung reagieren. Es folgte im 19.

13 Rogers, C.: Die nicht-direktive Beratung, S. 46 ff.

14 Vgl. Hof, C.: Lebenslanges Lernen, S. 18, 19; Vgl. Olbrich, J.: Geschichte der Erwachsenenbildung, S. 367 ff.

Jahrhundert eine Welle der Institutionalisierung von Bildungsangeboten, die dazu führte, dass Lernen in abgetrennten Lernsituationen stattfand.[15]

Lernen erfolgte nicht mehr auf Vorrat allein in der Kindheit, sondern setzte sich jetzt bis ins Erwachsenenalter über den gesamten Lebenslauf fort. Neben der Ausdifferenzierung von Lernangeboten der Erwachsenenbildung wurde in den 60er-Jahren somit ein Grundstein für Konzepte des „Lebenslangen Lernens" gelegt.[16] Bereits seit den 70er-Jahren wurde thematisiert, dass Lernen nicht nur in pädagogisch arrangierten Erziehungssituationen stattfindet, sondern dass sich die Gestaltung von Lernprozessen auch an Merkmalen des alltäglichen Lebens zu orientieren habe.[17] Diese Forderung, die man schon in den 70er-Jahren in den Texten der OECD schriftlich fixiert findet, wird erst Mitte der 90er-Jahre im deutschen pädagogischen Diskurs thematisiert.[18] Das Konzept des Lebenslangen Lernens stellt also neben dem Lernen im Kontext der institutionalisierten Erwachsenenbildung und Weiterbildung das individuelle Lernen im Lebenslauf in den Fokus der Betrachtung.

Mit der sich stetig beschleunigenden „Halbwertszeit von Wissen" – bedingt durch die immer schneller werdende Entwicklung der Informations- und Kommunikationstechnik – gewinnen neben dem institutionellen Lernen andere Lernformen, wie zum Beispiel Konzepte des „Lebenslangen Lernens" und des „Selbstgesteuerten Lernens" außerhalb von Institutionen, immer mehr an Bedeutung (vgl. 2.2.4).[19] Lebenslanges Lernen wird in diesem Kontext definiert als ein Lernen, das zeitlich nicht auf einzelne Lebensphasen begrenzt ist, sondern als kontinuierlicher Prozess verstanden wird, der sowohl institutionalisierte, aber auch informelle Lernprozesse beinhaltet.[20] Der Begriff des selbstgesteuerten Lernens betont die Eigenverantwortlichkeit des Lernenden, sich eigenständig neues Wissen anzueignen und seinen Lernprozess nahezu selbstständig zu gestalten. Dabei handelt es sich bei dem Begriff des Selbstgesteuerten Lernens um einen Oberbegriff für alle Lernformen, in denen der Lernende den Lernprozess weitgehend selbst bestimmt und verantwortet (vgl. 2.2.4).[21]

Auch Diskontinuität von Erwerbsverläufen, wie zum Beispiel Phasen der Arbeitslosigkeit, aber auch Wechsel zwischen Berufs-, Fortbildungs- und Familienphasen und immer häufiger wechselnde Arbeitstätigkeiten (sowohl freiwillig

15 Vgl. Hof, C.: Lebenslanges Lernen, S. 18, 19; Vgl. Olbrich, J.: Geschichte der Erwachsenenbildung, S. 367 ff.
16 Vgl. Olbrich, J.: Geschichte der Erwachsenenbildung, S. 364.
17 Vgl. Hof, C.: Lebenslanges Lernen, S. 21.
18 Vgl. Dohmen, G.: Das Lebenslange Lernen. Leitlinie einer modernen Bildungspolitik, S. 20.
19 Vgl. ebd.
20 Vgl. ebd. S. 30.
21 Vgl. Greif, S./ Kurtz, H.-J. (Hrsg.): Handbuch selbstorganisiertes Lernen, S. 45.

als auch unfreiwillig) fordern die Flexibilität des Einzelnen, sich im Laufe seiner Biografie kontinuierlich weiterzubilden.[22] Nur so bleibt der Arbeitnehmer auf dem sich schnell verändernden Arbeitsmarkt anschlussfähig.

Nimmt der Berufstätige die Herausforderung des lebenslangen Lernens nicht an, so besteht die Gefahr, den sogenannten Marktwert auf dem Arbeitsmarkt in beruflichen Veränderungssituationen zu verlieren, sprich dem gestellten Anforderungsprofil nicht gerecht werden zu können. Dies kann im schlimmsten Fall eine Arbeitslosigkeit zur Folge haben, die als psychische Belastung erlebt wird. Der häufige Wechsel in der Erwerbsbiografie aber auch die steigenden Lebenserwartungen erhöhen die Nachfrage nach Lernmöglichkeiten insbesondere im persönlichkeitsbildenden Bereich.[23]

Die vorliegende Studie beschäftigt sich mit einer Lernform, die neben institutionalisierten Lernprozessen angewendet werden kann. Dabei handelt es sich um Lernen anhand von Selbstcoaching. Die Entwicklung von Selbstcoaching und somit auch die Entwicklung der Cahier-Methode stellen eine pädagogisch-praktische Reaktion auf die oben beschriebene historisch-gesellschaftliche Entwicklung dar. Dem Einzelnen wird methodisches Handwerkszeug geboten, um informelle, sprich nicht institutionalisierte Lernprozesse, selbstgesteuert durchführen zu können.

Es folgt eine differenzierte Darlegung des dieser Forschungsarbeit zugrunde gelegten Lernbegriffs, der „Lernen als Reflexion“ definiert (vgl. 2.2.3).

2.2.3 Lernen als Reflexion

Im vorliegenden Teilkapitel „Lernen als Reflexion“ werden zunächst die Begriffe Reflexion und Selbstreflexion definiert. Diese Begriffsdefinitionen erfordern eine Klärung des damit eng verbundenen Handlungsbegriffs. Die Definition des zugrunde liegenden Lernbegriffs nimmt Bezug auf ein Stufenmodell von ARGYRIS und SCHÖN, welches Selbstreflexionsprozesse in drei Stufen differenziert.[24] Diese Stufen werden im Anschluss diskutiert.

---

22 Vgl. Hof, C.: Lebenslanges Lernen, S. 27 ff.

23 Vgl. Halimi, S.: Lifelong Learning for Equity and Social Cohesion: A New Challenge for Higher Education. In: McIntosh, C./ Varogul, Z.: Lifelong Learning & Distance Higher Education, S. 14 ff.

24 Vgl. Argyris, C./ Schön, D.: Die Lernende Organisation, S. 35 ff.

Entgegen der klassisch-kognitiven Definition von Lernen als Aufnahme und Verarbeitung von Wissen[25], liegt dieser Arbeit das Begriffsverständnis „Lernen als Reflexion“ zugrunde. Diese begriffliche Festlegung beinhaltet sowohl Reflexions- als auch Selbstreflexionsprozesse.

Reflexion wird dabei definiert als „ein Prozess, bei dem eine Person ihre Aufmerksamkeit auf ein Ereignis richtet, dieses Ereignis vor dem Hintergrund eines vorher bestehenden Ziels und vorangegangener Erfahrungen bewertet, Handlungsoptionen generiert sowie die erwartbaren Auswirkungen dieser Handlungsoptionen auf die gegenwärtige Situation bezieht und Entscheidungen über zukünftige Handlungen mit dem Ziel der Problemlösung trifft.“[26] Die komplexe Begriffsdefinition von HENNINGER/ MANDL/ LAW betont die Prozesshaftigkeit von Reflexionsprozessen, deren Intentionalität und die damit verbundene Generierung von Handlungsoptionen. Dazu muss das reflektierende Subjekt die eigene Aufmerksamkeit auf das reflektionswürdige (problembehaftete) Ereignis richten. Darüber hinaus proklamieren die Autoren, dass entwickelte Handlungsoptionen mit bestehenden Erfahrungen abgeglichen werden und deren Konsequenzen auf die gegenwärtige Situation analysiert werden. Die Intention des Reflexionsprozesses lässt sich als Klärung eines Anliegens beziehungsweise als Lösung eines Problems bestimmen.

Der Begriff Selbstreflexion hingegen wird alltagssprachlich als „bewusstes Nachdenken über die eigene Person“ beschrieben.[27] Überträgt man die obige Definition des Begriffs Reflexion von HENNINGER/ MANDL/ LAW auf das Konstrukt der Selbstreflexion, wird nach DILGER diese Definition in den Ereignissen auf solche eingeschränkt, die die Person mit sich selbst in Verbindung bringt; das heißt die Prozesse, denen sie sich selbst als zugehörig empfindet beziehungsweise beschreibt.[28] Beim Übertrag der Definition Reflexion auf die der Selbstreflexion, wird die Begrifflichkeit der „Ereignisse“ dahingehend enger gefasst, dass diese sich stärker auf das reflektierende Subjekt beziehen.

DILGER differenziert im Zusammenhang mit Reflexion die folgenden drei Betrachtungsperspektiven:[29]

25 Vgl. Piaget, J./ Fatke, R. (Hrsg.): Meine Theorie der geistigen Entwicklung.
26 Henninger, M./ Mandl, H./ Law, L.-C.: Training und Reflexion, S. 236.
27 Greif, S.: Coaching und ergebnisorientierte Selbstreflexion, S. 36.
28 Vgl. Dilger, B.: Der selbstreflektierende Lerner, S. 24.
29 Vgl. ebd. S. 14 ff.

- Reflexionssubjekt
- Reflexionsobjekt
- Reflexionsprozess

Während bei der Analyse des Begriffs Reflexion zwischen den Variablen „Reflexionssubjekt“, „Reflexionsobjekt“ und „Reflexionsprozess“ unterschieden werden muss, findet beim Vorgang der Selbstreflexion eine Verschiebung statt.[30] Das Reflexionssubjekt wird gleichzeitig auch zum Reflexionsobjekt.

Lernen durch Reflexion anhand der Cahier-Methode verfolgt das Ziel, aus Sicht der Probanden Anliegen zu klären. Dabei wird deutlich, dass der Lern- und Klärungsprozess anhand der Cahier-Methode stets intentional, im Sinne von zielgerichtet, ist. Diese Klärungsprozesse sind stark auf die Aufrechterhaltung und Herstellung der eigenen Handlungsfähigkeit ausgerichtet. Das Resultat nach Einsatz der Cahier-Methode kann sowohl verändertes Handeln der Probanden sein, aber auch die Bestätigung von bisherigem Handeln kann daraus folgen, sprich das Beibehalten von vertrauten Handlungsmustern.

Dem hier verwendeten Handlungsbegriff liegt die Definition von SCHWADORF zugrunde: „Handlungen sind zielgerichtet, in ihrem inneren Aufbau verstandene Vollzüge, die auf einen Gegenstand hin orientiert sind. Sie sind Prozesse, die auf Spielräumen des Subjekts und Veränderungspotentialen der Umwelt bzw. der eigenen Person basieren, regelgeleitet gestalten sind, wodurch sich die Umwelt wie auch das Subjekt selbst verändern können.“[31] Des Weiteren proklamiert SCHWADORF: „Handlungen sind oft mehrdimensional, sie können ebenfalls nur gedankliche Konstruktionen umfassen und sind der subjektiven Kontrolle durch das Individuum zugänglich.“[32] Ein wesentlicher Aspekt der Begriffsbestimmung nach SCHWADORF stellt das Merkmal der Mehrdimensionalität von Handlungen dar, welches besagt, dass Handlungen auch gedankliche Konstruktionen sein können und in diesem Falle von außen keine zu beobachtenden, intersubjektiv nachvollziehbaren Kriterien vorliegen, um diese Form der Handlungen zu belegen.

Auch DILGER wendet sich in Anlehnung an AEBLI gegen „eine Dualität von Denken und Handeln“, indem er den Handlungsbegriff sowohl für das nach außen hin sichtbare Tun am Objekt als auch für das nach außen nicht unbedingt sichtbare gedankliche Nachvollziehen“ einsetzt.[33]

30 Dilger, B.: Der selbstreflektierende Lerner, S. 24.
31 Schwadorf, H.: Berufliche Handlungskompetenz, S. 63.
32 Ebd.
33 Dilger, B.: Der selbstreflektierende Lerner, S. 27 ff.

DILGER proklamiert, dass (Selbst-)Reflexionsprozesse beim Lernen zwei zentrale Funktionen ausüben. Zum einen besitzen sie das Potenzial Lernprozesse zu beschleunigen, was sie am bildlichen Vergleich eines Katalysators veranschaulicht.[34] Als zweite zentrale Funktion schreibt DILGER (Selbst-)Reflexionsprozessen eine „transformative Wirkung" auf Lernprozesse zu. Diese „transformative Wirkung" besagt, dass Lernprozesse durch (Selbst-)Reflexion sich qualitativ verändern können.[35] In diesem Kontext definiert DÖRNER Selbstreflexion als „eine herausragende Fähigkeit des Menschen" und erläutert: „Mit Hilfe der Selbstreflexion ist der Mensch in der Lage kognitive Systeme, seine heuristischen Verfahren, seine Verfahren des Planens und Entscheidens selbständig, fast beliebig zu verändern."[36] In diesem Zusammenhang rücken die Begriffe Verantwortung und Wahlfreiheit in den Fokus der Betrachtung, denn das Individuum trägt Verantwortung für seine getroffenen Entscheidungen, die einer Wahlfreiheit unterliegen und natürlich der Verantwortung für daraus resultierende Handlungen: „Und schließlich ist die Fähigkeit zur Selbstreflexion die Voraussetzung dafür, daß man Menschen für ihr Tun verantwortlich machen kann, es ihnen als – Schuld oder Verdienst – zuschreiben kann, sie dafür zur Rechenschaft ziehen kann. Denn wenn jemand in der Lage ist, sein Denken zu betrachten und aufgrund der Betrachtung zu modifizieren, so hätte er eben auch anders handeln können, als er es getan hat."[37]

ARGYRIS proklamiert, dass Menschen über Reflexion ihrer Handlungen und Selbstreflexion ihrer eigenen Stärken und Schwächen effizienter handeln und grundlegender lernen können.[38] Dabei differenzieren ARGYRIS und SCHÖN drei Stufen der Selbstreflexion beim Lernen, nämlich (1) das „Single-Loop-Lernen" (Lernen mit einfacher Rückkopplung), (2) das „Double-Loop-Lernen" (Lernen mit doppelter Rückkopplung) und (3) das „Deutero-Lernen" (Reflexion des Single- und Double-Loop-Lernens). Zwar nehmen ARGYRIS und SCHÖN in ihrem Werk die Betrachtungsperspektive der „Lernenden Organisation" ein, doch lässt sich ihr Stufenmodell der Reflexion beim Lernen auch auf das einzelne Individuum anwenden.[39]

Es folgt eine Darstellung des Stufenmodells nach ARGYRIS und SCHÖN, soweit es für die Betrachtung der Individualebene im vorliegenden Forschungskontext zweckdienlich ist. Das Stufenmodell soll im Folgenden dargestellt wer-

34 Dilger, B.: Der selbstreflektierende Lerner, S. 2.

35 Ebd. S. 3.

36 Dörner, D.: Selbstreflexion und Handlungsregulation, S. 221.

37 Ebd. S. 200.

38 Vgl. Greif, S.: Coaching und ergebnisorientierte Selbstreflexion, S. 44; Schindler, M.: Wissensmanagement in der Projektabwicklung, S. 43.

39 Vgl. Argyris, C./ Schön, D.: Die Lernende Organisation, S. 35 ff.

den, um anschließend den Transfer auf das vorliegende Forschungsdesign zu vollziehen:

(1) Single-Loop-Lernen
Das Single-Loop-Lernen, auch Anpassungslernen genannt, umfasst nach ARGYRIS und SCHÖN die einfachste Art der Selbstreflexion. Eine Person nimmt wahr beziehungsweise reflektiert, dass sie aufgrund ihres Verhaltens das selbst angestrebte Ziel, auch Sollwert genannt, nicht erreicht. Sofern eine Korrektur des Verhaltens so lange stattfindet, bis das persönliche Ziel beziehungsweise der Sollwert erreicht ist, kann von einem Anpassungslernen gesprochen werden. Es erfolgt demnach aufgrund von Selbstreflexion ein verändertes Verhalten mit dem Ziel, den gewünschten Sollwert zu erreichen.

(2) Double-Loop-Lernen
Das Double-Loop-Lernen stellt nach ARGYRIS und SCHÖN eine zweite Form des Lernens und der Selbstreflexion dar. Von Double Loop Lernen, auch Veränderungslernen genannt, ist dann die Rede, wenn eine Reflexion des Sollwertes stattfindet. Eine Person kann seine persönlichen Ziele beziehungsweise den Sollwert reflektieren. Das heißt, dass die Person sich nicht einfach an den angestrebten Sollwert hält, sondern darüber reflektiert, ob es für das Anliegen bessere Sollwerte gäbe. Das kann dann der Fall sein, wenn zum Beispiel Umwelteinflüsse die Modifikation der angestrebten Ziele erfordern. Beim Double-Loop-Lernen bezieht sich die Reflexion nicht nur auf Ziele oder Sollwerte, sondern auch auf die dem Handeln zugrunde gelegten Annahmen, Voraussetzungen oder Bedingungen.

(3) Deutero-Lernen
Die dritte Reflexionsform der Lernstufen stellt das Deutero-Lernen, auch Prozesslernen genannt, dar. Es werden beide Prozesse, nämlich der des Single-Loop-Lernens und der des Double-Loop-Lernens reflektiert und verbessert. GREIF betont: „Typisch ist hier eine ganzheitliche Überprüfung oder Evaluation und Verbesserung der Lernprozesse, Ziele sowie reflexiven Verbesserungen. Insbesondere sollen regelmäßig nicht nur die Erfolge, sondern auch die Misserfolge evaluiert werden, um daraus Veränderungen abzuleiten.“[40] Durch Selbstreflexion werden somit Lernprozesse hinterfragt und eigenes Lernverhalten überdacht.

40 Greif, S.: Coaching und ergebnisorientierte Selbstreflexion, S. 47.

Im weiteren Verlauf der Forschungsarbeit kann davon ausgegangen werden, dass bei den Probanden überwiegend (1) Anpassungslernen (Single-Loop-Lernen) und (2) Veränderungslernen (Double-Loop-Lernen) stattfindet, ohne dass sie sich im Einzelnen explizit darüber bewusst sind (vgl. 4.1.1). Das heißt konkret, dass sowohl Reflexion von eigenem, als nicht zielführend erlebtem Verhalten (und eigenem unerwünschtem Verhalten) stattfindet (1), aber auch die Differenz zwischen Ist-Zuständen und angestrebten Soll-Zuständen analysiert wird (2). Das oben beschriebene Deutero-Lernen (3) rückt in diesem Forschungskontext in den Hintergrund, da es anhand der untersuchten Interviews nicht eindeutig belegt werden kann (vgl. 4.1.1).

2.2.4 Selbstgesteuertes Lernen

Im vorliegenden Teilkapitel „Selbstgesteuertes Lernen" werden Begriffe wie Selbststeuerung und Selbstorganisation unter Bezug auf historische Wurzeln definiert, um anschließend die Cahier-Methode innerhalb dieser Konzepte einzuordnen. Die Prinzipien des Selbstgesteuerten Lernens und des Selbstorganisierten Lernens sind nicht neu, aber dennoch aktuell. Der Grundgedanke dieser Konzepte ist das „Ideal einer selbstbestimmten und möglichst freien Entwicklung".[41] Dieses Ideal ist auf Philosophen der Antike zurückzuführen- von PLATON, ARISTOTELES über DESCARTES, LEIBNIZ, SPINOZA bis hin zu den amerikanischen Humanisten HUTCHINS und ADLER- und wird als die Linie des „rationalen Humanismus" bezeichnet.[42] Dabei folgen diese Philosophen der Idee, dass „sich Menschen handelnd und lernend unter Nutzung ihrer Vernunft ganzheitlich und selbstreflektiert mit sich und der Wirklichkeit auseinandersetzen sollen".[43]

Eine zweite Wurzel sieht DEITERING im „ganzheitlichen Humanismus", der den Menschen in seiner Ganzheit von Geist, Körper und Seele begreift. Diese Linie startet bei PROTAGORAS und führt über ROUSSEAU, PESTALOZZI, FRÖBEL, DEWEY, NOHL und KERSCHENSTEINER bis zur heutigen Huma-

41 Vgl. Greif, S./ Kurtz, H.-J.: Selbstorganisation, Selbstbestimmung und Kultur. In: Greif, S./ Kurtz, H.- J. (Hrsg.): Handbuch Selbstorganisiertes Handeln, S. 21.

42 Deitering, F. G.: Humanistische Bildungskonzepte. In: Greif, S./ Kurtz, H.- J. (Hrsg.): Handbuch Selbstorganisiertes Handeln, S. 45.

43 Greif, S./ Kurtz, H.-J.: Selbstorganisation, Selbstbestimmung und Kultur. In: Greif, S./ Kurtz, H.- J. (Hrsg.): Handbuch Selbstorganisiertes Handeln, S. 22.

nistischen Pädagogik.[44] Auch die Reformpädagogik des 20. Jahrhunderts ist als eine Wurzel des selbstgesteuerten und selbstorganisierten Lernens anzusehen.[45]

Während der Studentenbewegung Ende der 60er-Jahre sind Forderungen nach mehr Selbst- und Mitbestimmung und nach Demokratisierung der Schulen und Universitäten laut geworden. Diese Forderungen führten in den 70er-Jahren dazu, dass erste Konzepte des Selbstgesteuerten Lernens vereinzelt in Schulen und Universitäten umgesetzt wurden.[46]

Um den Begriff der Selbststeuerung zu klären, bedarf es eines Zurückgreifens auf den Begriff der Selbstorganisation. Sowohl der Begriff der Selbststeuerung als auch der Begriff der Selbstorganisation sind Schlagworte, die im 20. Jahrhundert bezogen auf Lernprozesse stark diskutiert werden. Das Selbstgesteuerte Lernen steht als Oberbegriff für all die Formen des Lernens, in denen die Lernenden ihren Lernprozess weitgehend selber bestimmen und verantworten können (vgl. 2.2.2).[47] Selbstgesteuertes Lernen impliziert immer auch Selbstorganisiertes Lernen – beide Begriffe sind allerdings nicht identisch.[48] Kann der Lernende einen vorgegebenen Lernstoff selbst aktiv strukturieren und ordnen, so spricht man bereits von Selbstorganisiertem Lernen. Von Selbstgesteuertem Lernen hingegen spricht man dann, wenn der Lernende auch über die ihm gestellten Aufgaben, Methoden und den damit verbundenen Zeitaufwand zumindest mitbestimmen kann.[49]

Selbstgesteuertes Lernen umfasst nach diesen Definitionen mehr Kriterien als das Selbstorganisierte Lernen. Die Autoren GREIF und KURZT stellen für das Selbstgesteuerte Lernen folgende Bereiche auf, in denen der Lernende frei entscheiden können sollte:[50]

1. Lernaufgaben und Lernschritte
2. Regeln und Aufgabenbearbeitung
3. Lernmittel, Lernmethode und Lernwerkzeuge
4. Zeitliche Investition und Wiederholungen bei der Bearbeitung der Aufgaben

---

44 Vgl. Deitering, F. G.: Humanistische Bildungskonzepte. In: Greif, S./ Kurtz, H.- J. (Hrsg.): Handbuch Selbstorganisiertes Handeln, S. 45.

45 Vgl. ebd. S. 46.

46 Vgl. ebd.

47 Vgl. Greif, S./ Kurtz, H.-J.: Selbstorganisation, Selbstbestimmung und Kultur. In: Greif, S./ Kurtz, H.- J. (Hrsg.): Handbuch Selbstorganisiertes Handeln, S. 21.

48 Vgl. Deitering, F. G.: Humanistische Bildungskonzepte. In: Greif, S./ Kurtz, H.-J. (Hrsg.): Handbuch Selbstorganisiertes Handeln, S. 45.

49 Vgl. ebd.

50 Vgl. Greif, S./ Kurtz, H.-J.: Selbstorganisation, Selbstbestimmung und Kultur. In: Greif, S./ Kurtz, H.- J. (Hrsg.): Handbuch Selbstorganisiertes Handeln, S. 27.

5. Form des Feedbacks und der Expertenhilfe
6. Soziale Unterstützung durch Kollegen und Lernpartner

Für den Fall, dass das Individuum in allen Bereichen maximale Entscheidungsfreiheit hat, sprechen GFREIF und KURTZ von einem „radikal selbstbestimmten Lernen“.[51] Tatsächlich sind dem Lernenden diese sechs Punkte kaum auf einmal zu ermöglichen. Das Individuum wird demnach mit „konkreten Begrenzungen seiner Selbstbestimmung konfrontiert“.[52] Diese Begrenzungen bezüglich Selbstbestimmung liegen auch beim Einsatz der Cahier-Methode vor (vgl. 2.3.1).

Da diese radikale individuelle Selbstbestimmung beim Lernen nach GREIF und KURTZ im Rahmen der Cahier-Methode nicht umsetzbar ist, soll schwerpunktmäßig der allgemeinere Begriff des Selbstgesteuerten Lernens im weiteren Verlauf der Forschungsarbeit verwendet werden. Dieser besagt, dass das Selbstgesteuerte Lernen als Oberbegriff für all die Formen des Lernens steht, in denen die Lernenden ihren Lernprozess weitgehend selbst bestimmen und verantworten können.

Dabei gilt anzumerken, dass Lernen im engen Sinne immer zum Teil selbstorganisiert ist, da der Lernende den neuen Lernstoff zur Aufnahme so umstrukturieren muss, dass dieser in seine Denkstruktur integrierbar ist. Darüber hinaus kann der Lernende frei für sich selbst entscheiden, ob er den neuen Lernstoff in seine Struktur integrieren, ablehnen oder nur partiell aufnehmen möchte.[53]

2.3 Coaching

Da der Untersuchungsgegenstand dieser Studie Selbstcoaching ist, sollen im Folgenden die zugrunde gelegten Begrifflichkeiten Coaching und Selbstcoaching definiert werden. Dabei stützt sich die Begriffsdefinition Selbstcoaching deshalb auf die Definition des Begriffs Coaching, da dieser in der Fachliteratur bereits umfassender diskutiert wurde als der relativ neue Begriff des Selbstcoachings.

Das Teilkapitel „Coaching“ liefert dem Leser zuerst einen historischen Abriss zur Entwicklung des „Coachings“ von den 70er- bis zu den 90er-Jahren (vgl. 2.3.1). Aufgrund der historischen Entwicklung, die im Folgenden einzeln dargestellt wird, wird die Notwendigkeit von Qualitätsstandards im Coaching herausgearbeitet. In diesem Zusammenhang wird die Coachingdefinition dargelegt, die

---

51 Greif, S./ Kurtz, H.-J.: Selbstorganisation, Selbstbestimmung und Kultur. In: Greif, S./ Kurtz, H.- J. (Hrsg.): Handbuch Selbstorganisiertes Handeln, S. 27.

52 Ebd.

53 Vgl. ebd. S. 28.

die Autorin dieser Forschungsarbeit vertritt (vgl. 2.3.2). Es folgt eine Abgrenzung zwischen Coaching und anderen Beratungsformen, wie die der Psychotherapie, der Unternehmensberatung und der Supervision (vgl. 2.3.3). Das Teilkapitel schließt mit dem Abschnitt „Coachinganlässe" (vgl. 2.3.4), das klärt, in welchen Situationen und zu welchen Anlässen ein Coaching in Anspruch genommen wird.

2.3.1 Historische Entwicklung des Coachingbegriffs

Der Begriff Coach wurde das erste Mal im englischen Sprachraum im 15. Jahrhundert benutzt und kommt aus dem Ungarischen. Ursprünglich bedeutet der Begriff Coach Kutsche, später dann auch Kutscher. Die Aufgabe des Kutschers war das Lenken des Gefährts und das Betreuen der Pferde. Die Kutsche ist ein Hilfsmittel, sich auf den Weg zu machen und ein Ziel zu erreichen.[54]

Im Jahre 1848 taucht der Begriff Coach zum ersten Mal als Bezeichnung für einen privaten Tutor eines Universitätsstudenten auf und wurde zunächst in erster Linie nur umgangssprachlich gebraucht.[55]

Der Sinn des Lenkens, Betreuens, Hilfsmittels und Mittels zur Zielerreichung wurde später auf die Bereiche Sport und Personalentwicklung übertragen.[56] So erscheint der Begriff Coaching 1885 im sportlichen Bereich erstmals in England und den USA. Durch den Sport erlangte der Begriff Coaching an Popularität, indem er im Rahmen der Betreuung und Motivierung von Leistungssportlern eingesetzt wurde.[57] Coaching im Wirtschaftskontext hingegen bezeichnet „eine individuelle Form der Personalentwicklung, vorrangig für Führungskräfte in unterschiedlichen Arbeitsfeldern".[58]

Nach BÖNING und FRITSCHLE durchlebte das Coaching im Wirtschaftssektor bis ins 21. Jahrhundert folgende sechs Entwicklungsphasen:[59]

54 Vgl. Fischer-Epe, M.: Coaching: Miteinander Ziele erreichen, S. 18.
55 Vgl. ebd.
56 Vgl. Rauen, C.: Coaching, S. 73.
57 Vgl. Offermanns, M.: Braucht Coaching einen Coach, S. 21.
58 Schreyögg, A.: Coaching wer braucht das? Kapitel 9. In: Wilker, F. W.: Supervision und Coaching, S. 225.
59 Vgl. Böning, U./ Fritschle, B.: Coaching fürs Business.

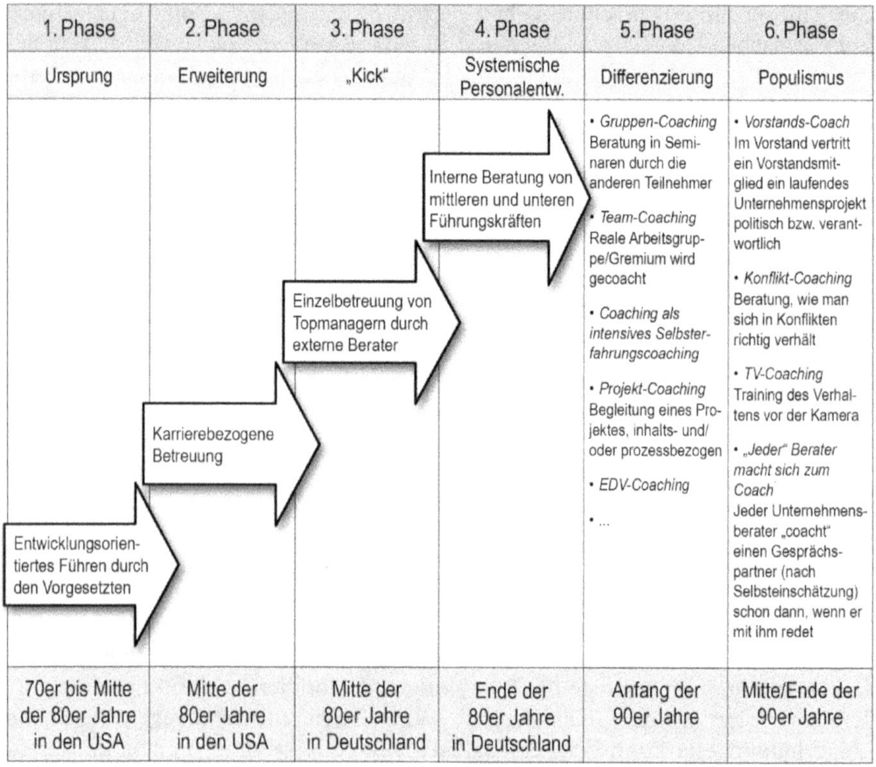

Abbildung 1: Coaching fürs Business nach BÖNING und FRITSCHLE, 2005.

Im Folgenden werden die oben abgebildeten sechs Entwicklungsphasen einzeln vorgestellt: Die erste Phase, so proklamieren BÖNING und FRITSCHLE, beginnt in den 70er- Jahren in den USA. Diese Phase des „Ursprung(s)“ von Coaching wird geprägt von einem Wandel in der Führung. Die rein fachliche Führung wird erweitert durch entwicklungsorientiertes Führen, das heißt Integration von persönlichkeits- und motivationsbezogenen Komponenten, durch den Vorgesetzten.[60]

Abgelöst wird diese Phase des Ursprungs durch die Phase der „Erweiterung“ Mitte der 80er-Jahre in den USA. Im Zentrum stand die karrierebezogene

60 Vgl. Böning, U./ Fritschle, B.: Coaching fürs Business, S. 26.

Betreuung von Nachwuchsführungskräften, Mentoring genannt, durch hochpositionierte Manager.[61]

Wie in der Abbildung ersichtlich folgt als dritter Abschnitt die Phase, die von BÖNING und FRITSCHLE mit „Kick“ bezeichnet wird. Das Coaching schwappte nach Deutschland über und positionierte sich von Beginn an eher im Topmanagement. Aus dem Mentoring in den USA wurde Mitte der 80er-Jahre in Deutschland eine Beratung von Topmanagern durch einen firmenexternen Berater, der auch als Coach bezeichnet wird. Das externe Coaching war in den USA bis Ende der 80er-Jahre unbekannt, wurde allerdings nach einigen Jahren von Deutschland in die USA reimportiert.[62]

Diese vierte Phase „systematische Personalentwicklung“ ruft Ende der 80er-Jahre firmeninterne Coachs zusätzlich zu den externen Coachs hervor. Es entsteht eine systematisierte Personalentwicklung, bei der sich Coaching im entwicklungsorientierten Führen durch die Vorgesetzten wiederfindet. Von den internen Beratern werden zu Beginn überwiegend untere und mittlere Führungskräfte gecoacht.[63]

Die „Differenzierungsphase“ als fünfte Phase Anfang der 90er-Jahre ruft weitere Varianten des Coachings hervor, wie zum Beispiel das „Gruppen-Coaching“, „Team-Coaching“ und das „Projekt-Coaching“.[64]

In der sechsten Phase „Populismus“, lassen BÖNING und FRITSCHLE kritische Worte anklingen. Coaching ist in der Zwischenzeit zunehmend bekannt und akzeptiert und sogar zum Statussymbol erhoben worden. Aufgrund dessen wird der Begriff Coaching zum Modewort. BÖNING und FRITSCHLE spitzen dies mit dem Begriff „Containerwort“ zu, das die häufige und undifferenzierte Verwendung des Coachingbegriffs Mitte bis Ende der 90er-Jahre charakterisieren soll. [65] Der Begriff Coaching boomt. Alles wird nun als Coaching bezeichnet, wie zum Beispiel EDV-Coaching, Eltern-Coaching, Dance-Coaching, Lifestyle-Coaching, Astrologie-Coaching.[66]

Gerade dieser populistische Gebrauch des Begriffs Coaching zeigt einerseits in der Berufspraxis des Coachs die Notwendigkeit der Zertifizierung nach bestimmten Qualitätsstandards auf sowie andererseits die Dringlichkeit der wissenschaftlichen Fundierung des Handlungsfeldes Coaching und Selbstcoaching.

61 Vgl. Böning, U./ Fritschle, B.: Coaching fürs Business, S. 27.
62 Vgl. ebd. S. 28.
63 Vgl. ebd.
64 Ebd. S. 29.
65 Vgl. ebd. S. 30.
66 Ebd. S. 30; vgl. Rauen, C.: Coaching, S.16.

2.3.2 Definition von Coaching

Auf den historischen Abriss folgt direkt im Anschluss die Diskussion des Coachingbegriffs. Betrachtet man die unterschiedlichsten Veröffentlichungen zum Thema Coaching, so kann man der Literatur die verschiedensten Definitionen entnehmen. Die Schwerpunktsetzungen der Definitionen scheinen abhängig vom jeweiligen Autor und dessen Verständnis von Coaching zu sein.[67] Hierin spiegelt sich der von BÖNING und FRITSCHLE thematisierte „Populismus" des Coachings bis ins Jahr 2011 wider.

Aus diesem Grund soll die dieser Arbeit zugrunde gelegte Coachingdefinition auf den wissenschaftlichen Prüfstein gestellt werden, indem sie bestimmte wissenschaftliche Kriterien erfüllen muss. Zunächst werden die Ausführungen von OFFERMANNS zur „Diskussion bestehender Coachingdefinitionen anhand wissenschaftlicher Definitionskriterien" vorgestellt, da diese eine wissenschaftliche Bewertung der Coachingdefinitionen ermöglichen. [68] Im Anschluss daran erfolgt eine begründete Erweiterung der Coachingdefinition durch die Autorin.

OFFERMANNS fordert eine standardisierte Coachingdefinition, die den „inflationären Gebrauch des Begriffs Coaching erschwert".[69] Um dies zu realisieren stellt OFFERMANNS sich im ersten Schritt zwei grundsätzliche, wissenschaftliche Fragen: „Was ist eine Definition?" und „Welche Kriterien muss eine Definition erfüllen?"[70]

OFFERMANNS Ausführungen liegt die Klärung des Begriffs Definition aus dem Handbuch für philosophische Grundbegriffe von MENNE zugrunde: „Im weiteren Sinne versteht man unter Definition alles, was die Bedeutung eines Zeichens (insbesondere eines Wortes) abgrenzt oder eingrenzt."[71] Nach REGENBOGEN und MEYER wird das Wort, das definiert wird, „Definiendum" genannt und die Ausdrücke, die das Wort definieren, werden als „Definiens" bezeichnet.[72]

OFFERMANNS proklamiert, Bezug nehmend auf REGENBOGEN und MEYER, dass dem Definiendum (hier: Art) die nächst höhere Gattung zugeord-

67 Vgl. Rauen, C. (Hrsg.): Handbuch Coaching; Schreyögg, A.: Coaching; Offermanns, M.: Braucht Coaching einen Coach; Böning, U./ Fritschle, B.: Coaching fürs Business.

68 Offermanns, M.: Braucht Coaching einen Coach, S. 35 ff.

69 Ebd. S. 30.

70 Ebd. S. 30 ff.

71 Ebd. S. 31; Menne, A.: Definition. In: Krings, H./ Baumgartner, H.-M./ Wild, C. (Hrsg.): Handbuch philosophischer Grundbegriffe. Band 1.

72 Offermanns, M.: Braucht Coaching einen Coach, S. 31.

net wird und der artbildende Unterschied genannt wird (Definiens). [73] Daraus ergibt sich am Definiendum (das Wort, das im folgenden Beispiel definiert werden soll) folgender Definitionsaufbau:

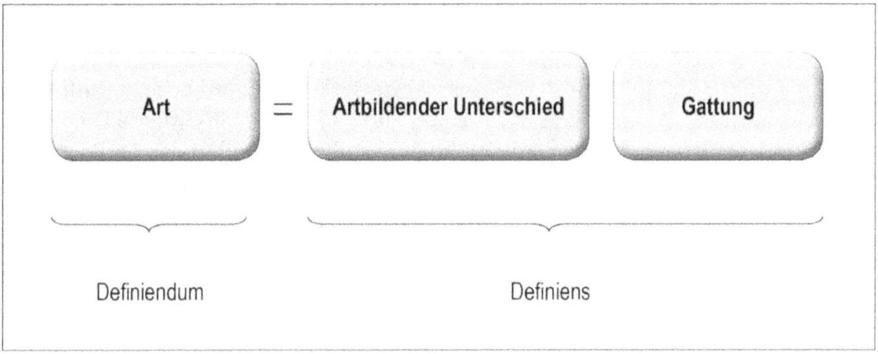

Abbildung 2: Aufbau einer wissenschaftlichen Definition nach REGENBOGEN und MEYER, 1973.

Zusätzlich zum wissenschaftlichen Aufbau einer Definition führt OFFERMANNS Kriterien an, die eine Definition erfüllen muss.[74] Bei der Nennung dieser Kriterien beruft sich die Autorin erneut auf die von MENNE aufgestellten fünf Kriterien, die wie folgt lauten: 1. Klare Abgrenzung, 2. Klarheit, 3. Einfachheit, 4. Vermeidung von Zirkeln, 5. Aussagekraft.[75] Im Folgenden werden diese fünf Kriterien einzeln erläutert, um diese auf die Coachingdefinition von OFFERMANNS anzuwenden. Es soll bestimmt werden, ob es sich tatsächlich um eine wissenschaftliche Definition handelt oder nur um eine Beschreibung:

Das Kriterium „Klare Abgrenzung“ erhebt den Anspruch, dass unter das Definiens nicht mehr Gegenstände fallen, als unter das Definiendum. Andererseits dürfen unter Definiens auch nicht weniger Gegenstände fallen als unter Definiendum. Somit muss klar abgegrenzt sein, welche Gegenstände in die Definition passen. Das zweite Kriterium „Klarheit“ konstatiert, dass die Definition mit wenig abstrakten Definiens aufgebaut sein soll. Die Definiens sollen dem Leser

73 Vgl. Regenbogen, A./ Meyer, U.: Wörterbuch der philosophischen Grundbegriffe, S. 134.
74 Vgl. Offermanns, M.: Braucht Coaching einen Coach, S. 32.
75 Vgl. Menne, A.: Definition. In: Krings, H./ Baumgartner, H.-M./ Wild, C. (Hrsg.): Handbuch philosophischer Grundbegriffe. Band 1, S. 271 f.

bekannt sein, sodass Missverständnisse und Unklarheiten im Rahmen der Definition möglichst vermieden werden.[76] Da die Definition möglichst einfach sein soll, sollen „Definiens“ nach dem dritten Kriterium „Einfachheit“ keine unnötigen, sprich überflüssigen Ausdrücke enthalten und somit möglichst konkret sein. Das vierte Kriterium „Vermeidung von Zirkeln“ erhebt den Anspruch, dass das Definiendum nicht als Bestandteil im Definiens enthalten sein darf, was bedeutet, dass sich Begriffe nicht durch sich selbst definieren dürfen. Das fünfte und letzte Kriterium „Aussagekraft“ bedeutet, dass im Definiens möglichst solche Ausdrücke verwendet werden sollen, die es erlauben, viel über das Definiendum zu erschließen. Es ist sehr schwer zu bewerten, ob eine Definition aussagekräftig ist oder nicht. [77] OFFERMANNS befragt dazu Coachingexperten.

Zusätzlich zu den fünf Kriterien einer Definition leitet OFFERMNANNS den Begriff Beratung als Gattungsbegriff für Coaching her. Diese Herleitung basiert auf der Analyse häufig zitierter Coachingdefinitionen.[78] Dabei differenziert OFFERMANNS Beratung zwei Beratungsansätze: die „Expertenberatung“ und die „Prozessberatung“. Beratung kann demnach entweder eine Expertenberatung, eine Prozessberatung oder eine Mischform aus beidem sein.

Die Expertenberatung impliziert, dass ein Fachmann von außen seinem Klienten Ratschläge zu einer bestimmten Problemstellung und Frage erteilt. Das bedeutet, dass der Fokus der Kompetenz des Expertenberaters auf dem Fachlichen liegt. Im Unter-schied dazu wird der Klient bei der Prozessberatung darin unterstützt, eigene Problem-lösungen zu entwickeln. Diese Beratung wird auch als „Hilfe zur Selbsthilfe“ bezeichnet. Ein Prozessberater hat deshalb seine Stärke überwiegend im kommunikativen und psychologischen Bereich.[79]

Der Schwerpunkt im Bereich Coaching liegt in der Prozessberatung. Kurze fachliche Inputs des Coachs, sprich Elemente der Expertenberatung bei fehlendem Grundlagenwissen des Klienten sind nicht ausgeschlossen und in manchen prozessorientierten Coachings unabdingbar, wie zum Beispiel beim Thema Führung die existierenden Führungsstile dem Klienten zu differenzieren.[80]

Coaching ist also überwiegend eine Prozessberatung, die sich im Verhältnis zur psychologischen Beratung dadurch spezifiziert, dass es sich auf eine Beratung am Arbeitsplatz spezialisiert.[81] Gelegentlich wird auch vom „Business- oder

76 Vgl. Menne, A.: Definition. In: Krings, H./ Baumgartner, H.-M./ Wild, C. (Hrsg.): Handbuch philosophischer Grundbegriffe. Band 1, S. 271 f.
77 Vgl. ebd. S. 33 ff.
78 Vgl. Offermanns, M.: Braucht Coaching einen Coach, S. 37.
79 Ebd. S. 53 f.
80 Vgl. ebd. S. 55, S. 57.
81 Vgl. ebd. S. 55.

Executive Coaching" gesprochen, das explizit auf das Coaching der obersten Führungsetage abzielt.[82]

Für OFFERMANNS ergibt sich aus der wissenschaftstheoretischen Auseinandersetzung mit dem Begriff Coaching und aus der Betrachtung verschiedener häufig zitierter Coachingdefinitionen, folgende Definition:[83]

„Coaching ist eine freiwillige, zeitlich begrenzte, methodengeleitete, individuelle Beratung, die den oder die Beratene(n) darin unterstützt, berufliche Ziele zu erreichen. Ausgenommen ist die Behandlung psychischer Störungen."

Im Folgenden wird dem Leser anhand einer Grafik verdeutlicht, dass die Coachingdefinition nach OFFERMANNS den oben aufgestellten Kriterien einer wissenschaftlichen Definition standhält:[84]

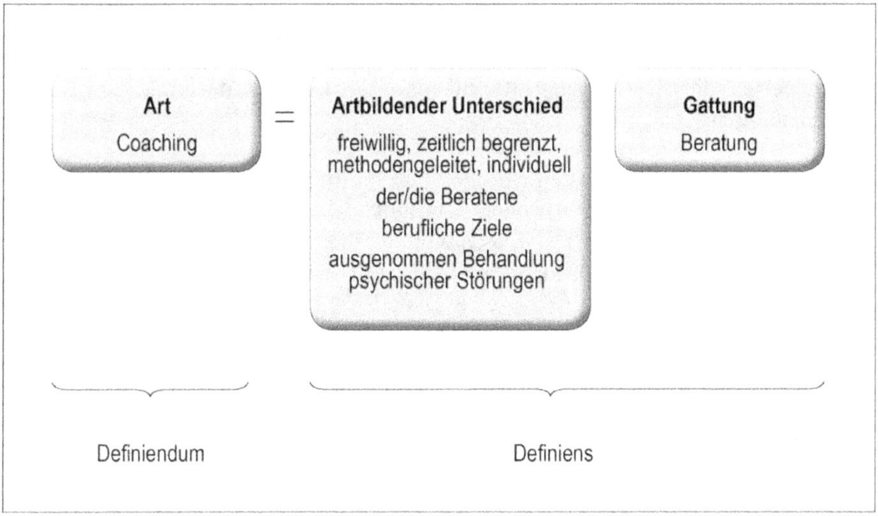

Abbildung 3: Struktur einer Coachingdefinition nach OFFERMANNS, 2004.

82 Vgl. Migge, B.: Handbuch Coaching und Beratung, S. 22.
83 Vgl. Offermanns, M.: Braucht Coaching einen Coach, S. 59.
84 Vgl. ebd. S. 60.

Im nächsten Schritt wird dargelegt, dass die Coachingdefinition nach OFFERMANNS die fünf Kriterien, „Abgrenzung“, „Klarheit“, „Einfachheit“, „Vermeidung von Zirkeln“ und „Aussagekraft“ gewährleistet:

Der Einsatz der Definiens „freiwillig, zeitlich begrenzt, methodengeleitet, individuell“ grenzt Coaching von Alltagsgesprächen ab. Der Gattungsbegriff Coaching, nämlich Beratung, unterscheidet sich von anderen Beratungsformen, wie zum Beispiel denen der Psychotherapie, Unternehmensberatung und Supervision (vgl. 2.3.3). Das Kriterium der Abgrenzung ist demnach gewährleistet. Da alle Definiens alltagsübliche, dem Leser bekannte Begriffe sind, wird das Kriterium der Klarheit im Rahmen dieser Definition ebenfalls erfüllt.[85]

Analysiert man die Definition, so fällt auf, dass diese sich auf die notwendigsten Begrifflichkeiten begrenzt. Die Länge und Kompaktheit der Definition sorgt darüber hinaus für Übersichtlichkeit.[86] Das Kriterium „Einfachheit“ und der Aspekt der Übersichtlichkeit werden somit umgesetzt. Auch das Kriterium „Vermeidung von Zirkeln“ wird erfüllt, da keine Wiederholungen in der Definition vorhanden sind. Deshalb kann festgehalten werden, dass das Definiendum mit anderen Begriffen als sich selbst erklärt wird. Im Vergleich zu anderen Coachingdefinitionen handelt es sich bei dieser Definition um eine sehr aussagekräftige Variante. OFFERMANNS holt sich hierzu eine Rückmeldung von drei Fachexperten, die die Aussagekraft und somit das fünfte Kriterium dieser Definition, bestätigen.[87]

Resümierend kann festgehalten werden, dass die fünf wissenschaftlichen Kriterien einer Definition („Abgrenzung“, „Klarheit“, „Einfachheit“, Vermeidung von Zirkeln“ und „Aussagekraft“) eingehalten werden. Aufgrund dessen wird die Coachingdefinition nach OFFERMANNS mit einer minimalen Erweiterung dieser Forschungsarbeit zugrundegelegt. Aus Erfahrung lässt sich die Erreichung beruflicher Ziele oft nicht von privaten Zielen trennen. Tatsächlich findet hier eine starke Wechselwirkung statt. Deshalb muss die Definition OFFERMANNS‘ um den Aspekt der „privaten Ziele“ erweitert werden, was im Anschluss visuell hervorgehoben werden soll:

85 Vgl. Offermanns, M.: Braucht Coaching einen Coach, S. 60 ff.
86 Vgl. ebd. S. 64.
87 Vgl. ebd. S. 60.

Coaching ist eine freiwillige, zeitlich begrenzte, methodengeleitete, individuelle Beratung, die den oder die Beratene(n) darin unterstützt, berufliche **und private Ziele** zu erreichen. Ausgenommen ist die Behandlung psychischer Störungen.

2.3.3 Abgrenzung zwischen Coaching und anderen Beratungsformen

Dieses Teilkapitel verfolgt das Ziel, den Coachingbegriff über die oben diskutierte Coachingdefinition hinaus (vgl. 2.3.2) zu differenzieren. Dies erfolgt durch Abgrenzung von anderen Beratungsformen, wie Psychotherapie, Unternehmensberatung und Supervision.

Psychotherapie

Die Psychotherapie grenzt sich klar von der oben festgelegten Coachingdefinition ab (vgl. 2.3.2). Während in der Coachingdefinition die Behandlung von psychischen Störungen explizit ausgeschlossen wird, ist es gerade diese, die sich die Psychotherapie zum Gegenstand der Disziplin macht.[88]

Im Unterschied zur Psychotherapie richtet sich Coaching auf die Beratung psychisch gesunder Menschen und deren berufsbezogenen und privaten Problematiken (vgl. 2.3.3). Die Psychotherapeuten hingegen arbeiten mit Menschen an deren Krankheitsbildern: „Psychische Erkrankungen, Alkohol-, Medikamenten- und Drogenabhängigkeit oder die Betrachtung der gesamten Lebensgeschichte eines Gecoachten obliegen ausschließlich entsprechend ausgebildeten Psychotherapeuten, Ärzten und medizinischen Einrichtungen; sie sind nicht das Aufgabenfeld des Coachs.“[89]

Die Ausnahme der Behandlung psychischer Störungen im Coaching schließt natürlich nicht aus, dass man als Coach mit Menschen mit psychischen Störungen, wie zum Beispiel mit depressiven oder auch schizophrenen Strukturen, in Berührung kommt. Deshalb ist es als Coach von Vorteil, bestimmte Verhaltensmuster der entsprechenden Krankheitsbilder zu kennen, um sich von der therapeutischen Arbeit abzugrenzen und rein pädagogisch, genauer gesagt andragogisch, zu arbeiten.

---

88 Vgl. Greif, S.: Coaching und ergebnisorientierte Selbstreflexion, S. 63 ff.

89 Rauen, C.: Coaching. Band 2, S. 5. In diesem Zitat wäre der Begriff des Klienten passender, als der von Rauen gewählte Begriff des Gecoachten, da es sich nicht um einen Coachingkontext, sondern um einen psychotherapeutischen Kontext handelt.

Unternehmensberatung
Gegenstand der Unternehmensberatung ist im Unterschied zum Coaching nicht das Individuum und dessen individuelle Beratung, sondern das gesamte Unternehmen. Das bedeutet, dass Unternehmensberatung eher betriebswirtschaftlich orientiert ist und sich nicht mit den beruflichen Zielen einzelner beschäftigt.[90] In der Unternehmensberatung sind tendenziell eher Betriebswirte, Steuer- und Finanzberater anzutreffen, als Pädagogen und Psychologen.

Supervision
Man begegnet immer wieder Autoren, die zwischen den Begriffen Supervision und Coaching nicht trennscharf genug differenzieren.[91] So kann der Coachingliteratur oft fälschlicherweise eine Ähnlichkeit zwischen Supervision und Coaching entnommen werden.

Erfolgt eine intensivere Auseinandersetzung mit der Differenzierung dieser Begrifflichkeiten, so kann man feststellen, dass der Begriff der Supervision eindeutig auf Professionen, wie zum Beispiel Therapeuten, Sozialarbeiter und Berater im Non-Profit-Bereich, fixiert ist.[92] Das heißt, dass Supervision eher im sozialen Kontext stattfindet, während Coaching dem Wirtschaftskontext zuzuordnen ist. FALLNER und POHL stellen diesen Unterschiede zwischen Supervision und Coaching in punkto Zielerreichung heraus: Während sich die Supervision als „reflektierende Klarlegungsarbeit zwischen Personen, Rollen und Praxisfeld" versteht, besteht der wesentliche Unterschied zum Coaching darin, dass es sich mit der „Förderung der Potentiale zur Erreichung von selbstgesteckten Zielen im institutionellen Zusammenhang" befasst.[93]

2.3.4 Coachinganlässe

Dieses Teilkapitel soll dem Leser verdeutlichen, zu welchen Anlässen Coaching von Klienten in Anspruch genommen wird. In diesem Zusammenhang konstatiert SCHREYÖGG, dass der häufigste Anlass für Coaching eine Krise sei: „Sie [die Krise] kann als individuelle Krise die berufliche Leistungsfähigkeit einzelner mindern, Gefühle von ‚Überrolltsein' erzeugen und sogar mehr oder weniger gravierende psychische und/oder somatische Beschwerden verursachen. (…) Sie [die Krisen] können durch ökonomische Engpässe, durch Veränderungen der

90 Vgl. Offermanns, M.: Braucht Coaching einen Coach, S. 62.
91 Vgl. Greif, S.: Coaching und ergebnisorientierte Selbstreflexion, S. 64.
92 Vgl. Rauen, C.: Coaching. Band 2, S. 7.
93 Fallner, H./ Pohl, M.: Coaching mit System, S. 40.

Organisationsstruktur oder -kultur, durch Fusionen von Systemen oder gar durch politische Bedingungen verursacht sein."[94]

Neben dem Anlass der Krise gibt es laut SCHREYÖGG auch andere Anlässe, ein Coaching aufzunehmen. Nach SCHREYÖGG entsteht bei manchen Klienten der Wunsch nach Coaching, ohne dass er sich in einer krisenhaften Situation befindet. Das sind Menschen, die ihre beruflichen Aktivitäten intensivieren, erweitern oder sogar verändern möchten.[95] SCHREYÖGG unterscheidet demnach zwischen Coachings mit dem Hintergrund der Problembewältigung und dem des persönlichen Wachstums.

BÖNING und FRITSCHLE fassen die Anlässe für Coaching in vier Stichpunkten zusammen und konkretisieren damit die Ausführung von SCHREYÖGG. Die Coachinganlässe nach BÖNING und FRITSCHLE setzen sich aus „Veränderungsprozessen", „Führungsverhalten", „Selbstmanagement" und „Karrierefragen" zusammen.[96]

OFFERMANNS, angelehnt an JÄGER, differenziert BÖNINGs und FRITSCHLEs Coachinganlässe und veranschaulicht diese an entsprechenden Beispielen:[97]

- Veränderte berufliche Anforderungen (z.B. Versetzung, Beförderung, Führungsaufgaben)
- Verhaltens- und Leistungsdefizite (z.B. Führung, Kommunikation, Zeit- und Selbstmanagement)
- Soziale Konflikte (z.B. Mobbing, Machtkämpfe, Mitarbeiterkonflikte)
- Wunsch nach Neuorientierung (z.B. Monotonie, Midlife-Crisis)
- Stress (z.B. berufliche Überbelastung)
- Karriereplanung (z.B. Standortbestimmung, Laufbahngestaltung)
- Veränderungsprozesse in Unternehmen (z.B. Umstrukturierungen)

Im Zusammenhang mit der Diskussion der Coachinganlässe ist auch der Blick auf den Nutzen des Coachings von zentraler Bedeutung, der den einzelnen Klienten dazu veranlasst, ein Coaching aufzunehmen. Der Nutzen von Coaching liegt in der Lösung des Anliegens eines Klienten. Lösung bedeutet hier veränderte Sichtweise, also eine veränderte Perspektive auf das Anliegen und/oder ein verändertes Handeln beziehungsweise Verhalten (vgl. 2.2.3). Das Ziel und somit der

94 Schreyögg, A.: Coaching, S. 76.
95 Vgl. ebd. S. 76.
96 Boening, U./ Fritschle, B.: Coaching fürs Business, S. 54.
97 Vgl. Offermanns, M.: Braucht Coaching einen Coach, S. 56 und Jäger, R.: Praxisbuch Coaching.

Nutzen von Coaching liegt darin, Deutungs- und Handlungsmuster des Klienten zu verändern und somit zu einem größeren Erlebens- und Verhaltensrepertoir beizutragen.[98] Der Klient soll seine beruflichen und privaten Ziele besser und schneller erreichen können als ohne Coaching. Eine Voraussetzung für das Gelingen eines Coachings ist das Erkennen der Faktoren, die die Zielerreichung behindern, um hierzu alternative Handlungsmöglichkeiten entwickeln zu können.[99]

2.4 Selbstcoaching anhand der Cahier-Methode

Ziel dieses Kapitels „Selbstcoaching anhand der Cahier-Methode" ist es, den Begriff Selbstcoaching differenziert zu betrachten, um diesen in der „Definition von Selbstcoaching" (2.4.1) münden zu lassen. Diese Definition von Selbstcoaching wird im Fortgang der Studie als vorausgesetzt angenommen. Dabei erfolgt die Definition des Begriffs Selbstcoaching unter Bezugnahme auf das obige Kapitel „Coaching" (vgl. 2.3) und die darin hergeleitete „Definition von Coaching" (vgl. 2.3.2). Zusätzlich werden die historischen Wurzeln der Cahier-Methode (vgl. 2.4.2) sowie der methodische Aufbau „Grundzüge der Cahier-Methode" (vgl. 2.4.3) skizziert, um dem Leser die Nachvollziehbarkeit des Forschungsdesigns zu gewährleisten.

2.4.1 Definition von Selbstcoaching

Das Teilkapitel „Definition von Selbstcoaching" beginnt mit einer differenzierten Betrachtung des Selbstcoachingbegriffs und schließt mit einer Begriffsdefinition ab.

Der Begriff des Selbstcoachings hat sich aus dem Coachingbegriff herausgebildet. Selbstcoaching grenzt sich darin von Coaching (vgl. 2.3) ab, dass das Individuum Selbst verantwortlich ist – ohne die Unterstützung eines Coachs für den eigenen Lernprozess und somit für die eigene persönliche Entwicklung. Dabei fördert Selbstcoaching sowohl die Selbststeuerung als auch die Selbstverantwortung für den eigenen Lernprozess. GREIF konstatiert die Bedeutung des Selbstcoachings. Er hebt hervor, dass Lernerfolge im Rahmen von Selbstcoaching positive Ergebnisse erzielen können: „Grundsätzlich ist es auch ohne

98 Vgl. Riedel, J.: Coaching für Führungskräfte, S. 27.
99 Vgl. König, E./ Volmer, G.: Systemisches Coaching. Handbuch für Führungskräfte, Berater und Trainer.

Coach, z.B. durch fachkompetente Anleitungen in Büchern möglich, einfache Selbstreflexionen, Klärungen selbstkonzeptbezogener Probleme und Ziele sowie eigenaktive Veränderungen zu aktivieren."[100]

FISCHER-EPE/EPE benennen zentrale Aspekte, die als Voraussetzung für persönliche Entwicklung anhand eines Selbstcoachings anzusehen sind und die sich durch die vorliegende Forschungsarbeit (vgl. 4) stützen lassen:[101]

- Bewusste Auseinandersetzung mit negativen Gefühlen
- Eigene Akzeptanz und der Wille zur Veränderung
- Ressourcenorientiertes Vorgehen
- Zeit und Geduld
- Selbstreflexion und Feedback

Dabei setzen FISCHER-EPE/EPE voraus, dass eine Person, die ein Selbstcoaching durchläuft, sich mit negativen Gefühlen, wie zum Beispiel Angst konfrontieren muss. Die „Bewusste Auseinandersetzung mit negativen Gefühlen" ist notwendig, damit wir nicht unbewusst von diesen, bei dem Versuch Ziele zu erreichen, gesteuert werden (vgl. 4.1.5).[102]

Der Aspekt „Eigene Akzeptanz und der Wille zur Veränderung" besagt, dass Veränderung und persönliche Entwicklung am besten dann erfolgen, wenn das Individuum sich einerseits selbst akzeptiert, sprich sich selbst gegenüber eine wohlwollende Grundhaltung einnimmt (vgl. 4.1.5) und andererseits einen Veränderungswillen mitbringt (vgl. 3.1.7).

Hinter dem dritten Aspekt „Ressourcenorientiertes Vorgehen" steht das humanistische Menschenbild (vgl. 2.2.1), welches besagt, dass jedes Individuum Ressourcen besitzt, die für die Entwicklung von Lösungen und für die persönliche Entfaltung nutzbar gemacht werden können.

Der vierte Punkt „Zeit und Geduld" will aufzeigen, dass eine Verhaltensänderung eines über Jahrzehnte erlernten und entwickelten Verhaltens, nicht immer in kürzester Zeit vollzogen werden kann, sondern meist mehrerer Schritte und Anläufe bedarf. Die fünfte Voraussetzung für ein erfolgreiches Selbstcoaching ist die Kompetenz der „Selbstreflexion"(vgl. 4.1.1) und auch das Einholen von „Feedback" von zum Beispiel Freunden, dem Partner, Familienangehörigen oder Arbeitskollegen (vgl. 4.1.6).[103]

100 Greif, S.: Coaching und ergebnisorientierte Selbstreflexion, S. 66.
101 Vgl. Fischer-Epe, M./ Epe, C.: Selbstcoaching, S. 15 ff.
102 Ebd.
103 Vgl. ebd.

Es erfolgt die Definition von Selbstcoaching unter Bezug auf das Kapitel „Coaching" (vgl. 2.3.1) und die darin hergeleiteten begrifflichen Bestimmungen (vgl. 2.3.2). Dabei findet eine enge Anlehnung an die bereits aufgestellte Coachingdefinition statt (vgl. 2.3.2). Die Modifizierungen, die die Coachingdefinition zu einer Selbstcoachingdefinition erweitert, sind zur schnelleren Vergleichbarkeit in Fettschrift hervorgehoben:

Selbstcoaching ist eine freiwillige, zeitlich begrenzte, methodengeleitete, individuelle **Intervention**, die **das Individuum** darin unterstützt, berufliche **und private Ziele** zu erreichen. Ausgenommen ist die Behandlung psychischer Störungen.

Die Kapitel „Abgrenzung zwischen Coaching und anderen Beratungsformen" (vgl. 2.3.3) sowie „Coachinganlässe" (vgl. 2.3.4) sind hierbei 1:1 auf Selbstcoaching übertragbar – mit der Anmerkung, dass die zu reflektierenden Ereignisse sich stärker auf das eigene Selbst beziehen (vgl. 2.2.3).

2.4.2 Historische Wurzeln der Cahier-Methode

Zur besseren Einordung des Forschungsgegenstandes Cahier-Methode folgt der Abriss „Historische Wurzeln der Cahier-Methode" sowie die zusammenfassende Darlegung der „Grundzüge der Cahier-Methode" (vgl. 2.4.3).

Zu den historischen Wurzeln der Cahier-Methode zählen der französische Literat VALÉRY, die deutsch-amerikanische Psychoanalytikerin HORNEY und die amerikanische Schriftstellerin CAMERON. Es folgt ein kurzer historischer Abriss zu den einzelnen Vertretern, um die Entstehung der Cahier-Methode zu veranschaulichen:
VALÉRY wurde am 30.11.1871 in Sète, Frankreich, geboren. Er gilt als einer der bedeutendsten französischen Literaten des 20. Jahrhunderts, wie eine französische Umfrage von 1921 belegt. Auch im übrigen Europa genießt er ein hohes Ansehen.[104]

104 Vgl. Rychner, M.: Paul Valéry. Zone des Schweigens. In: Buchner, C.H./ Köhn, E. (Hrsg.): Annährungen an Paul Valéry, S. 112 ff.

Bekannt wurde VALÉRY durch seine lyrischen, poetischen und philosophischen Werke, die sich mit Architektur, Musik und moderner Politik befassen.[105] VALÉRY starb 1946 im Alter von 75 Jahren.

Über seine zu Lebzeiten veröffentlichten lyrischen, poetischen und philosophischen Schriften hinaus werden ungefähr 40 Jahre nach VALÉRYs Tod seine Cahiers herausgegeben.[106] Der Begriff Cahier stammt aus dem Französischen und heißt übersetzt Heft. Diese Cahiers erscheinen in selektierter Version, thematisch gegliedert in insgesamt sechs Bänden. Sie beinhalten Gedanken und erkenntnistheoretische Überlegungen, die VALÉRY über fünf Jahrzehnte hinweg, beginnend im Jahre 1892, morgens aufschrieb: „Kaum aufgestanden aus dem Bett, vor Tag noch, in der ersten Frühe, zwischen Lampenlicht und Sonne, in reiner und tiefer Stunde, habe ich die Angewohnheit zu schreiben, was sich selbst erfindet. [...] Das erste erfasste Wort schreibt sich ohne Einspruch hin."[107] Insgesamt hinterlässt der Literat 261 Cahiers, die heute als sein Hauptwerk deklariert werden können.[108] Im Folgenden soll der Fokus auf die Inhalte und die Form der von VALÉRY geschriebenen Cahiers gelegt werden.

Inhaltlich kann zu den Cahiers VALÉRYs festgehalten werden, dass diese sich von Tagebuchaufzeichnungen unterscheiden. Zwar wurden die Cahiers von VALÉRY täglich geschrieben, weisen aber keine tagebuchtypischen Stimmungen und Erfahrungen auf. Darüber hinaus formuliert der Autor in den Cahiers nur sehr selten Aussagen über sich selbst, wie es in einem Tagebuch größtenteils der Fall ist. VALÉRY merkt kritisch an, dass er Tagebücher zu „selbstbezogen, als ein wenig übertrieben gar exhibitionistisch" findet.[109]

Bei den Cahiers VALÉRYs handelt es sich um stichwortartige Notizen, die kein konkretes inhaltliches Ziel verfolgen, sondern rein die Absicht, den Geist zu schulen und das Denken zu üben: „Ich [Paul VALÉRY] tat nichts anderes als Notizen oder Ideen anzuhäufen, die aber so verschieden waren und so frei von jeder Absicht, sie zu verwenden, daß der bloße Gedanke, sie wieder aufzugreifen und irgendwie Werke daraus zu machen, mir absurd erschien. Ich fand eine beinahe animalische Befriedigung dabei, meinen Geist zu üben."[110] Es geht VALÉRY darum, seine Gedanken immer genauer und immer klarer zu fassen

105 Vgl. Wuthenow, R.-R.: Paul Valéry zur Einführung und Leitner, C.: Die Cahiermethode. Ein neues Instrument für das Coaching, S. 21 ff.
106 Vgl. Paul Valéry. Cahiers/ Hefte Band 1 bis 6. Hrsg.: Köhler, H. und Schmidt-Radefeld, J.
107 Wuthenow, R.-R.: Paul Valéry zur Einführung, S. 159.
108 Vgl. ebd. S. 159.
109 Ebd. S. 160.
110 Ebd. S. 154.

und dabei den „Geist anwachsen zu sehen“, und weniger darum, seine biografisch orientierten Erinnerungen festzuhalten.[111]

Die über fünf Jahrzehnte geschriebenen Cahiers scheinen für VALÉRY ein Ritual zu sein, dem er eine große Bedeutung beimisst. So betont VALÉRY, dass er diese „physiologisch brauche“, da sonst der „Tag verdorben“ sei.[112] Inhaltlich beschäftigen sich seine Aufzeichnungen vorrangig mit der Analyse des menschlichen Innenlebens, der Emotion und der Empfindung. Dies geschieht unter Rückgriff auf naturwissenschaftlich-mathematische Modelle. Das Bemühen „zu verstehen“ wird zu einem charakteristischen Merkmal der Cahiers.[113]

Formal betrachtet sind VALÉRYs Cahiers stichwortartige Notizen, die aus sprachpräzisen Reflexionen, Essays, Anekdoten, Aphorismen, Grafiken und Tuschezeichnungen bestehen.[114]

Abschließend soll hier VALÉRYs Beitrag zur Entwicklung der Cahier-Methode festgehalten werden. Es ist naheliegend, dass die Namensgebung Cahier-Methode direkt auf VALÉRYs Arbeit mit den Cahiers zurückzuführen ist. Darüber hinaus leitet sich aus den Erfahrungen VALÉRYs das morgendliche schriftliche Aufzeichnen der Gedanken über eine festgelegte Zeitspanne ab. Gemeint ist hier sowohl die Zeitspanne der morgendlichen Aufzeichnungen als auch die Gesamtzeit der Durchführung der Cahier-Methode. Auch der Gedanke der freien Assoziation, wenn auch von VALÉRY so nicht ausdrücklich bezeichnet, wird anhand seiner Erfahrungsberichte zu Form und Inhalt seiner Cahiers aufgegriffen.

Weitere bedeutende historische Wurzeln der Cahier-Methode liegen in den Untersuchungen zur „Selbstanalyse“ von HORNEY.[115] HORNEY, die von 1885 bis 1952 lebte, war Deutsch-Amerikanerin und übte ihren Beruf als Ärztin und Psychoanalytikerin aus. Als Hauptvertreterin der Neopsychoanalyse proklamierte sie entgegen der Meinung der klassischen Psychoanalytiker und somit gegen die Meinung FREUDs, die Möglichkeit der Selbstanalyse. Dabei betont sie, dass die Selbstanalyse in vielen Situationen dienlicher sei als eine Fremdanalyse. Mit dieser Meinung stößt sie auf die entgegengesetzte Lehrmeinung der klassischen Psychoanalyse, die die Möglichkeit der analytischen Beschäftigung mit der eigenen Psyche kategorisch ausschließt.[116]

---

111 Vgl. Wuthenow, R.-R.: Paul Valéry zur Einführung, S. 160.
112 Ebd. S. 158.
113 Ebd. S. 160.
114 Vgl. Valéry, P.: Cahiers/ Hefte. Band 1 bis 6. Hrsg.: Köhler, H./ Schmidt-Radefeld, J.
115 Vgl. Horney, K.: Selbstanalyse.
116 Vgl. ebd.

In ihrem Werk „Selbstanalyse" stellt HORNEY die Analyse mit Unterstützung eines Analytikers dem der Selbstanalyse gegenüber. Ihre Erkenntnisse sind in Bezug auf die Coachingdefinition, die die Behandlung von psychischen Störungen ausschließt (vgl. 2.3.2), optimal auf die Thematik Coaching und Selbstcoaching übertragbar. So räumt auch HORNEY ein, dass das Konzept der Selbstanalyse, hier das Konzept des Selbstcoachings, an Grenzen stoßen kann, sobald beim Anwender krankhafte Züge vorliegen: „Zugegeben, daß viele Menschen zu tief in ihre eigenen Probleme verstrickt sind, um sich selber analysieren zu können; zugegeben, daß Selbstanalyse niemals annähernd das Tempo und die Genauigkeit analytischer Behandlung durch einen Fachmann [Psychoanalytiker] erreichen kann; zugegeben, daß es bestimmte Widerstände gibt, die nur mit Hilfe von außen überwunden werden können – trotzdem ist all das kein Beweis, daß die Aufgabe [die der Selbstanalyse] im Prinzip nicht bewältigt werden kann."[117]

Der einschlägige Unterschied zwischen der Selbstanalyse und der Analyse sieht HORNEY darin, dass „die Welt, die jeder von uns repräsentiert, uns nicht fremd ist; sie ist faktisch die einzige, die wir wirklich kennen. (…) die Tatsache bleibt, daß es eine Welt ist, daß alles Wissen darüber irgendwo vorhanden ist, daß er nur zu beobachten braucht und seine Beobachtungen zu nutzen braucht, um Zugang zu ihr zu bekommen."[118]

Zusammenfassend kann hier festgehalten werden, dass HORNEY die Grundhaltung dieses Forschungsvorhabens (vgl. 2.2.3) darin prägt, dass dem psychisch gesunden Individuum die Kompetenz der Selbstreflexion und die Fähigkeit der Selbstanalyse und somit auch die Fähigkeit, ein Selbstcoaching durchzuführen, zugesprochen wird: „Wenn er [der Mensch] daran interessiert ist, die Ursprünge seiner Schwierigkeiten zu erkennen, wenn er seine Widerstände, sie zu erkennen, zu überwinden vermag, kann er sich selbst in mancher Beziehung besser beobachten als es ein Außenstehender kann."[119] HORNEY geht hier sogar noch einen Schritt weiter, indem sie die Wertung in ihrem Zitat vornimmt, dass in manchen Situationen eine Selbstanalyse und somit auch ein Selbstcoaching sinnvoller sein können, als die Zusammenarbeit mithilfe professioneller Unterstützung.

Die systematische Selbstanalyse wird zu einem zentralen Untersuchungsgegenstand HORNEYs. Als Grundvoraussetzung für eine gelungene Selbstanalyse setzt sie „Willen", „Eigenantrieb", „Selbstdisziplin", „die Ehrlichkeit sich selbst

117 Vgl. Horney, K.: Selbstanalyse, S. 23.
118 Ebd. S. 22.
119 Ebd. S. 23.

gegenüber", „Kontinuität der Selbstanalyse" über einen längeren Zeitraum und das Interesse am Weiterverfolgen eigener Probleme voraus (vgl. 4.8.7).[120]

Eine Selbstanalyse kann nach HORNEY nur dann erfolgreich sein, wenn die ausübende Person die Haltung mitbringt, sich selbst „offen entgegenzutreten" und sich bemüht, die „unbewußten Determinanten seines misslichen Zustands zu ermitteln, ohne viel über seine Persönlichkeitsstruktur zu wissen."[121] Des Weiteren kann eine Selbstanalyse nur dann konstruktiv sein, wenn ein konkretes Ziel verfolgt wird anstatt „kritiklosem Interesse an psychischen Zusammenhängen", „Selbstbewunderung", „Selbstmitleid", „ausweglosem Nachgrübeln" und „leeren Selbstbeschuldigungen" nachzugehen.[122] Die Ziele beziehungsweise Anliegen der Probanden werden im weiteren Verlauf dieser Arbeit differenziert dargestellt (vgl. 3.1).

Wird eine Selbstanalyse erfolgreich durchgeführt, so betont HORNEY, steigert das das Selbstvertrauen der Person, fördert eine innere Stärke und verbessert somit das Vertrauen in die eigenen Fähigkeiten.[123] Dieser Effekt der psychischen Stärkung des Individuums kann sich nur dann einstellen, wenn die Durchführung der Selbstanalyse beziehungsweise des Selbstcoachings kein „Muss" ist, da das im Widerspruch zur Anwendung des Prinzips der „freien Assoziation" (vgl. 4.5) steht. Das Arbeiten an sich selbst sollte demnach nicht einem Zwang unterliegen, sondern eher die Funktion eines „guten Freundes" einnehmen.[124] Im weiteren Verlauf dieses Forschungsvorhabens wird sowohl ein Proband A beschrieben, der die Cahier-Methode als „Muss" erlebt hat, als auch ein Proband C, der die Cahier-Methode „als guten Freund" bezeichnet (vgl. 5.2).

Eine intensive Selbstanalyse kann nach HORNEY nur dann stattfinden, wenn die Technik der freien Assoziation im Selbstreflexionsprozess eingesetzt wird: „Vollständige Selbstäußerung wird erreicht durch freie Assoziation. (...) Frei zu assoziieren bedeutet ein Bestreben seitens des Patienten [hier: Klienten] ohne Vorbehalte und in der Reihenfolge, in der es auftaucht, ob es banal, abwegig, zusammenhangslos, taktlos, peinlich, demütigend ist oder erscheint."[125] In diesem Zusammenhang beschreibt HORNEY den Unterschied zwischen Denken beziehungsweise Sprechen und der Methode der freien Assoziation: „Die freie Assoziation unterscheidet sich von unserer gewohnten Art, zu denken und zu

---

120 Vgl. Horney, K.: Selbstanalyse, S. 136.
121 Ebd. S. 140.
122 Ebd. S. 26.
123 Vgl. ebd. S. 31.
124 Vgl. ebd. S. 144.
125 Vgl. ebd. S. 81.

sprechen, nicht nur durch ihre Offenheit und Rückhaltlosigkeit, sondern auch durch ihren klaren Mangel an Lenkung."[126]

Nach einem kurzen historischen Abriss und einer komprimierten Darstellung von HORNEYs Ansatz der Selbstanalyse, sollen abschließend die daraus, für die Entwicklung der Cahier-Methode abgeleiteten Erkenntnisse transparent gemacht werden.

Grundlegend liefert HORNEY eine Argumentation für die erfolgreiche Durchführbarkeit von Selbstanalysen, was auf den Ansatz des Selbstcoachings übertragbar ist. Ihre Argumentation stützt die Vorannahme des Forschungsteams, dass angeleitete Selbstreflexion im Rahmen von Selbstcoaching zielführend sein kann. Darüber hinaus leitet sich von HORNEYs neopsychoanalytischem Ansatz die Technik der freien Assoziation ab. In dem vorliegenden Forschungsdesign werden die Probanden mit umschreibenden Worten im Anleitungstext durch das Forschungsteam aufgefordert, frei zu assoziieren (vgl. Anhang).

Der Aufruf der Kontinuität der Selbstanalyse durch HORNEY trug dazu bei, dass den Probanden eine Vorgabe von 14 Tagen für die Durchführung der Cahier-Methode als zeitlicher Rahmen gesetzt wurde.
Des Weiteren wurden die Probanden im ersten E-Mail-Kontakt darauf hingewiesen, dass sie die Cahiers nur für sich schreiben und später niemand aus dem Forschungsteam Einsicht fordert. Somit sollte die von HORNEY beschriebene Grundvoraussetzung der Offenheit gegenüber sich selbst gewährleistet werden.[127]

Die Ausführungen HORNEYs über die Selbstanalyse bei neurotischen Störungen bestärkt die Forscherin darin, die Behandlung psychischer Störungen per Definition beim Selbstcoaching (vgl. 2.4.1) sowie auch beim Coaching (vgl. 2.3.2) auszuschließen.

Der Begriff der psychischen Störungen lässt sich mit Hilfe der „International Statistical Classification of Diseases and Related Health Problems" (ICD) operationalisieren. Dabei handelt es sich um eine internationale Klassifikation psychischer Störungen, welche von der Weltgesundheitsorganisation (WHO) herausgegeben wurde. Das Deutsche Institut für Medizinische Dokumentation und Information (DIMDI) hat die ICD-10 veröffentlicht.[128] Die Ziffer 10 steht hierbei für die 10. Revision der Klassifizierung. ICD-10 stellt die verbindliche Grundlage für psychologische und psychotherapeutische Diagnostik dar.

---

126 Horney, K.: Selbstanalyse, S. 82.

127 Ebd.

128 Vgl. Dilling, H./ Mombour, W./ Schmidt, M.H. (Hrsg.): Internationale Klassifikation Psychischer Störungen.

Das heißt, dass an dieser Stelle HORNEY dahingehend Recht gegeben wird, dass Selbstcoaching und Coaching nicht darauf ausgerichtet sind, psychische Störungen zu bearbeiten oder gar zu heilen. So wäre zum Beispiel die Heilung einer Depression oder eines Burn-Out-Syndroms anhand der Cahier-Methode eine überhöhte Erwartung, welche per Definition explizit ausgeschlossen ist.

Eine weitere Übereinstimmung zwischen den Vorannahmen des Forschungsteams und HORNEYs Selbstanalyseansatzes konnte in der Bedingung der zielorientierten Arbeitsweise im Selbstcoaching gefunden werden. Vor Beginn der einzelnen Selbstcoachingprozesse führte der praxisbegleitende Coach die Klärung der Anliegen der Probanden sowie Zielformulierungsgespräche mit den einzelnen Probanden durch.

Als dritte Vorreiterin der Cahier-Methode gilt es die amerikanische Schriftstellerin CAMERON vorzustellen. Im Unterschied zu VALÈRY und auch zu HORNEY kann CAMERON als Praktikerin bezeichnet werden. Kritisch betrachtet könnte man das, was sie Spiritualität nennt, auch unter dem Begriff Esoterik subsumieren. Dennoch soll CAMERONs praktischer Ansatz dargelegt werden, da er in den 90er-Jahren in den USA und auch in Deutschland bei vielen Menschen für Furore sorgte.[129]

Ein weiterer Grund für die Darlegung von CAMERONs Ansatz ist, dass zwei der untersuchten Probanden, Probandin D und Probandin H (vgl. 4), auf CAMERONs Ansatz der Morgenseiten Bezug nehmen.[130] Sie haben die Methode der Morgenseiten in den 90er-Jahren selbst durchgeführt und ziehen Vergleiche zwischen den Morgenseiten als Selbstcoachingansatz und der Cahier-Methode.

CAMERON wird 1948 in den USA geboren und arbeitet als Journalistin, Drehbuchautorin und später auch als Komponistin und Autorin von Liedertexten. Die ersten zehn Jahre ihrer schriftstellerischen Tätigkeit waren von vielen Krisen geprägt, die dadurch entstanden, dass sie unter Druck nicht kreativ sein konnte. Diese Krisen zeigten sich in Form von Schreibblockaden, die CAMERON so stark belasteten, dass sie sich dem Alkohol zuwandte. Schöpferisch-kreatives Arbeiten fand derzeit nur unter Alkoholkonsum statt.[131] 1978 erkennt CAMERON im Alter von 30 Jahren, dass der Alkohol sowohl sie selbst als auch ihre Kreativität zerstört.[132]

129 Vgl. Cameron, J.: Der Weg des Künstlers.
130 Die Morgenseiten werden im Originaltext von Cameron als „Morning Pages“ bezeichnet.
131 Vgl. ebd. S. 17.
132 Vgl. ebd. S. 18.

CAMERON stoppt ihren Alkoholkonsum und zieht sich nach New Mexico in die Einsamkeit zurück, um dort zu sich zu finden und neue Kreativität zu schöpfen. In diesem Zusammenhang beginnt sie morgens ihre Gedanken „spontan“ und „unzensiert“ über viele Wochen aufzuschreiben.[133] Dieses Ritual der Morgenseiten erlebt sie als „Befreiung“ und als „Überwindung von Selbstzweifel“, was ihr das produktive Schreiben wieder ermöglichte.[134]

Diese Methode der Morgenseiten gibt sie an einen Schriftsteller und später auch an einen Maler weiter, die ähnliche Schreib- beziehungsweise Kreativitätsblockaden bei der Arbeit erlebt hatten, und diese ebenfalls überwinden wollten. Da sowohl der Schriftsteller als auch der Maler ihre „künstlerische Schöpferkraft“ zurückerlangten, entschied sich CAMERON, ihre Erfahrungen und ihr Wissen an andere Menschen weiterzugeben. Sie tritt eine Dozentenstelle beim New Yorker Institut für feministische Kunst an und gibt dort bis heute Kreativitätsworkshops, überwiegend für Künstler.

Ihre Erkenntnisse und Erfolge aus langjähriger Seminararbeit mit den unterschiedlichsten Teilnehmern, fasst sie in ihrem Buch „Der Weg des Künstlers“ zusammen. Die Morgenseiten sind Teil eines Zwölf-Wochen-Programms, das CAMERON in ihrem Buch anwendungsorientiert beschreibt.[135] Dabei soll der Schreiber alles aufschreiben, was ihm in den Sinn kommt. Verfolgt werden dabei zwei Ziele: Einerseits sieht CAMERON eine Verbindung zwischen Gefühlen wie Ärger und Wut, aber auch zwischen Sorgen und Ängsten des Alltags und zwischen den auftretenden Blockaden. Das Schreiben der Morgenseiten soll den Einzelnen von diesen negativen Emotionen befreien. Andererseits ist es das Ziel von CAMERON den „Zensor“ zu „entmachten“. Den „Zensor“ beschreibt sie als „innere Stimme“, die beim Schreiben der Morgenseiten auftritt, um die eigenen Gedanken zu kritisieren. CAMERON teilt den Sitz des Zensors der linken Gehirnhälfte zu, während sie die rechte Gehirnhälfte als kreativen Teil, als sogenanntes „Künstlergehirn“ betitelt: „Wir sind Opfer unseres eigenen internalisierten Perfektionismus, eines widerlichen, ewigen, inneren Kritikers, Zensors, der in unserer linken Gehirnhälfte sitzt und einen ständigen Strom untergründiger Bemerkungen aufrechterhält, die oft als Wahrheit getarnt sind.“[136] CAMERON merkt hier kritisch an, dass jeder stets daran denken muss, dass dieser Zensor mit seinen „negativen Meinungen“ nicht der Wahrheit entspricht, sondern in erster Linie eine Blockade darstellt, etwas umzusetzen.[137]

133 Vgl. Cameron, J.: Der Weg des Künstlers, S. 34.
134 Vgl. ebd. S. 33.
135 Vgl. ebd. S. 33 ff.
136 Ebd. S. 36.
137 Vgl. ebd.

Das Schreiben der Morgenseiten soll darin unterstützen, dem Verstand beizubringen, dass er zurücktreten soll, um dem „Künstlergehirn" freien Lauf zu lassen.[138] Ziel ist es demnach, den Zensor zu erkennen, diesen als Blockierer wahrzunehmen, um sich im nächsten Schritt zugunsten der Kreativität vom Zensor zu distanzieren. CAMERON beschreibt ihre Arbeit mit den Morgenseiten als spirituelle Übung, die einem einen klaren Zugang zu sich selbst verschafft und betont, dass die Methode nicht nur für Künstler geeignet ist, sondern unabhängig vom Beruf eingesetzt werden kann.[139]

Betrachtet man abschließend an die Darstellung von CAMERONs Ansatz dessen Bedeutung für die Entwicklung der Cahier-Methode, so kann festgehalten werden, dass CAMERONs Annahmen bezüglich des Zensors die vorliegende Forschungsarbeit geprägt haben. CAMERONs Erfahrungsbericht über den Zensor wurde in den Interviewleitfaden unter „Innere und äußere Widerstände" (vgl. 4.4) eingearbeitet und somit als Vorannahme dem Leser transparent gemacht (vgl. 3.1). Ähnlich wie VALÈRY und HORNEY plädiert CAMERON für das kontinuierliche Aufschreiben der morgendlichen Gedanken, was sich in der Cahier-Methode über 14 Tage hinweg wiederfindet.

Im folgenden Teilkapitel werden die Grundzüge der Cahier-Methode dargelegt, um den Zusammenhang zwischen den historischen Wurzeln und der Cahier-Methode klar herauszuarbeiten und um dem Leser Einblick über den Aufbau der Cahier-Methode zu liefern.

2.4.3 Grundzüge der Cahier-Methode

Dieses Teilkapitel hat die Funktion, die Grundzüge der Cahier-Methode zu skizzieren. Dies erfolgt unter Rückgriff auf die im Teilkapitel referierten „Historischen Wurzeln der Cahier-Methode". Im Folgenden werden die Grundzüge der Cahier-Methode dargestellt, die aus den oben beschriebenen Ansätzen von VALÉRY, HORNEY und CAMERON abgeleitet werden können (vgl. 2.4.2).

Die Zielformulierung beziehungsweise die Definition des Anliegens der Probanden erfolgt mit Unterstützung eines praxisbegleitenden Coachs im telefonischen Vorgespräch (vgl. 3.1). Nach vorab definierten Rahmenbedingungen (vgl. Anhang), beginnen diese in einem festgelegten Zeitrahmen von 14 Tagen mit ihren schriftlichen Aufzeichnungen, die hier Cahiers genannt werden. Diese Cahiers werden über 14 Tage hinweg täglich morgens direkt nach dem Erwachen

138 Cameron, J.: Der Weg des Künstlers, S. 38 ff.
139 Vgl. ebd. S. 44.

schriftlich festgehalten. Dabei notiert der Klient (hier: der Proband) seine spontanen Gedanken, möglichst so wie sie ihm in den Kopf kommen. Die morgendliche Schreibdauer beträgt als Richtwert eine Stunde. Dabei führt der Klient diese Arbeit jeden Tag, möglichst zur selben Uhrzeit und am selben Ort durch. Im darauffolgenden abschließenden Interview werden die Probanden zu ihrem Zensor beziehungsweise zu auftretenden Widerständen befragt.

Über die aus den historischen Wurzeln abgeleiteten Grundzüge der Cahier-Methode hinaus, kommen weitere methodische Elemente beim Aufbau der Cahier-Methode hinzu: Der Proband erhält vor Beginn der Durchführung der Cahier-Methode von der Forscherin eine Arbeitsanleitung per E-Mail. Diese Arbeitsanleitung ist in Form einer Checkliste zusammengestellt (vgl. Anhang). Der Proband schreibt an 14 aufeinanderfolgenden Tagen seine Cahiers und kuvertiert diese einzeln. Anschließend ruhen die Cahiers unbesehen eine Woche. Innerhalb dieser Ruhewoche bekommt der Proband eine Auswertungsanleitung per E-Mail. Danach öffnet der Proband alle kuvertierten Cahiers und liest diese zunächst der Reihe nach durch, um diese dann selbstgesteuert anhand der Auswertungsanleitung auszuwerten (vgl. 3.1).

Zum Abschluss des Kapitels „Wissenschaftliche Einordnung“ kann festgehalten werden, dass der Forschungsgegenstand Selbstcoaching wissenschaftlich eingeordnet wurde. Dies erfolgte anhand der Kapitel „Ziele der qualitativen Studie“ (vgl. 2.1), „Theoretische Hintergründe“ (vgl. 2.2), „Coaching“ (vgl. 2.3) und „Selbstcoaching anhand der Cahier-Methode“ (vgl. 2.4). Auf diesen theoretischen Teil folgt im Anschluss die Darlegung des praktisch-methodischen Arbeitens anhand des Kapitels „Methodisches Vorgehen“ (vgl. 3). Das nachfolgende Kapitel hat somit die Funktion, dem Leser die wissenschaftliche Vorgehensweise darzulegen, damit die intersubjektive Nachvollziehbarkeit der Forschungsergebnisse gewährleistet ist.

3 Methodisches Vorgehen

Das Kapitel „Methodisches Vorgehen“ beschreibt das methodisch-wissenschaftliche Arbeiten im Rahmen dieser Forschungsarbeit. Dabei wird das methodische Vorgehen anhand der folgenden Gliederung aufbereitet und systematisch dargestellt: „Vorbereitung zur Datenerhebung“ (vgl. 3.1), „Datenerhebung: Leitfadengestütztes Interview“ (vgl. 3.2), „Datenaufbereitung: Transkription nach GAT“ (vgl. 3.3) und die Beschreibung der „Datenauswertung: Qualitative Inhaltsanalyse nach MAYRING“ (vgl. 3.4).

3.1 Vorbereitungen zur Datenerhebung

Das Teilkapitel „Vorbereitungen zur Datenerhebung“ legt die Vorbereitungsphase zum Interview detailliert dar. Neben der „Formulierung des Arbeitstitels“ (vgl. 3.1.1) und der Erstellung des „Informationstext(es)“ (vgl. 3.1.2) wird der Leser über die „Rekrutierung der Probanden“ (vgl. 3.1.3), „Teilnehmende Probanden“ (3.1.4) und die „Erstellung des Interviewleitfadens“ (vgl. 3.1.5) informiert.[140]

Darüber hinaus folgen Abschnitte zu den Themen „Formulierung der Anliegen im telefonischen Vorgespräch“ (vgl. 3.1.6) und „Checkliste“ (vgl. 3.1.8). Zusätzlich wird ein Überblick über die telefonischen Vorgespräche mit den Probanden und den Aufbau der Checkliste gegeben, die die Probanden per E-Mail erhalten. Abschließend soll auf die „Auswertungsanleitung“ (vgl. 3.1.9) und auf die Vereinbarung des „Evaluationstermin(s)“ (vgl. 3.1.10) eingegangen werden.

140 Aus Gründen der besseren Lesbarkeit wird im Folgenden auf eine geschlechtsspezifische Differenzierung verzichtet, d.h. der Begriff Proband bezieht sowohl männliche als auch weibliche Personen mit ein. Erst im Kapitel 4 „Analyse und Interpretation der Daten“ wird in Verbindung mit den wiedergegebenen Zitaten aus den einzelnen Interviews geschlechtsspezifisch differenziert, indem die Probanden A, B, C, E und I und die Probandinnen D, F, G, H und J bezogen auf ihr Geschlecht genau benannt werden.

3.1.1 Formulierung des Arbeitstitels

Zu Beginn des Forschungsprojekts wurde ein sprachlich vereinfachter und verkürzter Arbeitstitel für den praktischen Projektabschnitt festgelegt. Der praktische Projektabschnitt umfasst die Rekrutierung der Probanden, die Durchführung der Selbstcoachingmethode sowie das abschließende Evaluationsgespräch, bei dem es sich um ein leit- fadengestütztes Interview handelt. Der Arbeitstitel lautete kurz und prägnant „Forschungsprojekt Cahier-Selbstcoaching" und wurde im Kontakt mit den Probanden sprachlich aktiv eingesetzt. Bei der Vereinfachung des Arbeitstitels wurde der Sprachgebrauch der Probanden berücksichtigt. Dies diente dazu, Irritationen seitens der Probanden vorzubeugen. Im Kontakt mit den Probanden erwies sich diese Vorgehensweise als sehr praktisch. Für die theoretisch-schriftliche Auseinandersetzung im Rahmen dieser Forschungsarbeit wird der vollständige Titel benutzt, um der Komplexität des Forschungsvorhabens gerecht zu werden.

3.1.2 Informationstext

Im zweiten Schritt wurde ein Informationsblatt für die Probanden erstellt (vgl. Anhang). Dabei handelt es sich um einen Informationstext, der im Interview den jeweiligen Probanden ausgehändigt wurde. Inhaltlich wird über das Vorgehen des Forschungsprojekts informiert. Dazu gehören die Vorstellung der verantwortlichen Projektleitung, die namentliche Nennung der Hochschule und des Professors, der das Promotionsvorhaben begleitet, und die Aufklärung der Probanden über den gewissenhaften Umgang im Hinblick auf den Datenschutz.

Abschließend wird im Informationstext den Probanden für die Teilnahmebereitschaft am Projekt gedankt. Zusätzlich wird dargelegt, dass das Ziel des Projekts die wissenschaftliche Fundierung der Cahier-Methode ist und im Speziellen die Qualitätssicherung von Selbstcoaching im Fokus der Untersuchung steht.

3.1.3 Rekrutierung der Probanden

Bei der Rekrutierung der Probanden war es besonders wichtig, dass die Probanden freiwillig an der Untersuchung teilnehmen und selbstmotiviert an der Cahier-Methode Interesse bekunden. Darüber hinaus mussten Probanden gewonnen werden, deren Anliegen eine Struktur aufweist, die die Anwendung der Cahier-Methode ermöglicht.

Zur Gewinnung der Probanden wurde ein Inserat im Coaching-Newsletter von RAUEN geschaltet.[141] Den Newsletter erhalten über 26.000 Empfänger einmal monatlich. Am 25. April 2007 wurde das Inserat an alle Newsletterabonnenten via E-Mail versandt. Die Adressatengruppe des Newsletters teilt sich in drei Personengruppen auf.[142] Während 45,0 % an Coachs, Unternehmensberater und Trainer gesendet werden, gehen 37,0 % an Führungskräfte beziehungsweise Personalverantwortliche und 7,0 % an Hochschulangehörige. 11,0% werden mit der Zuordnung „Sonstige" zusammengefasst. Die Geschlechterverteilung der Empfänger des Newsletters liegt bei 56,0 % Frauen und 44,0 % Männern.

Eruiert man die Nationenkennung der Empfänger, so lässt sich Folgendes ableiten: 67,0% sind deutsche E-Mail-Adressen (.de-Adressen), 16,0% internationale Adressen (.com-Adressen), 7,8 % aus Österreich (.at-Adressen), 5,5% aus der Schweiz (.ch-Adressen) und 0,9% der Empfänger werden unter „sonstige Adressen" zusammengefasst.

Das Inserat gab einen Hinweis auf eine Internetadresse, wo sich interessierte Probanden näher über das Forschungsprojekt Cahier-Selbstcoaching informieren konnten. Darüber hinaus konnten sich potenzielle Probanden auf dieser Internetseite zur Teilnahme am Forschungsprojekt mit Hilfe eines Formulars anmelden.[143]

Anhand des Inserats wurden aus organisatorischen Gründen Probanden aus dem Raum Baden-Württemberg und Bayern angesprochen, da es sich hierbei um die Einzugsgebiete der Doktorandin und des praxisbegleitenden Coachs handelt. Ursprünglich war geplant, dass die Interviews mit den Probanden innerhalb dieser beiden Einzugsgebiete stattfinden sollten.

Aufgrund der Nachfrage von potenziellen Probanden aus anderen Bundesländern, wie zum Beispiel Berlin, wurde die Einschränkung auf Baden-Württemberg und Bayern nachträglich aufgehoben. Folgende zwei Optionen zur Durchführung der Interviews ergaben sich dadurch: Die Probanden konnten zum Interview nach Lützelburg bei Augsburg in Bayern anreisen oder am Interview per Onlinekonferenz über Skype teilnehmen. Diese technische Unterstützung

141 http://www.coaching-newsletter.de/archiv/2007/2007_04.txt (letzter Abruf: 01.08.2011); Rauen, C. arbeitet seit 1996 als Coach und ist Lehrbeauftragter der Universitäten Freiburg, Hannover, Flensburg und Osnabrück. U.a. wurden von ihm folgende Veröffentlichungen herausgegeben: Rauen, C.: Handbuch Coaching; Rauen, C.: Coaching-Tools; http://www.coaching-report.de; http://www.coaching-newsletter.de; http://www.coaching-magazin.de; (letzter Abruf: 01.08.2011).

142 http://www.rauen.de/services/werbung.htm (letzter Abruf: 01.08.2011).

143 http://www.coachingforschung.de/index.php?id=cfor_caroline_lieser (letzter Abruf: 01.08.2011).

ermöglichte es, die Zielgruppe der Probanden auf ganz Deutschland und bis hin nach Österreich zu erweitern.

3.1.4 Teilnehmende Probanden

Über die Onlineanmeldemaske haben sich zunächst 15 potenzielle Probanden eingeschrieben. Tatsächlich führten nach mehreren Terminverschiebungen 10 von 15 Personen die Cahier-Methode durch und nahmen am Interview teil; darunter befanden sich fünf Frauen und fünf Männer. Die Gleichverteilung der Geschlechter erfolgte durch Zufall und wurde vom Forschungsdesign nicht angestrebt.

Sieben der leitfadengestützten Interviews wurden in den Geschäftsräumen des praxisbegleitenden Coachs in Einzelgesprächen durchgeführt und digital mitgeschnitten. Die verbleibenden drei Interviews wurden per Onlinekonferenz erhoben und digital im MP3-Format aufgezeichnet. Die Dauer der Interviews betrug 40 bis 75 Minuten. Im Folgenden werden die 10 teilnehmenden Probanden anhand der ausgewählten soziodemografischen Daten Alter und Beruf zur Übersicht dargestellt:

Herr A:	Abteilungsleiter EDV-Systeme, 45 Jahre
Herr B:	Personalbetreuer, 51 Jahre
Herr C:	Jugendarbeiter, 44 Jahre
Frau D:	Management Consultant, 37 Jahre
Herr E:	Verkaufstrainer und Coach, 48 Jahre
Frau F:	Selbstständige Dozentin für Deutsch als Fremdsprache, 45 Jahre
Frau G:	Betriebswirtin, 36 Jahre
Frau H:	Pädagogin, 39 Jahre
Herr I:	Industriekaufmann, 45 Jahre
Frau J:	Outplacement-Beraterin, 49 Jahre

Betrachtet man die oben stehenden Altersangaben, so lässt sich zusammenfassend sagen, dass das Forschungsprojekt Personen in einem ähnlichen Altersspektrum zwischen 36 und 51 Jahren angesprochen hat. Es lässt sich ein Durchschnittsalter von 39,4 Jahren bestimmen.

Eine Analyse der Angabe Beruf zeigt, dass die Probanden B und I eine abgeschlossene Ausbildung im kaufmännischen und Proband E im handwerklichen Bereich vorweisen können. Proband E hat zusätzlich eine Coachingausbildung absolviert. Er setzt sein praktisches Wissen im Bereich Coaching und kollegiale Beratung in seiner Berufspraxis als Verkaufstrainer und Coach ein. Auch Proband B, der eine Karriere vom Bankkaufmann zum Personalbetreuer durchlaufen hat, ist im Berufsalltag mit Coaching von Führungskräften betraut. Die Probanden C, D, F, G H, I und J haben alle ein abgeschlossenes Studium.[144]

Zusammenfassend lässt sich sagen, dass mit Ausnahme von Proband I alle Probanden in den Bereichen personenbezogener und auch pädagogischer Dienstleistung tätig sind. Das heißt, dass die Probanden alle im weiten Sinne akademisch gebildet sind.

3.1.5 Erstellung des Interviewleitfadens

Im Rahmen des Forschungsprojekts bietet sich das leitfadengestützte Interview methodisch an, da zu den deduktiv gebildeten Kategorien des Leitfadens induktive Kategorien aus den Interviews und somit aus dem Erzähltext generiert werden können.[145]

Mit Hilfe des leitfadengestützten Interviews ist es möglich, nach konkreten Aspekten des Forschungsinteresses zu fragen und den Probanden dennoch genügend Raum für weitere Ausführungen zu ermöglichen. Die Entwicklung induktiver Kategorien ist ein wesentliches Merkmal der qualitativen Forschung.[146] Gemeinsam mit den deduktiven Kategorien des Leitfadens, die bestätigt oder widerlegt werden können, wird ein Erkenntnisgewinn ermöglicht.

Die oben beschriebene Vorgehensweise zielt demnach weniger auf die Überprüfung von vorformulierten Hypothesen und deduktiven Kategorien, sondern ist in erster Linie bestrebt, die subjektiven Meinungen und Erfahrungen der Probanden im Rahmen der qualitativen Studie zu ermitteln und zu analysieren. Dabei wird das Ziel verfolgt, eine Theorie zum Lernprozess des Selbstcoachings im Rahmen der Cahier-Methode zu entwickeln. Dieser Lernprozess wird anhand eines Kategoriensystems modelliert, welches sich aus deduktiven und induktiven Kategorien zusammensetzt.

Trotz des Einsatzes eines Leitfadens muss in der qualitativen Forschung der Aspekt der Offenheit gewährleistet sein.[147] Um eine zu starke Steuerung des Interviews zu vermeiden, wurden bei der Entwicklung des Leitfadens keine konkreten Fragen vorformuliert. Stattdessen wurden deduktive Kategorien gebildet,

144 Im Sinne der besseren Lesbarkeit wird hier ebenfalls auf eine Geschlechterdifferenzierung verzichtet.

145 Begrifflichkeiten „induktive und deduktive Kategorienbildung“ nach Mayring, P.: vgl. Mayring, P.: Qualitative Inhaltsanalyse, S. 74, 75, 82.

146 Vgl. ebd.

147 Vgl. Lamnek, S.: Qualitative Sozialforschung, S. 21 f.

die formal übersichtlich sind und während des Interviews eine leichte Handhabung ermöglichen. Dabei war es nicht das Ziel, die Kategorien des Leitfadens rigide abzufragen, sondern den Gesprächsverlauf der Struktur und dem Erzähltext des einzelnen Probanden anzupassen. Dadurch wurde ermöglicht, dem Erinnerungs- und Argumentationsfluss der Probanden optimal zu folgen, und somit vermieden, dass es zu abrupten Themensprüngen kam.[148]

Erst zum Ende eines jeden Interviews wurde der vorbereitete Leitfaden vom Interviewer gesichtet, um gegebenenfalls abschließend noch offene Aspekte anzusprechen. Der Interviewleitfaden strukturierte die Gesprächssituation im Interview nur gering und diente vielmehr dazu, dass bestimmte Themen im Interview behandelt werden, sei es teilweise auch nur anhand von vage formulierten Fragen. Die Abfolge der deduktiven Kategorien des Leitfadens ist demnach nicht mit einer stringenten Interviewstruktur gleichzusetzen, sondern dient dem Interviewer lediglich als gedankliche Stütze. Somit konnten die spontan produzierten Erzählungen der Probanden im Vordergrund des Interviews stehen.[149]

Anstatt einer Frageliste wurde dem Leitfaden eine komplexere Form zugrunde gelegt. Die Einstiegsfrage in das Interview lautete: „Wie geht es Ihnen nach der Durchführung der Cahier-Methode?“ Dabei handelt es sich um eine bewusst gewählte offene Frage, die den qualitativen Forschungsgedanken verfolgt, Erzähltext zu generieren. Diese Einstiegsfrage zielt auf den Zeitpunkt (t2) ab. Das bedeutet, dass sich der Interviewer anhand der Einstiegsfrage nach dem Befinden der Probanden nach Abschluss der Cahier-Methode erkundigt. Gefolgt auf diese Einstiegsfrage (t2) wird dem Probanden eine Frage zum Zeitpunkt vor dem Einsatz der Cahier-Methode (t1) gestellt. Die zweite Frage lautet: „Schauen Sie bitte auf die letzten Wochen im Rahmen der Cahier-Methode zurück. Erzählen Sie doch mal über Ihre Erfahrungen beim Einsatz der Cahier-Methode.“ Genau betrachtet handelt es sich hierbei nicht um eine Frage, sondern um eine offene Erzählaufforderung.

Der Leitfadenentwicklung liegt das anwendungsfreundliche SPSS-Modell nach HELFFERICH zugrunde. Dieses strukturierte Vorgehen hat laut HELFFERICH den Effekt, dass es der Vergegenwärtigung und dem Explizieren des eigenen theoretischen Vorwissens und der impliziten Erwartungen an die von dem Interviewten zu produzierenden Erzählungen dient.[150]

148 Vgl. Helfferich, C.: Die Qualität qualitativer Daten, S. 160.
149 Vgl. Kruse, J.: Reader „Einführung in die Qualitative Interviewforschung“, S. 24.
150 Helfferich, C.: Die Qualität qualitativer Daten, S. 161, 162.

Die Abkürzung SPSS steht für folgende vier Schritte:

1. Schritt: *„S" Sammeln*
2. Schritt: *„P" Prüfen*
3. Schritt: *„S" Sortieren*
4. Schritt: *„S" Subsumieren*

Im ersten Schritt „Sammeln (S)" galt es möglichst viele Fragen zusammenzustellen, die im Zusammenhang mit dem Forschungsgegenstand der Cahier-Methode von Interesse sind. Somit wurden die Fragen einerseits aus der Zielsetzung der qualitativen Studie abgeleitet (vgl. 2.1), andererseits aus den Erfahrungen und Forschungsergebnissen einer unveröffentlichten Diplomarbeit von LEITNER zum Thema Cahier-Methode.[151]

Als roter Faden für das Sammeln der Fragen galt die grundsätzliche Fragestellung: Was möchte ich eigentlich wissen?, Was interessiert mich eigentlich?[152] So entstand in einem Brainstorming eine Frageliste mit 61 Fragen, die im zweiten Schritt „Prüfen (P)" stark reduziert und strukturiert wurde. Die Reduktion und Strukturierung wurde anhand verschiedener Prüffragen vorgenommen. Zu den Aufgaben dieser Prüffragen gehörte es, sogenannte Faktenfragen, die ausschließlich Informationen seitens des Probanden erfragen, und auch geschlossene Fragen zu eliminieren, da sie dem Prinzip der Offenheit nicht standhalten. Weitere Fragen waren: Was würde mich eigentlich überraschen?, Was würde meinen Vorannahmen bezüglich des Forschungsgegenstandes widersprechen? Dabei galt es zu untersuchen, ob die Art der Fragestellung auch andere Antwortmöglichkeiten der Erzählperson zulassen als der Forscher selbst erwartet. Es sollte vermieden werden, dass der Forscher lediglich nach Bestätigung für seine Vorannahmen, statt nach einem wirklich neuen Erkenntnisgewinn sucht.

Im dritten Schritt „Sortieren (S)" wurden die verbleibenden Fragen thematisch sortiert. Im darauffolgenden vierten Schritt „Subsumieren (S)" wurden aus Fragen Stichpunkte zusammengefasst und zu jedem Aspekt einfache Erzählaufforderungen, auch Aufrechterhaltungsfragen genannt, vorformuliert.[153]

Im Anschluss an die Darlegung der einzelnen Entwicklungsschritte des Leitfadens sollen nun die einzelnen Kategorien des Leitfadens vorgestellt werden. Dabei werden zu jeder Kategorie Merkmalsdimensionen aufgeführt, die als

151 Vgl. Leitner, C.: Die Cahiermethode. Ein neues Instrument für das Coaching?

152 Vgl. Helfferich, C.: Die Qualität qualitativer Daten, S. 162.

153 Vgl. ebd. S. 161-167. Mayring, P. spricht hier anstatt von Stichpunkten und Aspekten von deduktiven Kategorien.

Stichworte codiert sind.[154] Anhand dieser Kategorien werden die Vorannahmen des Forschers für den Leser transparent gemacht. Resultierend aus dem Vorgehen nach der SPSS-Methode wurden folgende Kategorien herausgearbeitet:

a) Selbstreflexion

- Gedanken zum Anliegen
- Gedanken zu Geschehnissen
- Eigenes Handeln und Verhalten
- Neue Erkenntnisse

Der im Leitfaden formulierten Kategorie „Selbstreflexion" liegt die Annahme zugrunde, dass die Cahier-Methode einen Selbstreflexionsprozess bei den Probanden auslöst, welcher vertiefende und auch neue Gedanken zum Anliegen liefert. Es wird weiterhin angenommen, dass das eigene Handeln und Verhalten kritisch reflektiert wird, dass Gedanken zu Geschehnissen vertieft werden und der Proband somit zu neuen Erkenntnissen gelangt.

b) Ergebnis der Cahier-Methode

- Persönlicher Nutzen
- Ergebnisfindung
- Lösungsfindungsprozess
- Emotionale Entlastung
- Sinkender Problemdruck
- Verhaltens- und Handlungsalternativen
- Bestätigung des Verhaltens oder Handelns
- Einsichten und Aha-Erlebnisse
- Zielerreichung
- Lerneffekte
- Beschreibung der Effekte

Die Kategorie „Ergebnis der Cahier-Methode" soll die Wahrnehmung des Interviewten auf verschiedene Qualitäten von Ergebnissen bei der Anwendung der Cahier-Methode richten und somit Aussagen über die Wirkung der Cahier-Methode liefern. Zentrale Leitfragen sind hierbei: Welche Aussage tätigt der Proband über seinen persönlichen Nutzen nach Beendigung der Cahier-Methode? Gelangt er zu einem Ergebnis? Wenn ja, wie würde er dies beschreiben? Empfindet er das Ergebnis als Lösung im Sinne einer emotionalen Entlas-

154 Vgl. Kron, F. W.: Wissenschaftstheorie für Pädagogen, S. 53 f.

tung? Beschreibt er einen sinkenden Problemdruck? Entwickelte der Proband neue Verhaltens- und Handlungsalternativen? Bestätigte sich sein bis-heriges Verhalten oder Handeln? Kommt er zu Einsichten und Aha-Erlebnissen? Wie beurteilt er den Grad seiner Zielerreichung? Resultiert ein Lerneffekt? Wie kann der eventuell eintreffende positive Effekt beschrieben werden?

c) Innere und äußere Widerstände

- Innere Widerstände gegenüber Gedanken und Inhalten (evtl. Zensor, Tabuthemen, Geheimnisse, Schweigegelübde)
- Äußere Widerstände gegenüber der Methode

Als dritte Kategorie wurden „innere und äußere Widerstände" formuliert. Unter inneren Widerständen gegenüber Gedanken und Inhalten beim Aufzeichnen der Cahiers werden Widerstände gegenüber eigenen Gedanken, Inhalten sowie Formulierungen verstanden. In diesem Zusammenhang soll auch der Begriff des „Zensors" wieder aufgenommen werden.[155] CAMERON beschreibt den Zensor als inneren Kritiker, der gleich einem Strom ständig kritische Kommentare äußert und den wir deshalb oft als Wahrheit ansehen. Dieser innere Kritiker hindert uns daran, Dinge so zu notieren, wie wir es gerne tun würden. Er beeinflusst unser Denken und Schreiben und manipuliert uns oft selbst, indem er uns in Gedanken destruktive Dinge sagen lässt, wie zum Beispiel „Das kannst du nicht.", „Du bist nicht kreativ.", „Du bist nicht intelligent genug.", „Das darf man so nicht denken und schon gar nicht schreiben."[156] Eng mit dem Begriff des Zensors hängt das Auffinden von Tabuthemen, aber auch Geheimnissen und Schweigegelübden zusammen. Dies sind alles Faktoren, weshalb jemand einen sogenannten Zensor einschalten könnte und tatsächlich Gedachtes nicht notiert, sondern zensiert. Dieser Zensor ist zusätzlich geprägt vom Prinzip der sozialen Erwünschtheit. Dieses Prinzip tritt dann in Kraft, wenn der Proband in den morgendlichen Cahiers das notiert, was Nahestehende von ihm erwarten, anstatt das, was er wirklich denkt.

Unter äußeren Widerständen werden Widerstände gegen die Methode verstanden, wie zum Beispiel frühes Aufstehen über einen Zeitraum von 14 Tagen, das tägliche Schreiben und in der Auseinandersetzung mit dem eigenen Anliegen keinen Coach hinzuziehen zu können.

155 Cameron, J.: Der Weg des Künstlers, S. 36.
156 Ebd.

d) Assoziationen
- Gedankenfluss am Morgen
- Schnelligkeit der Gedankenabfolge
- Beschreibung des Assoziationsbegriffs

Die Kategorie „Assoziationen“ richtet das Augenmerk auf die Aussagen der Probanden beim Aufzeichnen der Cahiers: Wie beschreiben die Probanden ihren Gedankenfluss am Morgen? Unterscheidet sich die Schnelligkeit der Gedankenabfolge von Tag zu Tag? Wenn ja, wie beschreiben und formulieren die Probanden das? Wählen die Probanden selbst den Begriff der Assoziation oder beschreiben sie diesen Vorgang mit anderen Begrifflichkeiten, gegebenenfalls treffenderen Ausdrücken und Beschreibungen?

e) Austausch mit der Umwelt
- Instruktionen an das Umfeld
- Private Gespräche
- Literaturstudium
- Professionelle Unterstützung

Die Kategorie „Austausch mit der Umwelt“ beinhaltet die Frage, wie der Proband während der Durchführung der Cahier-Methode seinen Kontakt zur Umwelt gestaltet: Werden Familienmitglieder und Partner instruiert und über die Durchführung der Cahier-Methode informiert? Findet zeitgleich ein Gespräch mit Freunden statt? Sucht der Proband sich passende Literatur oder sogar professionelle Unterstützung, zum Beispiel von einem Coach, Therapeuten, Psychologen oder entsprechenden Beratungsstellen?

f) Umgang mit der Cahier-Methode
- Positive und negative Aussagen zum Selbstcoachingprozess
- Methodische Änderungen
- Veränderung des Anliegens und der Zielformulierung
- Hinzukommen neuer Themen zur ursprünglichen Anliegen
- Grundvoraussetzungen für die Cahier-Methode
- Anwendung der Cahier-Methode ohne Coach

Anhand der Kategorie „Umgang mit der Cahier-Methode“ sollen die Erfahrungen der Probanden mit der Cahier-Methode generiert werden. Hierbei wird dem Interviewten Freiraum gewährt sowohl positive als auch negative Äußerungen zum eigenen 14-tägigen Arbeitsprozess mit der Cahier-Methode zu benennen und daraus resultierende Schwierigkeiten und Erfolge zu thematisieren. Ein besonderes Augenmerk wird auf eventuell auftretende Äußerungen des Probanden gelegt, die darauf hinweisen, dass dieser methodische Änderungen an der Cahier-Methode vorgenommen hat. Treten solche methodischen Änderungen auf, dann soll der Proband ermutigt werden, diese zu benennen und zu begründen. Dabei darf er keine Angst vor negativen Sanktionen seitens des Interviewers entwickeln oder sogar das Gefühl vermittelt bekommen, aufgrund eines Regelverstoßes kein adäquater Proband für das Forschungsprojekt zu sein.

Das Ziel dieses Vorgehens ist, durch den Interviewten methodische Anregungen zu erhalten, um gegebenenfalls die Cahier-Methode zu optimieren und diese somit anwenderfreundlicher zu gestalten. Der Unterpunkt „Veränderung des Anliegens und der Zielformulierung" beschäftigt sich mit der ausgehenden Zielformulierung des Probanden, die dieser zu Beginn der 14-tägigen Cahier-Methode mit dem praxisbegleitenden Coach vorgenommen hat. Zunächst formulierten die Probanden mit dessen Unterstützung ihr Anliegen, welches dann von den Probanden zu einer Zielformulierung für das Selbstcoaching überarbeitet wurde. Der Aspekt „Veränderung des Anliegens und der Zielformulierung" geht mit der Vermutung einher, dass einige der Probanden ihre vor Beginn der Cahier-Methode formulierten Anliegen und Zielformulierungen vor oder während dem Prozess so verändern, sodass eine neue beziehungsweise eine neue Zielformulierung für den 14-tägigen Arbeitsprozess entsteht, die dem Interviewer nicht bekannt ist.

Eine weitere Möglichkeit, die im Vorfeld in Betracht gezogen wurde, ist, dass der Proband nach kürzester Zeit bemerkt, dass seine und somit auch seine Zielformulierung nicht arbeitsdienlich (das heißt, nicht zielführend) oder nicht treffend gewählt wurde und dieser somit selbstständig eine Umformulierung vornimmt. Der Unterpunkt „Hinzukommen neuer Themen zur ursprünglichen " hängt mit dem Aspekt „Veränderung der Anliegen und der Zielformulierung" zusammen. Dieser Aspekt tritt dann in Kraft, wenn der Proband nach kürzester Zeit, wie zum Beispiel nach fünf Tagen feststellt, dass er seine Ausgangs zufriedenstellend bearbeitet hat, dass sich aber zugleich ein weiteres Thema oder ein tieferliegendes Arbeitsthema herauskristallisiert hat, mit dem er sich auseinandersetzen möchte. Dies würde dann zu einer Veränderung des ursprünglich formulierten Anliegens und somit auch zu einer Veränderung der Zielformulierung führen.

Der vorletzte Teilaspekt dieser Kategorie „Grundvoraussetzungen für die Cahier-Methode" soll die Wahrnehmung des Interviewers auf Aussagen zu Fähigkeiten, Fertigkeiten und weiteren Ressourcen der Probanden schärfen, die für die Durchführung der Cahier-Methode wichtig sind. Dieser Aspekt lässt sich in folgenden Fragen fassen: Wie muss der Proband, genauer gesagt der zukünftige Coachingklient, beschaffen sein? Welche Fähigkeiten, Fertigkeiten und Grundvoraussetzungen muss er als Mensch mitbringen, dass die Cahier-Methode als Handwerkszeug zu ihm passt?

g) Motivation

- Befinden, Gefühle und Emotionen
- Beschreibung und Bedeutung des Erlebtens

Die Kategorie „Motivation“ richtet die Aufmerksamkeit des Interviewers auf emotionale Aussagen: Was sagt der Proband über sein Befinden, seine Gefühle und seine Emotionen aus? Wie beschreibt er das Erlebte? Folgende Fragen dienen zur Aktivierung des Interviewten: „Was ist geschehen?“, „Was haben Sie erlebt?“, „Was hat das für eine Bedeutung für Sie?“. Die Fragen verfolgen das Ziel der Artikulation emotionaler Erlebnisinhalte. Abschließend soll festgehalten werden, dass diese Kategorie den Fokus darauf richtet, den Probanden nicht nur auf einer rein deskriptiven Ebene über den Einsatz der Methode sprechen zu lassen, sondern auch seine emotionalen Erlebnisinhalte im Interview zu erheben. Zusammenfassend kann festgehalten werden, dass es sich bei den deduktiven Kategorien des Leitfadens „Selbstreflexion“, „Ergebnis der Cahier-Methode“, „Innere und äußere Widerstände“, „Assoziationen“, „Austausch mit der Umwelt“, „Umgang mit der Cahier-Methode“ und „Motivation“ um Kategorien handelt, die das Lernen anhand der Cahier-Methode schwerpunktmäßig prozessorientiert betrachten. Diese deduktiven Kategorien des Leitfadens resultieren aus dem Ziel dieser qualitativen Studie, den Lernprozess im Rahmen der Cahier-Methode zu modellieren und somit die Cahier-Methode wissenschaftlich zu fundieren (vgl. 2.1). Die in der wissenschaftlichen Arbeit von LEITNER formulierten prozessorientierten Aspekte sollen durch die vorliegende, größer angelegte Studie wissenschaftlich erweitert und vertieft werden.[157]

3.1.6 Formulierung der Anliegen im telefonischen Vorgespräch

Nach erfolgreicher Anmeldung über die Internetmaske nahm der praxisbegleitende Coach den Erstkontakt zu den Probanden auf. Es folgten telefonische Erstgespräche und Mailkontakte zwischen den potenziellen Probanden und dem Coach. Der Coach unterstützte die Interessenten bei der Formulierung ihres Anliegens, welches sie im Rahmen der Cahier-Methode selbstständig bearbeiten wollten. Die Probanden konnten frei entscheiden, mit welcher Thematik sie die

157 Vgl. Leitner, C.: Die Cahiermethode. Ein neues Instrument für das Coaching?

Selbstcoachingmethode namens Cahier-Methode durchführen wollten. Zusätzlich konkretisierte der Coach mit den Probanden den Durchführungstermin der 14-tägigen Aufzeichnung der Cahiers (vgl. 2.4).

Das Anliegen der Probanden beschreibt zunächst recht allgemein das Thema, mit dem sich die einzelnen Personen anhand der Cahier-Methode beschäftigen möchten. Um abschließende Aussagen über den Erfolg eines Selbstcoachingprozesses machen zu können, bedarf es einer möglichst klaren Zieldefinition für jeden einzelnen Probanden. Das heißt, dass die jeweilige Zieldefinition eine Konkretisierung des einzelnen Anliegens darstellt. Diese Zieldefinitionen dienen dem Probanden als Leitfaden und auch als während der Phase der schriftlichen Aufzeichnungen und auch während der Auswertung (vgl. 2.4; 3.1.9). Darüber hinaus ermöglicht die Zieldefinition dem einzelnen Probanden am Ende der Durchführung der Cahier-Methode über den Erfolg seines individuellen Selbstcoachingprozesses Rückmeldung zu geben. Anhand der schriftlichen Fixierung eines Selbstcoachingziels wird eine Variable festgehalten, mit deren Hilfe das Ergebnis der Cahier-Methode, beziehungsweise die Qualität des Ergebnisses, analysiert und bewertet werden kann (vgl. 4.2).

Die Zielformulierung der einzelnen Probanden weist bewusst stets die gleiche Satzstruktur auf: „Am Ende des Selbstcoachings (SC)…“. Diese zugrunde gelegte Satzstruktur impliziert, dass am Ende des SC ein anderer Zustand, ein Soll-Zustand, im Unterschied zu dem zu Beginn existierenden Ist-Zustand herrschen soll. Es folgt eine Tabelle, die die Anliegen und Ziele der Probanden im Rahmen der Cahier-Methode übersichtlich darstellt.

3.1.7 Anliegen und Ziele des Selbstcoachings im Rahmen der Cahier-Methode

Um die Nachvollziehbarkeit des Kapitels „Modellierung des Lernprozesses im Rahmen der Cahier-Methode“ (vgl. 4) zu gewährleisten, erfolgt eine Übersichtstabelle, die die Anliegen der Probanden und das daraus abgeleitete Ziel für das Selbstcoaching im Rahmen der Cahier-Methode verdeutlicht:

Tabelle 1: Anliegen der Probanden

Proband	**Anliegen der Probanden**	**Ziel des Selbstcoachings (SC)**
A	Einflussnahme durch Mächtige.	Am Ende des SC werde ich mir darüber im Klaren sein, wozu es gut ist, wenn ich mich ärgere.
B	Eine bessere Balance zwischen Arbeitszeit und Freizeit zu finden, damit mein schlechtes Gewissen zur Ruhe kommt.	Am Ende des SC werde ich die mir be-kannte Spannung in mir und in meinem Wesen, im Einklang sehen.
C	Wie kann ich mich einerseits, als in der Ausbildung befindlicher systemischer Coach beruflich positionieren, weiterentwickeln und am Markt Fuß fassen und dabei gleichzeitig mit meiner Ehefrau in Kontakt bleiben, beziehungsweise diesen Kontakt durch meine beruflichen Veränderungen neu „beseelen"?	Am Ende des SC werde ich über meine Rolle als Coach und über meine Rolle als Partner Klarheit gewonnen haben.
D	Einfluss des Transitionsprozesses eines transsexuellen Freundes (F-to- M) auf meine allgemeine Gefühlslage im beruflichen sowieim privaten Bereich.	Am Ende des SC werde ich mir darüber im Klaren sein, was ich mir wert bin.

Fortsetzung von Tabelle 1

Proband	Anliegen der Probanden	Ziel des Selbstcoachings (SC)
E	Wie kann es privat weitergehen mit Lebenspartnerin und Kindern?	Am Ende des SC wird mir klar sein, was ich liebe.
F	Balance zwischen Beruf und Privatleben.	Am Ende des SC werde ich mir mehr Klarheit darüber verschafft haben, wie ich meine momentanen und anstehenden beruflichen Anforderungen und Veränderungen mit meinem Privatleben (Beziehung, Familie, Freunde, Hobbys) in Einklang bringen kann.
G	Die Grundmuster in meinem Verhalten in Konfliktsituationen sowohl im beruflichen als auch im privaten Kontext hinterfragen und reflektieren.	Am Ende des SC weiß ich, wie ich Harmonie ohne Selbstaufgabe bewirken kann.
H	Als Freiberuflerin empfinde ich es als Strafarbeit, mich mit kaufmännischen oder sonstigen finanziellen Themen zu beschäftigen. Diese Themen schiebe ich mit großem Unmut vor mir her. Ich fühle mich dadurch stark eingeschränkt.	Am Ende des SC wird mir deutlich sein, wie mir Einflussnahme leichter fallen kann.

Fortsetzung von Tabelle 1

Proband	Anliegen der Probanden	Ziel des Selbstcoachings (SC)
I	Nach der Trennung von meiner Partnerin möchte ich mich mit dem Thema befassen, was ich tun muss, um zunächst einmal glücklich alleine zu leben. Ein Folgethema ist, wie muss ich mich ggf. ändern, um eine neue Partnerschaft erfolgreich zu leben.	Am Ende des SC werde ich Klarheit über das haben, wozu ich beruflich berufen bin.
J	Ich möchte wieder als Lehrerin (Deutsch als Fremdsprache) arbeiten. Gerne würde ich auch etwas anderes ausprobieren.	Am Ende des SC werde ich Klarheit über das haben, wie es beruflich anders sein kann.

Sobald der Anmeldedatensatz, die Anliegen der Probanden sowie die Zielformulierung der Probanden für das Selbstcoaching vorlagen, erhielten diese eine E-Mail zum Auftakt, die zunächst die 14-tägige Vorgehensweise im Rahmen der Cahier-Methode in Form einer einseitigen Checkliste beschrieb (vgl. 3.1.8; vgl. Anhang).

3.1.8 Checkliste

Die Checkliste wurde eine Woche vor Beginn der Cahier-Aufzeichnungen per E-Mail an die Probanden versendet. Sie trägt den zuvor festgelegten Arbeitstitel „Forschungsprojekt Cahier-Selbstcoaching" und umfasst eine Seite mit acht Aspekten, die bei der Durchführung der Cahier-Methode zu beachten sind (vgl. Anhang). Dazu gehört zum Beispiel die Vorgabe, dass zwei Wochen lang eine Stunde ohne Unterbrechung aufgezeichnet werden soll. Die morgendlichen Aufzeichnungen sollen bis spätestens 5.30 Uhr niedergeschrieben werden. Darüber hinaus weist ein Aspekt der Checkliste darauf hin, dass die einzelnen Cahiers kuvertiert, zugeklebt und anschließend chronologisch datiert werden sollen. Weitere Aspekte zur Organisation des Arbeitsplatzes und -umfeldes werden gegeben. Ein letzter Hinweis ist, dass nach Abschluss der 14-tägigen Aufzeichnungen die verschlossenen Kuverts eine Woche ruhen sollen, bevor es Informationen zur Weiterarbeit gibt.

Auf dieser Checkliste ist vermerkt, dass seitens der Forscherin kein Einblick in die schriftlichen Aufzeichnungen erbeten wird, sondern ein rein mündlicher Austausch darüber im Abschlussinterview erfolgt. Dabei bestimmt der Proband, wie viel er inhaltlich zu seinem Anliegen ins Interview einbringen möchte. Diese Anmerkung soll dem Schreiber beziehungsweise Probanden die größtmögliche innere Freiheit gewähren und den inneren Zensor möglichst klein halten (vgl. 4.4).[158]

3.1.9 Auswertungsanleitung

Zwei Tage vor Beendigung der einwöchigen Ruhephase der kuvertieren Cahiers erhalten die Probanden eine zweite E-Mail mit Auswertungsschritten, anhand derer sie ihre Aufzeichnungen bearbeiten dürfen (vgl. Anhang). Die Auswertungsschritte sind als einseitiger Anhang mit dem Titel „Informationen zur Auswertung Ihrer Cahiers" der E-Mail angefügt. Hierbei wird angemerkt, dass die Durchführung der Auswertung als Vorbedingung für das Abschlussgespräch gilt. Dieses Gespräch habe ich in der Kommunikation mit den Probanden Abschlussgespräch oder auch abschließendes Evaluationsgespräch genannt. Es handelt sich hierbei um das leitfadengestützte Interview, mit dem ich meine Daten erhoben habe (vgl. 3.2).

3.1.10 Evaluationstermin

Sofern nicht gleich vor Beginn der 14-tägigen Aufzeichnungen der Cahiers ein Evaluationstermin mit den Probanden vereinbart wurde, erfolgte in Verbindung mit dem Versenden der Auswertungsanleitung (vgl. Anhang) die Festlegung des Evaluationstermins. Im Rahmen dieses Evaluationstermins wird ein Abschlussinterview durch-geführt. Hierbei muss betont werden, dass das Abschlussinterview nicht Teil der Cahier-Methode, sondern ein Element des Forschungsdesigns

158 Vgl. Cameron, J.: Der Weg des Künstlers, S. 36.

ist. Dabei handelt es sich methodisch betrachtet um ein leitfadengestütztes, offenes Interview (vgl. 3.2).

3.2 Datenerhebung: Leitfadengestütztes Interview

Das vorliegende Kapitel geht differenziert auf die Durchführung und Gestaltung der Interviews ein. Dabei werden die zwei unterschiedlichen „Settings des leitfadengestützten Interviews", das persönliche Gespräch und die Onlinekonferenz, detailliert beschrieben (vgl. 3.2.1). Zusätzlich informiert ein Teilkapitel über die Bedeutung „verbal(er) und nonverbal(er) Gesprächssignale" (vgl. 3.2.2) im Interview. Es folgt das Teilkapitel „Abschluss der Interviews" (vgl. 3.2.3), das die Erfassung soziodemografischer Daten, die Unterzeichnung des Datenschutzes sowie das Erstellen der Postskripte erläutert.

3.2.1 Settings des leitfadengestützten Interviews

Dieses Teilkapitel beschreibt die Settings, in denen die leitfadengestützten Interviews durchgeführt wurden. Dabei gab es zwei Varianten (das persönliche Gespräch und die Onlinekonferenz), die im Folgenden näher erläutert werden.

Sieben Interviews fanden im persönlichen Gespräch statt. Um die Offenheit seitens der Probanden im Rahmen des leitfadengestützten Interviews zu fördern, wurde großer Wert auf die Gestaltung einer angenehmen Gesprächsatmosphäre gelegt. Als Durchführungsort der Interviews wurden die Seminar- und Coachingräumlichkeiten des praxisbegleitenden Coachs in Lützelburg bei Augsburg gewählt. Dieser Coach unterstützte die Durchführung der Studie organisatorisch, indem er die Räumlichkeiten für die Interviews zur Verfügung stellte, aber auch inhaltlich, indem er die Anliegen und Zielformulierungen für das Selbstcoaching mit den Probanden im Vorfeld herausgearbeitet hat (vgl. 2.4.3). Bei den Räumlichkeiten handelt es sich um einen hellen Raum, der mit moderner Technik sowie den klassischen Trainerutensilien, wie Flipchart und Pinnwand, ausgerüstet ist. Den Probanden wurden Getränke (Kaffee und Wasser) sowie eine kleiner Imbiss bereitgestellt.

Ein besonderes Augenmerk wurde in der Vorbereitung und Durchführung des Interviews auf die Ausgestaltung verbaler und nonverbaler Gesprächssignale gelegt, die im folgenden Teilkapitel (vgl. 3.2.2) näher erläutert werden.

Drei von zehn Interviews wurden per Onlinekonferenz telefonisch abgehalten. Im Vorfeld wurden technische Daten und technisches Zubehör per E-Mail abgeglichen. Zur Überprüfung der Technik wurde einige Tage vor dem Interview ein kurzes Testgespräch vorgeschaltet. Die Onlinekonferenz erfolgte über Internettelefon. Hierzu mussten die Probanden als Voraussetzung das entsprechende Programm aus dem Internet installieren und sich einen Kopfhörer mit integriertem Mikrofon (Headset) anschaffen. Das Gespräch wurde zeitgleich mit einem Recorder aufgezeichnet. Auf den Einsatz einer Webkamera zur Aufzeichnung von Bildmaterial wurde verzichtet, da visuelle Daten nicht ausgewertet wurden.

3.2.2 Verbale und nonverbale Gesprächssignale

Die Forscherin legte sowohl in der Planung als auch während des Interviews großen Wert auf die Gestaltung des Kommunikationsprozesses, d.h. auf „verbale und nonverbale Gesprächssignale". Beim Einsatz qualitativer Forschungsmethoden ist Forschung als Kommunikation und Interaktion zwischen Forscher und Erforschtem zu verstehen.[159]

Einige der Probanden hatten eine lange Anfahrtszeit, von der sie sich einige Minuten vor Beginn des Interviews entspannen sollten. So wurde schon bei der Ankunft der Probanden seitens des Interviewers ein besonderes Augenmerk auf die Gesprächseröffnung anhand eines freundlichen Small Talks gelegt, welcher zu den verbalen Gesprächssignalen zählt. Ziel dieses Small Talks war es, einen positiven persönlichen Erstkontakt zum Probanden herzustellen. Auch bei den Interviews via Onlinekonferenz wurde zu Beginn der Gespräche ein kurzer Small Talk geführt. Beide Gesprächspartner gingen jedoch einvernehmlich schnell zum Interview über.

Im weiteren Interviewverlauf wurde darauf geachtet, dass der Proband die Interviewsituation nicht als Frage-Antwort-Situation erlebt. Dem wurde vorgebeugt, indem sowohl als Gesprächseinstieg als auch im weiteren Verlauf des Interviews offene Erzählfragen und Erzählaufforderungen gestellt wurden (vgl. 3.1.5).

Der Einsatz nonverbaler Gesprächssignale, wie Mimik, Gestik und Körpersprache, erhält im qualitativen Interview ebenfalls eine zentrale Bedeutung. Der Interviewer setzt seine Körpersprache bewusst ein, um eine positive Gesprächsbasis zu erzeugen und diese aufrecht zu erhalten. Im Verlauf des Interviews, sobald der Proband viel Erzähltext produziert und der Interviewer rein aufnehmend zuhört, ist die Körpersprache des Interviewers sehr wichtig. Eine der zentralen Funktionen des Einsatzes der Körpersprache ist es, dem Interviewten Rückmeldung darüber zu geben, dass seine Erzählungen von Interesse sind. Der

159 Vgl. Lamnek, S.: Qualitative Sozialforschung, S. 22.

Interviewte nimmt bewusst, aber auch unbewusst, an seinem Gegenüber wahr, ob seine Erzählungen den Erwartungen des Interviewenden entsprechen.[160]

Dabei werden die nonverbalen Signale vermittelt über:[161]

- Blickkontakt
- Körperhaltung
- Gestik
- Mimik
- Tonfall, Lautstärke und Pausen

Das Format Rapport stammt aus dem Konzept des Neurolinguistischen Programmierens (NLP). Das NLP leitet sich aus den effektivsten Ansätzen der Humanistischen Psychologie ab und bietet somit ein zusammengefasstes Portfolio mit praktisch orientierten Kommunikationstechniken. Das Format Rapport ist eine Methode, die aufzeigt, wie zum Beispiel körpersprachlich, aber auch über Wortwahl eine positive Gesprächsebene erzeugt werden kann. Das Konzept des NLPs verwendet den Begriff des Formates statt den der Methodik oder Technik. Durch Einsatz des Rapports kann eine tragfähige Beziehung, die durch Achtung und Vertrauen gekennzeichnet ist, nonverbal aufgebaut werden. Einen erfolgreichen Rapport aufzubauen bedeutet, einen positiven Gesprächskontakt zum Gegenüber herzustellen. Die positive Gesprächsbasis wird nach diesem Ansatz dadurch erzeugt, dass vor allem zu Beginn des Gespräches eine dem Gegenüber ähnliche Sitzposition eingenommen wird. Hierbei ist es wichtig, den Gesprächspartner nicht zu imitieren, sondern sich seiner Körperhaltung anzugleichen. Nimmt der Proband eine eher schüchterne und geschlossene Körperhaltung ein, so gleicht sich der Interviewer an und versucht bei Veränderung der Körperhaltung im Gespräch durch erneutes Angleichen mehrfach Rapport aufzubauen. Der Aufbau von Rapport wirkt auf den Interviewten unbewusst, indem er ähnliche Körperhaltung, aber auch der Einsatz gleicher Wortwahl, Ähnlichkeit schafft und somit Vertrauen aufbaut.

Per Onlinekonferenz ergeben sich bezüglich des Aufbaus von Rapport andere Bedingungen. In diesem Telefonsetting ist es nicht möglich Rapport anhand der Körpersprache aufzubauen. Der Interviewer kann hier das Angleichen von Wortwahl, Lautstärke und Sprechtempo einsetzen. Die Technik des Rapports wird hier benutzt, weil sie sich nach der Erfahrung der Forscherin in der Praxis bewährt hat, ohne damit notwendig das NLP Konzept vollständig anzuerkennen.

160 Vgl. Helfferich, C.: Die Qualität qualitativer Daten, S. 86.
161 Vgl. ebd. S. 86.

3.2.3 Abschluss der Interviews

Zum Anschluss der Interviews wurden die soziodemografischen Daten der Probanden anhand eines Formblattes schriftlich erfasst (vgl. Anhang). Zusätzlich erhielt der Proband ein „Informationsblatt zum Verbleib beim Interviewten". In diesem Informationsblatt wird der Datenschutz behandelt (vgl. Anhang). Mit der Unterzeichnung des Schreibens stimmen die Probanden zu, dass ihre digital aufgenommenen Erzähltexte anonymisiert für wissenschaftliche Zwecke weiterverarbeitet werden dürfen. Die Probanden im persönlichen Gespräch haben die Unterlagen sofort ausgefüllt, die online-interviewten Probanden erhielten die Unterlagen per Mail und haben diese zeitnah ausgefüllt und via Fax zurück gesendet.

Ebenfalls direkt nach dem Interview wurde vom Interviewer ein Postskript zur Dokumentation des Interviews ausgefüllt. Dieses Postskript hält Kommentare des Interviewers zu den Aspekten Gesprächsatmosphäre, Befindlichkeit des Interviewers, Rapport, Besonderheiten zum Gesprächsverlauf, auffallende zentrale Themen und gegebenenfalls Störungen des Gesprächsverlaufes fest (vgl. Anhang).

3.3 Datenaufbereitung: Transkription nach GAT

Die digitalen Gesprächsaufnahmen der Interviews wurden für die Datenauswertung transkribiert. Der Transkription liegt das gesprächsanalytische Transkriptionsmodell (GAT) mit folgenden Symbolen zugrunde:[162]

162 Vgl. Deppermann, A.: Gespräche analysieren, S. 119-121.

Tabelle 2: Transkription nach GAT

Verlaufsstruktur	
[ ]	Überlappungen und Simultansprechen
=	schneller, unmittelbarer Anschluss neuer Einheiten
Pausen	
(.)	Mikropause
(-), (--), (----)	kurze, mittlere, längere Pause
(2.0)	geschätzte Pause (bei mehr als 1 Sek. Dauer)
Sonstige segmentale Merkmale	
und=äh	Verschleifungen innerhalb einer Einheit
:	Dehnung (Mehrfache Aufführung je nach Dauer möglich)
äh, öh, etc.	Verzögerungssignale
'	Abbruch
Rezeptionssignale	
m, ja, nein, nee	einsilbige Signale
hm=hm, ja=a	zweisilbige Signale
hm'hm'	Signale mit Glottalverschlüssen (meistens verneinend)
Akzentuierung	
akZENT	Hauptakzent
ak!ZENT!	extra starker Akzent
Tonhöhenbewegungen	
?	hochsteigend
,	mittelsteigend
-	gleichbleibend
;	mittelfallend
.	tieffallend

Fortsetzung von Tabelle 2

Sonstige Konventionen	
((hustet))	parasprachliche Handlungen und Ereignisse
<<hustend>>	sprachbegleitende Handlungen und Ereignisse
<<erstaunt> >	interpretierende Kommentare
( )	unverständliche Passage je nach Länge
(solche)	vermuteter Wortlaut
al(s)o	vermuteter Laut / Silbe
(solche / welche)	mögliche Alternativen
Lachen	
so(h)o	Lachpartikel beim Reden
haha hehe hihi	silbisches Lachen
((lacht laut))	Beschreibung des Lachens

Zur Erhöhung der Übersichtlichkeit wurden für jedes einzelne Interview Deckblätter mit dem Titel „Deckblatt des Gesprächsinventars“ erstellt. Die Deckblätter bilden die Gesprächsnummer, das Aufnahmedatum und die Aufnahmezeit sowie den Aufnahmeort des Interviews ab. Zusätzlich wird der Name der Sprecher (Interviewer und Proband) aufgeführt, eine Kurzbeschreibung zum Setting gegeben, allgemeine Bemerkungen zum Interviewverlauf angefügt und die Dauer der Aufzeichnung festgehalten.[163] Abschließend werden der Name des Transkribenten und der Person notiert, die die Kontrolle der Transkription vorgenommen hat.[164]

163 Der Proband erhält hierbei im Sinne des Datenschutzes einen Buchstaben als Code (A bis J).

164 Leicht modifiziertes Deckblatt nach Deppermann, A.: Gespräche analysieren, S. 33.

3.4 Datenauswertung: Qualitative Inhaltsanalyse nach MAYRING

Die Datenauswertung erfolgt anhand der qualitativen Inhaltsanalyse nach MAYRING. Die Ziele der zusammenfassenden Inhaltsanalyse nach MAYRING sind: [165]

- Kommunikation analysieren
- fixierte Kommunikation analysieren[166]
- dabei systematisch vorgehen
- das heißt regelgeleitet und theoriegeleitet vorgehen
- Rückschlüsse auf bestimmte Aspekte der Kommunikation ziehen

Ziel dieses Forschungsvorhabens ist es, anhand eines induktiv am Datenmaterial entwickelten Kategoriensystems, das aus einem Verallgemeinerungsprozess abgeleitet wird, Erkenntnisse zu gewinnen. Hierbei findet kein Rückbezug auf ein vorab formuliertes Theoriekonzept statt.[167] Zusätzlich werden die theoretischen Kategorien des Leitfadens analysiert und diskutiert. Dieser qualitativ-inhaltsanalytische Ansatz strebt danach eine möglichst naturalistische und gegenstandsnahe Abbildung des Materials wiederzugeben. Es gehen durchaus theoretische Vorannahmen in die Analyse in Form eines Leitfadens, der aus deduktiven Kategorien besteht, mit ein. Diese werden aber transparent gemacht (vgl. 3.1.5).[168]

Der oben beschriebene Aspekt des systematischen, regelgeleiteten und theoriegeleiteten Vorgehens spiegelt sich im strukturierten allgemeinem inhaltsanalytischen Ablaufmodell nach MAYRING wider. Da dieses Ablaufmodell der Datenauswertung des Forschungsvorhabens zugrunde liegt, soll es wie folgt dargestellt werden:

165 Vgl. Mayring, P.: Qualitative Inhaltsanalyse, S. 12 f.

166 In diesem Forschungsdesign entspricht die Analyse der fixierten Kommunikation der Analyse der transkribierten Interviews.

167 Mayring, P.: Qualitative Inhaltsanalyse, S. 74.

168 Vgl. ebd.

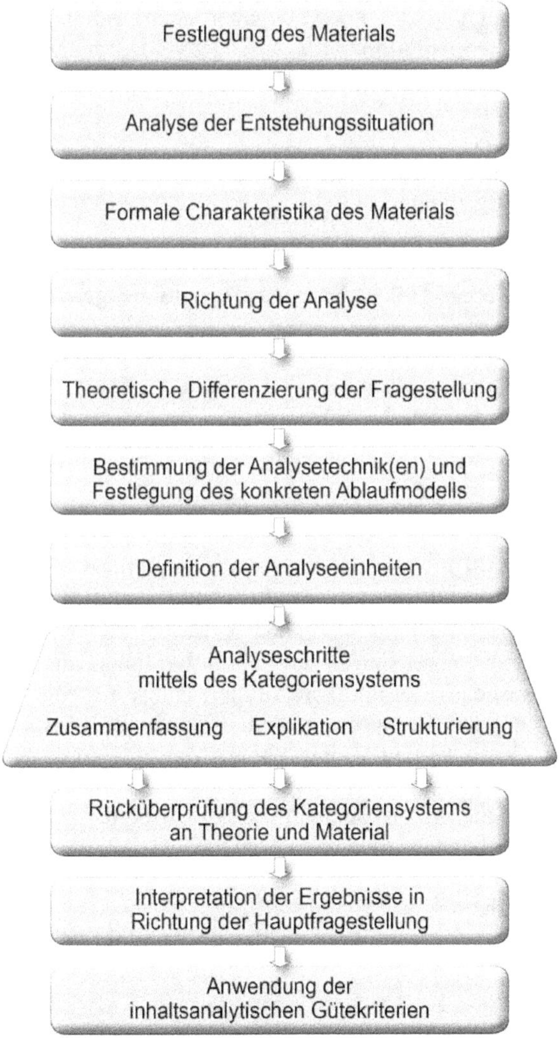

Abbildung 4: Allgemeines inhaltsanalytisches Ablaufmodell nach MAYRING, 2003.[169]

169 Mayring, P.: Qualitative Inhaltsanalyse, S. 54.

Es folgt eine strukturierte Beschreibung des Forschungsvorhabens anhand des oben abgebildeten inhaltsanalytischen Ablaufmodells. MAYRING legt hierzu 11 Ablaufschritte fest, die im Folgenden einzeln beschrieben werden.

Schritt 1: Festlegung des Materials
Auf diesen Schritt wurde bereits in Kapitel 3.1 „Rekrutierung der Probanden" und „Teilnehmende Probanden" eingegangen.

Schritt 2: Analyse der Entstehungssituation
Dieser Schritt wurde bereits in Kapitel 3.2.1 „Settings des leitfadengestützten Interviews" dargelegt.

Schritt 3: Formale Charakteristika des Materials
Auf diesen Schritt wurde bereits in Kapitel 3.3 „Datenaufbereitung: Transkription nach GAT" näher eingegangen.

Schritt 4: Richtung der Analyse
Die Richtung der Analyse erfolgt gemäß der Hauptfragestellung (vgl. 2.1). Demnach soll der Lernprozess im Rahmen der Cahier-Methode modelliert und in einer zeitlich logischen Abfolge darstellt werden. Aussagen der einzelnen Probanden zu ihrem Lernprozess, sprich zu ihrer Vorgehensweise bei der Anwendung der Cahier-Methode, werden – angelehnt an die qualitative Inhaltsanalyse nach MAYRING – textnah herausgearbeitet und kategorisiert. Diese Kategorien werden im Kapitel „Modellierung des Lernprozesses im Rahmen des Cahier-Methode" (vgl. 4) ausführlich dargestellt und eine Abgrenzung der einzelnen Kategorien vorgenommen. Dabei soll ein weiteres Augenmerk auf die Beschaffenheit der Lösung gelegt werden, die die Probanden durch das Arbeiten mit der Cahier-Methode bezüglich ihres Anliegens entwickeln konnten.

Schritt 5: Theoretische Differenzierung der Fragestellung
Die theoretische Differenzierung der Fragestellung erfolgt im Kapitel „Wissenschaftliche Einordnung" (vgl. 2).

Schritt 6: Bestimmung der Analysetechnik und Festlegung des konkreten Ablaufmodells
Als Analysetechnik liegt die zusammenfassende Inhaltsanalyse nach MAYRING zugrunde. Zur Unterstützung bei der Datenauswertung wird das Programm MAX

QDA zur Verwaltung der Transkripte und Textbausteine eingesetzt.[170] Das Kategoriensystem, im MAX QDA als Codesystem bezeichnet, wurde nahe am Text entwickelt.[171] Nachdem 30 % des Materials bearbeitet waren, konnte das Kategoriensystem entwickelt werden, mit dem die restlichen 70 % der Interviews ausgewertet wurden. Das Kategoriensystem wurde nach vollständigem Materialdurchgang nochmals verfeinert und leicht umstrukturiert. Die größte Auswertungseinheit am Transkript, die hier nach der qualitativen Inhaltsanalyse untersucht wird, hat den Umfang eines Absatzes. Auch einzelne Sätze und Kurzsätze werden codiert.[172] Die kleinste Auswertungseinheit besteht aus zwei Worten.

Die folgende Abbildung stellt das Prozessmodell der induktiven Kategorienbildung nach MAYRING dar. Dieses Prozessmodell dient der Beschreibung und Visualisierung des konkreten Ablaufmodells der Analyse im Rahmen dieser Studie:

170 Vgl. Kuckartz, U.: Computergestützte Analyse Qualitativer Daten, S. 42.

171 Vgl. Kuckartz, U./ Dresing, T./ Rädiker, S./ Stefer, C.: Qualitative Evaluation, S. 36.

172 Als „codieren“ bezeichnet man im MAX QDA Programm die Zuordnung von Textpassagen zu einer Kategorie.

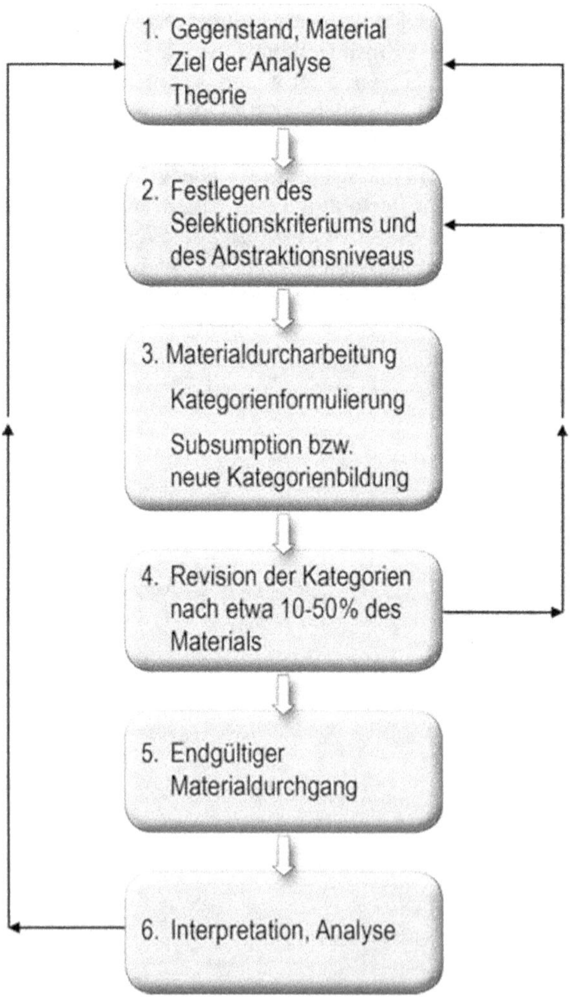

Abbildung 5: Prozessmodell induktiver Kategorienbildung nach MAYRING, 2003.[173]

173 Vgl. Mayring, P.: Qualitative Inhaltsanalyse, S. 75.

Schritt 7: Definition der Analyseeinheiten

Die am Transkript gebildeten Analyseeinheiten sind unterschiedlich groß. Sie reichen von Halbsätzen bis hin zu ganzen Textabschnitten.

Schritt 8: Analyseschritte mittels des Kategoriensystems Zusammenfassung, Explikation und Strukturierung

Die Analyseschritte nach MAYRING zur Bildung eines Kategoriensystems erfolgen über den Dreierschritt Zusammenfassung, Explikation und Strukturierung.[174] Dabei benutzt MAYRING auch die Begriffe der Paraphrasierung, Generalisierung und Reduktion zum induktiven Kategoriensystem. Der enge Dreierschritt der Paraphrasierung, Generalisierung und anschließenden Kategorisierung nach MAYRING wird dahingehend modifiziert, dass nicht jede Paraphrase aus dem Transkript einzeln generalisiert wird, sondern zügiger zur Kategorienbildung übergegangen wird, um das Gesamtmaterial durchzustrukturieren.[175] Diese Modifizierung wurde im Arbeitsprozess notwendig, da das Arbeiten mit der Software Max QDA 2 (Qualitative Data Analysis) ausschließlich in dieser Art und Weise praktisch umgesetzt werden konnte.[176] Darüber hinaus ist das Bildungs- und Sprachniveau der Probanden so elaboriert, dass nur wenig Unterschied zwischen einer Paraphrase und Generalisierung existiert.

Schritt 9: Rücküberprüfung des Kategoriensystems an Theorie und Material

Die Rücküberprüfung des Kategoriensystems erfolgt, wie in der Abbildung zum „Prozessmodell induktiver Kategorienbildung" dargestellt, nach 10-50 % des Materials. Hierdurch wurde das Kategoriensystem verfeinert und damit optimiert (vgl. 4).

Schritt 10: Interpretation der Ergebnisse in Richtung der Hauptfragestellung

Die ausführliche Analyse und Interpretation der Ergebnisse in Richtung der Hauptfrage erfolgt im nachfolgenden Kapitel „Modellierung des Lernprozesses im Rahmen der Cahier-Methode" (vgl. 4).

174 Vgl. Mayring, P.: Qualitative Sozialforschung, S. 115.

175 Vgl. ebd. S. 59 ff; S. 61.

176 Die Software MAX QDA dient dazu, Interviews in Form von Textdateien zu verwalten und übersichtlich zu kategorisieren.

Schritt 11: Anwendung der inhaltsanalytischen Gütekriterien
Um die Qualität der wissenschaftlichen Erkenntnisgewinnung feststellen zu können, müssen bestimmte Gütekriterien im Forschungsprozess eingehalten werden. Anhand der Einhaltung der Gütekriterien kann der Grad der Wissenschaftlichkeit einer Untersuchung festgestellt werden.[177] Die klassischen Gütekriterien der quantitativen Sozialforschung wie Validität und Reliabilität werden dabei für das qualitative Paradigma als wenig tragfähig angesehen.[178]

MAYRING empfiehlt deshalb andere Gütekriterien für die qualitative Sozialforschung.[179] Diese qualitativen Gütekriterien sollen im Folgenden einzeln knapp skizziert werden, um anschließend deren Funktion in diesem Forschungsprojekt darstellen zu können:

Gütekriterien nach MAYRING:[180]
a) Die Verfahrensdokumentation
Um den Forschungsprozess qualitativer Forschung intersubjektiv nachprüfbar zu gestalten, bedarf es einer detaillierten Verfahrensdokumentation. Die vorliegende Arbeit enthält eine detaillierte Beschreibung „Methodisches Vorgehens“ (vgl. 3), welche ausführlich in die Teilkapitel „Vorbereitungen zur Datenerhebung“(vgl. 3.1), „Datenerhebung: Leitfadengestütztes Interview“ (vgl. 3.2), „Datenaufbereitung: Transkription nach GAT“ (vgl. 3.3) und „Datenauswertung: Qualitative Inhaltsanalyse nach MAYRING“ (vgl. 3.4) untergliedert wird. Dabei erfolgt die Datenauswertung systematisch mit Hilfe des allgemeinen inhaltsanalytischen Ablaufmodells nach MAYRING. Darüber hinaus werden anhand des Prozessmodells zur induktiven Kategorienbildung die Analysetechnik und die Festlegung des angewandten Ablaufmodells dokumentiert. Diese Arbeit wird somit dem Gütekriterium der Verfahrensdokumentation gerecht.

b) Argumentative Interpretationsabsicherung
Im Kapitel „Modellierung des Lernprozesses im Rahmen der Cahier-Methode“ (vgl. 4) erfolgt eine ausführliche argumentative Interpretationsabsicherung. Das induktive Kategoriensystem wird transparent gemacht, um die Analyse und Interpretation der Daten nachvollziehbar zu gestalten. Somit ist das Gütekriterium

177 Vgl. Lamnek, S.: Qualitative Sozialforschung, S. 142.
178 Vgl. ebd. S. 146; vgl. Mayring, P.: Qualitative Sozialforschung, S. 140.
179 Vgl. Lamnek, S.: Qualitative Sozialforschung, S. 146 ff; vgl. Mayring, P.: Qualitative Sozialforschung, S. 144 ff.
180 Vgl. ebd.

der „argumentativen Interpretationsabsicherung" in dieser Forschungsarbeit gewährleistet.[181]

c) Regelgeleitetheit
Die hier vorliegende qualitative Untersuchung erfolgt nach der systematischen Vorgehensweise der qualitativen Inhaltsanalyse nach MAYRING.[182] Bei der Datenauswertung wird anhand des allgemeinen Ablaufmodells beziehungsweise nach dem Prozess der induktiven Kategorienbildung analysiert. Hierbei wird der Dreierschritt der Paraphrasierung, Generalisierung und Kategorisierung nach MAYRING leicht modifiziert und der Anlass dieser Modifikation begründet (vgl. 4). Für die vorliegende Untersuchung bedeutet das eine Einhaltung des Gütekriteriums der Regelgeleitetheit.

d) Nähe zum Gegenstand
Der Leitgedanke qualitativ-interpretativer Forschung, die Nähe zum Forschungsgegenstand, wird ebenfalls berücksichtigt.[183] Beim Einsatz des offenen Interviews wurde möglichst nahe an die Alltagswelt der beforschten Subjekte anknüpft.[184] Hierbei wurde viel Wert auf eine angenehme Gesprächssituation seitens des Interviewers gelegt (vgl. 3.2.1). Die Nähe zum Gegenstand wird in diesem Forschungsvorhaben darüber hinaus dadurch gewährleistet, dass eng am transkribierten Datenmaterial ausgewertet und interpretiert wurde.

e) Kommunikative Validierung
Die Gültigkeit der Interpretationsergebnisse kann überprüft werden, indem man den Probanden die Ergebnisse nochmals vorlegt und diese mit ihnen diskutiert. [185] Aus zeitlichen Gründen wurden den Probanden in diesem Forschungsprojekt die Interpretationsergebnisse nicht nochmals vorgelegt. Während des Interviews wurden allerdings immer wieder Verständnisfragen an den Interviewten gestellt und dessen Aussagen paraphrasiert, um somit einen inhaltlichen Abgleich zu schaffen. Der Proband hatte immer wieder Gelegenheit, Interpretationen seitens des Interviewers zu korrigieren, zuzustimmen oder auch zu spezifizieren.

181 Vgl. Lamnek, S.: Qualitative Sozialforschung, S. 147; vgl. Mayring, P.: Qualitative Sozialforschung, S. 145.
182 Vgl. Mayring, P.: Qualitative Inhaltsanalyse.
183 Vgl. Lamneck, S.: Qualitative Sozialforschung, S. 147.
184 Vgl. Mayring, P.: Qualitative Sozialforschung, S. 146.
185 Vgl. ebd. S. 147.

Als Resümee kann festgehalten werden, dass das vorliegende Kapitel „Methodisches Vorgehen“ dem Leser einen detaillierten Überblick über die angewandten wissenschaftlichen Methoden bietet. Dieser Überblick umfasst die Methodenwahl bei der „Datenerhebung: Leitfadengestütztes Interview“ (vgl. 3.2), der „Datenaufbereitung: Transkription nach GAT“ (vgl. 3.3) und „Datenauswertung: Qualitative Inhaltsanalyse nach MAYRING“ (vgl. 3.4). Auf die Darlegung der methodischen Vorgehensweise folgt direkt im Anschluss das Kapitel „Modellierung des Lernprozesses im Rahmen der Cahier-Methode“ (vgl. 4), welches die Forschungsergebnisse anhand eines Kategoriensystems darlegt.

4 Modellierung des Lernprozesses im Rahmen der Cahier-Methode

Das Kapitel „Modellierung des Lernprozesses im Rahmen der Cahier-Methode" dient der Darlegung der gewonnenen Forschungsergebnisse, die sich anhand von Kategorien (vgl. 4.1 bis 4.10) beschreiben lassen. Anhand dieser Studie wurden insgesamt folgende zehn Kategorien entwickelt: „Selbstreflexion" (vgl. 4.1), „Ergebnisbewertung" (vgl. 4.2), „Selbstcoaching und Coaching" (vgl. 4.3), „Innere und äußere Widerstände" (vgl. 4.4), „Assoziationen" (vgl. 4.5), „Austausch mit der Umwelt" (vgl. 4.6), „Anliegen der Probanden" (vgl. 4.7), „Umgang mit der Cahier-Methode" (vgl. 4.8), „Bewertung der Cahier-Methode" (vgl. 4.9) und „Motivation" (vgl. 4.10). Die Diskussion dieser Kategorien liefert die Grundlage für die Darlegung der einzelnen Lernprozesse der Probanden sowie die Basis für die Modellierung des Lernprozesses im Rahmen der Cahier-Methode.

Die aus dem Textmaterial induktiv gewonnenen Inhalte und Kategorien sowie die im Leitfaden aufgestellten theoretischen Kategorien werden systematisch vorgestellt und besprochen. Dabei wird der Lernprozess aus der pädagogischen Perspektive der Erwachsenenbildung betrachtet. Die Erwachsenenbildung hat hierbei den Anspruch, Nichtwissen über Lernprozesse in Wissen zu transformieren.

Die Ergebnisdarstellung der qualitativen Inhaltsanalyse erfolgt eng am ursprünglichen Datenmaterial. Aussagen, die exakt den Interviews entstammen, werden zur besseren Nachvollziehbarkeit beim Lesen mit Anführungszeichen gekennzeichnet. Die theoretischen Kategorien des Interviewleitfadens werden durch die induktiv gewonnenen Kategorien insoweit erweitert und modifiziert, wie es zur Modellierung des Lernprozesses anhand der Cahier-Methode notwendig ist.

Im Fokus der Auswertung der Forschungsergebnisse steht dabei „die Modellierung des Lernprozesses im Rahmen der Cahier-Methode" und somit der Lernprozess, den die Probanden anhand der Selbstcoachingmethode durchlaufen. In diesem Sinne wird im folgenden Kapitel auf eine detaillierte Beschreibung der einzelnen Interviews zugunsten einer Zusammenschau verzichtet und im Interesse des Forschungsvorhabens das Augenmerk auf die Beschreibung der Gesamtheit aller Interviewergebnisse und deren Kontrastierung anhand des Kategoriensystems gelegt.[186]

Das darauf folgende Kapitel „Zusammenfassende Interpretation der Daten" (vgl. 5) verfolgt abschließend das Ziel, die dargelegten empirischen Befunde dieser Studie zusammenzufassen.

4.1 Kategorie „Selbstreflexion"

Wie vor der Durchführung und Auswertung der Interviews angenommen, stellt die theoretische Kategorie der „Selbstreflexion" bei der Cahier-Methode eine bedeutende Rolle dar. Die Vorannahme, dass in Verbindung mit der Cahier-Methode Selbstreflexionsprozesse in Gang gesetzt werden, wurde anhand dieses Forschungsprojekts bestätigt. Selbstreflexion ist demnach ein wesentlicher Bestandteil des Lernprozesses, der mit Hilfe der Cahier-Methode initiiert wird. Zum hiesigen Erkenntnisstand kann Lernen hier als Selbstreflexion definiert werden. Im weiteren Verlauf der Studie wird eine Erweiterung der Definition notwendig (vgl. 4.5).

In Abhängigkeit vom zu bearbeitenden Anliegen sind von den einzelnen Probanden während der Anwendung der Cahier-Methode ganz unterschiedliche Themen reflektiert worden. Versucht man diese Themen auf einen gemeinsamen Nenner zu bringen, so ergeben sich vier große Bereiche, die hier im Anschluss einzeln diskutiert werden. In den Fußnoten werden die Probanden benannt, bei denen nach intensiver Sichtung des Datenmaterials die einzelnen Bereiche identifiziert werden konnten.

4.1.1 Lernen und Reflexion

Versucht man, den reflexiven Lernprozess der einzelnen Probanden abzuleiten und zu klassifizieren, so ergeben sich unterschiedliche Vorgehensweisen. Insgesamt können vier verschiedene Prozessbeschreibungen herausgearbeitet werden, die sowohl einzeln aber auch in Kombination auftraten.

Während sieben Probanden von einer „Ursachendiskussion ihres eigenen unerwünschten Verhaltens" im Rahmen der Cahier-Methode sprechen, beschreiben drei dieser Probanden auch das Reflektieren „des eigenen Wertesystems" und der damit einhergehenden Wertmaßstäbe. Fünf der zehn Probanden berich-

186 Vgl. Kuckartz, U./ Dresing, T./ Rädiker, S./ Stefer, C.: Qualitative Evaluation, S. 34.

ten, dass „die Analyse von Ist-Zuständen“ im Vordergrund ihres Selbstreflexionsprozesses stand und drei von zehn Probanden heben „die Analyse des Soll-Zustandes“ hervor. Bei einer Probandin erfolgte keine klare Zuordnung zu den Prozessbeschreibungen, da dies anhand der Interviewaussagen nicht eindeutig belegbar war.[187] Zusammengefasst lässt sich die Selbstreflexion der Probanden im Lernprozess der Cahier-Methode in folgende vier Klassifizierungen unterteilen:

- Ursachendiskussion von eigenem unerwünschten Verhalten[188]
- Diskussion des eigenen Wertesystems[189]
- Analyse von Ist-Zuständen[190]
- Analyse angestrebter Soll-Zustände[191]

Beurteilt man die vier Klassifizierungen der Selbstreflexionsprozesse der Probanden so können dabei tendenziell zwei unterschiedliche Lernwege festgehalten werden: Die Probanden, die „die Analyse des angestrebten Soll-Zustandes“ thematisiert haben, sind auf ihrem Lernweg grundsätzlich zielorientierter vorgegangen als die anderen Probanden. Zielorientiertes Vorgehen heißt hier, dass deren Lernprozess motivational als ein Prozess betrachtet werden kann, der stets ein Ziel fokussiert (Hin-zu-Motivation). Dabei haben diese Probanden sich während der Cahier-Arbeit ein relativ klares Ziel vor Augen geführt oder mit Hilfe der Cahier-Methode konstruiert. Dieser Lernweg im Rahmen der Cahier-Methode ist gekennzeichnet durch eine starke Konzentration auf die Zielsetzung (vgl. 3.1.7).

Die Probanden, die im Rahmen der Cahier-Methode nach dem zweiten Lernweg vorgegangen sind, sind im Gegensatz dazu sehr klar in dem reflektiert, was sie nicht möchten. Sie erkennen das Problem und wissen, was es zu vermeiden gibt. Das bedeutet, dass ihr Lernprozess durch das Vermeiden eines Problems motiviert ist. Diese Probanden verfolgen im Verlauf ihres Lern- und Reflexionsprozesses das Ziel, bestimmte Verhaltensmuster, Ist-Zustände und „überholte Wertmaßstäbe“ hinter sich zu lassen (Weg-von-Motivation). Die Weg-von-Motivation, das Sich-weg-Bewegen von unerwünschtem Verhalten und von unerwünschten Ist-Zuständen, hat letztendlich ebenfalls die Erreichung eines angestrebten Soll-Zustandes im Blick, allerdings mit einer völlig komplementär

187 Siehe Probandin D.
188 Siehe Probanden A, B, C, F, G, H, I.
189 Siehe Probanden A, F, I.
190 Siehe Probanden B, E, F, I, J.
191 Siehe Probanden C, F, J. Dabei nennt Proband C diesen Soll-Zustand „Zielbildbeschreibung“; Probandin J hingegen verwendet den Begriff der „beruflichen Alternativen“, der hier mit der Beschreibung eines Soll-Zustandes gleichgesetzt werden kann.

gerichteten Motivation. Insgesamt kann festgehalten werden, dass es Probanden gibt, die die Cahier-Methode zielorientiert durchgeführt haben, während andere Probanden eher problemorientiert vorgegangen sind.

Diese motivationale Einteilung in Hin-zu und Weg-von lässt sich im praxisorientierten Konzept des Neurolinguistischen Programmierens (NLP) wieder finden. Dort wird diese Einteilung als Metaprogramm bezeichnet. Metaprogramme werden laut dem NLP aufgrund von Erfahrungen und Lernprozessen im Laufe der Entwicklung geprägt und können bei Bewusstmachung nach Bedarf verändert werden. Insgesamt gibt es zahlreiche Metaprogramme, auf die hier nicht im Einzelnen eingegangen werden soll.[192] Im Konzept des NLP werden Metaprogramme als Wahrnehmungsfilter und übergeordnete Sortiermuster beschrieben, mit deren Hilfe wir Informationen auswählen, verarbeiten und kommunizieren: „Die Art und Weise der Filterung von Wahrnehmung ist ein wesentlicher Bestandteil im Prozess der individuellen Bedeutungsherstellung und schlägt sich im sprachlichen Ausdruck wieder."[193] Dass sich Wahrnehmungsfilter anhand der Sprache identifizieren lassen, kann anhand dieser Studie bestätigt werden. Denn gerade die Untersuchung der Wortwahl der Probanden im Interview, lieferte die Erkenntnis über die komplementären Motivationsrichtungen im Selbstcoaching. Diese Wahrnehmungsfilter beeinflussen die Selbstreflexionsprozesse und somit die schriftlichen Aufzeichnungen der Probanden im Lernprozess anhand der Cahier-Methode.

Aus eigener Erfahrung als Coach kann die Forscherin die Bedeutung der Metaprogramme im Coachingkontext bestätigen. So hat sie als Coach selbst die Erfahrung gemacht, dass die bewusste Wahrnehmung der Metaprogramme der Klienten anhand ihrer Wortwahl die Methodenwahl des Coachs beeinflusst. Während zum Beispiel mit einem zielorientierten Klienten relativ schnell eine positiv formulierte Zielsetzung für das Coaching festgelegt werden kann, erfordert das Arbeiten mit einem problemorientierten Klienten in der Anfangsphase eines Coachings mehr Aufmerksamkeit und den gezielteren Einsatz von lösungsorientierten Fragetechniken.

Hinterfragt man die psychologischen Wurzeln der Metaprogramme aus dem Konzept des NLPs, so führt einen die Recherche zum Psychotherapeuten JUNG. Die Entwicklung der Metaprogramme geht auf JUNG und sein Werk „Psychologische Typen" zurück.[194] Dabei ging JUNG davon aus, dass jeder Mensch eine Präferenz hat, Dinge wahrzunehmen und zu beurteilen. Er unterschied in zwei Arten des Wahrnehmens und Beurteilens: die Sinneswahrnehmung und die intui-

---

192 Vgl. Rückerl, T./ Rückerl, T.: Coaching mit NLP-Werkzeugen, S. 282

193 Ebd. S. 281 f.

194 Vgl. Jung, C. G.: Psychologische Typen, S. 473 ff.

tive Wahrnehmung sowie die analytische und die gefühlsmäßige Beurteilung. Diese erweiterte er später um die Präferenz extrovertiert versus introvertiert. Er kombinierte Wahrnehmungs-, Beurteilungs- und Orientierungsmuster anhand derer er die psychologischen Typen der oben genannten Präferenzen charakterisiert.[195]

Die Jungsche Typenlehre wurde in den 40er-Jahren von BRIGGS-MYERS und MEYERS zum MEYERS-BRIGGS-Typenindikator (MBTI) erweitert. Dabei handelt es sich um eine Klassifizierung in 16 Typen. Die Begründerinnen eröffneten das „Center for Applications of Psychological Type“ und boten kommerzielle Persönlichkeitsanalysen in den USA an und erlangten somit ein großes Renommee. Während der MBTI in den USA eine hohe Verbreitung und Popularität genießt, setzte sich die MBTI-Persönlichkeitsanalyse in Deutschland vor allem im Bereich Coaching im Unternehmenskontext durch. Der MBTI-Persönlichkeitstest ist lizensiert und deshalb im Original nur bei dafür autorisierten Coachs kostenpflichtig durchführbar. Gegenüber dem MBTI wird unterschiedliche Kritik laut, wie zum Beispiel die mangelnde Weiterentwicklung des Tests seit Ende der 60er-, Anfang der 70er-Jahre sowie die mangelhafte Reliabilität, da es wohl sehr häufig vorkommt, dass sich Personen nach der Durchführung des Tests nicht mit dem Ergebnis identifizieren können.

Über die in dieser Studie oben genannten vier Klassifizierungen der Selbstreflexionsprozesse hinaus (Ursachendiskussion von eigenem unerwünschten Verhalten, Diskussion des eigenen Wertesystems, Analyse von Ist-Zuständen und Analyse angestrebter Soll-Zustände) werden von den Probanden Beziehungen zu anderen Personen, wie Lebenspartner, Kinder, Freunde, Mitarbeiter und Vorgesetzte, reflektiert. Während *Proband I* im Mittelpunkt der Reflexion seine Trennung und die damit einhergehende veränderte Wohnsituation (das heißt das Leben alleine ohne Partnerin) stark thematisiert, steht für *Probandin F* die Arbeitssituation und das Spannungsverhältnis zwischen Arbeitsplatz und Privatleben an zentraler Stelle. Hierbei bearbeitet sie das Verhalten ihres Vorgesetzten, aber auch eigenes Verhalten sowie „Strukturproblematiken“, denen sie sich im Unternehmen „unterworfen“ sieht. Des Weiteren wurde das Thema Partnerschaft und Familie von den Probanden C und F aufgegriffen.

Proband C versucht mit Hilfe seiner Aufzeichnungen die „Beziehungsdynamik zu seiner Frau“ anhand der zwischen ihnen ablaufenden Kommunikation zu analysieren. Ablaufende kommunikative Prozesse zwischen seiner Frau und ihm beschreibt er als „Eskalation“. Diese Eskalation ist bei ihm angstbesetzt, was sich an folgender Aussage belegen lässt: „also i' hab' angst vor diesem, diesen

195 Vgl. Jung, C. G.: Psychologische Typen, S. 473 ff.

eskalationen, ist negativ." Die auftretenden Kommunikationsmuster beschreibt er als emotional belastend mit der Aussage „das höhlt mich aus". Proband C betrachtet nicht nur die Auswirkungen dieser negativen Kommunikationsmuster auf die Partnerschaft, sondern auch auf die Beziehung zum Sohn. Dabei analysiert er die Reaktion des Sohnes und beschreibt diese als schwierig: „dann ist es schwierig kontakt zu kriegen." Zusätzlich reflektiert Proband C einen kürzlich stattgefundenen Vorfall mit seinem Sohn aus erster Ehe. Hierbei handelt es sich um ein konfliktreiches Telefonat, bei dem sich Proband C durch seinen ältesten Sohn aus erster Ehe verbal verletzt gefühlt hat. Darüber hinaus beschreibt Proband C, dass seine Aufzeichnungen an manchen Tagen durch Situationen, die er aktuell im Alltag erlebt hat, stark beeinflusst wurden: „ja, das war auch wieder so arg (.) genährt aus dem alltag."

Diese Textstelle belegt, dass Proband C aktuelle Vorfälle, die für ihn von emotionaler Bedeutung waren, mit in die Aufzeichnungen der Cahiers eingearbeitet hat. Das Notieren dieser Alltagssituationen scheint die Reflexion dieser Ereignisse erhöht zu haben.

Während sich *Probandin F* zum Anliegen gemacht hat, ihre beruflichen Anforderungen mit ihrem Privatleben in Einklang zu bringen, hat sie überrascht festgestellt, dass für sie das Problemfeld gar nicht im privaten Bereich zu suchen ist: „Was mich ÜBERRASCHT hat, das hab' ich mir auch AUFgeschrieben, (...) dass mein lebenspartner da als PROBLEMfeld überhaupt nicht aufgetaucht ist." Aus dieser Einsicht heraus resultierte, dass Probandin F den Schwerpunkt ihrer Aufzeichnungen auf den beruflichen Kontext legt: „also ich bewerte das POSITIV, für (.) für, auch für die partnerschaft und die beziehung und zeigt mir eigentlich, dass (.) dass (.) dass ich mehr in meinem beruflichen UMfeld ansetzen muss, und das ist auch das folgethema."

4.1.2 Intensität der Reflexion

In diesem Teilkapitel soll die „Intensität der Reflexion" der Probanden quantifiziert werden. Dabei hat sich bei sechs der zehn Probanden im Laufe des offenen Interviews eine Skalierungsfrage ergeben, die diese Quantifizierung ermöglicht. Die Skalierungsfrage lautete hierbei: „Auf einer Skala von 1 bis 10: Wie sehr sind sie denn ins Nachdenken über sich selbst gekommen?"[196] *Proband E* gibt dabei etwas unentschlossen den Zahlenwert 6 bis 7 an, *Probandin J* 7, *Probandin F* den Zahlenwert 7 bis 8, *Proband C* 8 und *Probandinnen G* und *H* geben

196 Richtung der Skalierung: 1 = sehr niedrig, 10 = sehr hoch.

die volle Punktzahl 10 an. Sechs von zehn Probanden bewerten die Intensität des Nachdenkens über sich selbst mit dem Wert 6 oder höher. Das ergibt auf der Skala einen Durchschnittswert von 8,2.[197]

Auf die Frage hin „Was hätten Sie gebraucht um den Wert 10 zu erreichen?“ antwortet *Proband E*, dass er sich eine Bremse zum Selbstschutz auferlegt habe, die er hätte umgehen müssen, um auf der Skala den Zahlenwert 10 zu erreichen.[198] *Probandin F* hingegen ist der Meinung, dass sie die Cahier-Methode im Urlaub hätte durchführen müssen, um bei der Bewertung der Intensität ihrer Selbstreflexion den Zahlenwert 10 vergeben zu können.

Die *Probandin D*, die sich nicht mit einem Wert in der Skala eingeordnet hat, umschreibt die Intensität des Nachdenkens mit sehr hoch: „(3.1) so SEHR, dass es mich genervt hat. ich konnte es nicht mehr:: lesen, oder nicht mehr hören, also (.) es war, ständig damit beschäftigt zu sein, es ist seh::r anstrengend.“ Die Anstrengung ihrer Reflexionsarbeit beschreibt sie mit einer permanenten „Unruhe ihres Geistes“.

Bei *Probandin F* ist es besonders interessant, dass sie ausdrücklich betont, sich aufgrund der Durchführung der Cahier-Methode „deutlich mehr“ mit ihrem Anliegen und der daraus resultierenden Zielsetzung beschäftigt zu haben als ohne die Durchführung dieser Interventionstechnik. Dabei differenziert sie allerdings Tage, an denen sie während ihrer Aufzeichnungen „überhaupt nicht intensiv“, sondern nur „relativ oberflächlich“ ins Nachdenken über sich selbst gekommen ist, und Tage, an denen eine intensive Reflexion stattgefunden hat.

Proband A, der ebenfalls keinen Wert zur Skalierungsfrage abgegeben hat, vergleicht die Intensität mit Coachingstunden, die er bereits absolviert hat: „ich hab's so ein bisschen verglichen mit den (-) coachingstunden, wenn wir, wenn ich mit dem herrn x zusammen sitzen und irgend ein thema erörtern, diskutiern, bearbeiten (.), das war schon (-) irgendwie ähnlich, nur dass halt die impulse von außen gefehlt haben, jemand der (-), der dann irgend ein punkt rausgreift aus dem sagt, den noch mal vertieft, also diese (-), die strukturierung hat gefehlt, ja.“[199]

---

197 Proband E, der sich zwischen 6 und 7 unentschlossen zeigte, wird mit dem Mittelwert 6,5 berechnet; Probandin F wird mit dem Mittelwert 7,5 berechnet.

198 Der von Proband E beschriebene Selbstschutz wird in der Beschreibung der Kategorie „Widerstände“ intensiver diskutiert.

199 Anonymisierung des Coachs als Herr x.

4.1.3 Beschreibung von Selbstreflexionsprozessen

Während *Proband B* weniger Aussagen zum Grad der Selbstreflexion trifft, liefert er eine sehr anschauliche Beschreibung zum Ablauf seines Selbstreflexionsprozesses. Er hat es sich zum Ziel gesetzt, eine bessere Balance zwischen Arbeitszeit und Freizeit zu finden, damit das daraus resultierende schlechte Gewissen „zur Ruhe" kommt. Dabei bearbeitet er anhand der Aufzeichnungen des ersten Tages die selbst formulierte Aussage „ich bin kein guter VAter und ehemann". Die Problematik sieht Proband B darin, dass er aufgrund zu langer Arbeitstage abends wenig Zeit mit der Familie verbringen kann. Diese langen Arbeitstage und die damit verbundene Abwesenheit vom Familienleben verursachen ihm ein schlechtes Gewissen. Proband B beschreibt den Prozess der Selbstreflexion mit folgenden Worten: „und dann hab' ich mi::r, auch nach dem gleichen schema:: das hergenommen und hab' gesagt, okay, ANAlysier::e die IST-situation, auch (-) wieder mit sich selbst erstmal zu hadern und zu sagen, warum ist das so, warum, hab' ich das nicht im griff, warum LÄuft das so::."

Selbstreflexionsprozesse lassen sich an weiteren Textbelegen, zum Beispiel am Zitat von Proband B, verdeutlichen: „mich selbst zu reflektieren, und (.) selber da hin zuschauen, wo der dunkle fleck vielleicht ist, und da dann eben genauer hinzuschauen." Von Proband B wird in diesem Zusammenhang immer wieder das Thema der Selbstakzeptanz angesprochen. Er möchte weg von dieser Selbstverurteilung „ich bin ein schlechter Vater und Ehemann" hin zur Selbstakzeptanz „ich bin:: (.) so wie der liebe gott mich geschaffen hat und akzeptier' mich erst mal selbst so wie ich BIN, um mir dann anzuschauen, was ich gegebenenfalls verändern will." Diese Selbstakzeptanz scheint für Proband B unabdingbar: „also (.) für mich so::, nach dem motto mich erstmal zu akzeptieren wie ich bin, (…) und dann (-) das was mir nicht gefällt anzuschauen, (.) und dann zu sehen, was will ich verändern, und dann (.) es zu verändern." Nur wenn dieser Schritt vollzogen ist, sieht er für sich die Möglichkeit, sein Verhalten und Handeln zu ändern und auch bewusst zu steuern: „wenn ich mich BEWusst entscheide, werde ich kein schlechtes gewissen haben."

4.1.4 Initiierung von Selbstreflexion durch die Cahier-Methode

Es gilt besonders hervorzuheben, dass das Arbeiten mit der Cahier-Methode bei allen zehn Probanden die Selbstreflexion zu sehr persönlichen Themenstellungen initiiert hat. Bei der Analyse der Textstellen der Probanden zum Thema der Selbstreflexion lassen sich in neun von zehn Interviews Aussagen zu den Themen „Selbstakzeptanz", „Selbstzweifel", „Selbstkritik", „Selbstschutz" und

„Selbstrespekt" identifizieren.[200] Diese Begrifflichkeiten sind alle dem Überbegriff des Selbstwertgefühls zuzuordnen. Da neun von zehn Probanden sich dazu äußern, dass ihr Selbstreflexionsprozess mit dem Überdenken des eigenen Selbstwertgefühls und Selbstbewusstsein einhergeht, kann anhand dieser Untersuchung eine Tendenz festgestellt werden. Diese Tendenz zeigt auf, dass das Infragestellen eigener Persönlichkeitsmerkmale und eigener Verhaltensmuster Bestandteil des Lern- und Veränderungsprozesses im Rahmen der Cahier-Methode ist.

Das Infragestellen der eigenen Person und auch das des eigenen Verhaltens zeigt sich einerseits in Form von Selbstkritik und andererseits anhand des Infrage-Stellens des eigenen Selbstwertes. Von *Proband A* werden Aspekte wie „Selbstwert" und „Selbstbewusstsein" wörtlich im Interview genannt, mit dem Hinweis darauf, Thema der Cahier-Aufzeichnungen gewesen zu sein. Des Weiteren kritisiert Proband A seine eigene „Anspruchshaltung", die er als „Perfektionismus" und als „100-%-Denken" beschreibt. Dieser Perfektionismus wird vom Probanden selbst kritisiert und die Anspruchshaltung als zu hoch empfunden. Abstrahierend kann dieser Gedankengang als Selbstkritik bezeichnet werden.

Selbstkritik findet sich im Interview von *Proband B* wieder, der in seinen Aufzeichnungen Gedanken wie „ich bin ein schlechter Vater und Ehemann" festhält. Anstatt des Begriffs „Selbstkritik" benutzt er den des „Selbstzweifels" und der „Selbstverurteilung". Auch bei *Proband C* lassen sich Aussagen zum Aspekt „Selbstzweifel" auffinden, in denen er sich selbst als „Verlierertyp" einordnet. Die Qualität seiner Aufzeichnungen beschreibt er dabei als „selbstkritische" Auseinandersetzung.

Probandin D erweitert diese Begrifflichkeiten durch „Selbstwert" und „Selbstrespekt".[201] Das Aufkommen dieser Thematik hängt bei ihr bereits stark mit der Wahl ihres Anliegens zusammen. Ihr formuliertes Ziel, zu erforschen „was ich mir wert bin", setzt im Vorfeld schon stark den Fokus auf die Diskussion ihres Selbstwertes. Während für *Proband E* der Begriff „Selbstschutz" eine zentrale Rolle einnimmt, spiegeln sich bei *Probandin F* Aspekte der mangelnden „Selbstdisziplin" und die geübte Kritik am diesbezüglichen eigenen Verhalten wider. Diese Selbstkritik wird von ihr als „Verhaltenskritik" betitelt. Von Verhaltenskritik ist auch das Interview des *Probanden G* geprägt. Auch *Probandin H* thematisiert ihre „Disziplin", also ihre Selbstdisziplin und den „Selbstrespekt". Bei *Proband I* sind Aussagen zum Thema „Selbstzweifel", Selbstkritik, wie „ich

200 Ausgenommen Interview mit Probandin J.

201 Der Begriff des Selbstwertes wird von Probandin D nicht wörtlich benutzt. Stattdessen wird er aktiv umschrieben anhand des Teilsatzes „was ich mir wert bin".

war da schwach“ aber auch zum „Selbstrespekt“ auffindbar. Das dabei aufkommende Thema „Verlustängste“ korreliert wieder eng mit dem Selbstbewusstsein.

Das einzige Interview, in dem keine Textbelege für das Infragestellen eigener Persönlichkeitsmerkmale und eigener Handlungs- und Verhaltensmuster gefunden werden können, ist das Interview der *Probandin J.* Das Nichtauffinden von Textbelegen im Interview J bedeutet letztendlich nicht zwingend, dass sie sich nicht mit Aspekten zum Selbstbewusstsein beschäftigt hat. Vermutlich hat die Art und Weise, wie sie ihr Anliegen formuliert hat, nämlich die Frage nach beruflicher Veränderung und beruflichen Alternativen (Beschreibung des Soll-Zustandes), Überlegungen zum Thema „Selbstbewusstsein“ weniger provoziert als bei den anderen Probanden. Jedoch reflektiert auch sie ihr Verhalten in der Vergangenheit. Dabei liegt der Schwerpunkt allerdings nicht auf Verhaltenskritik, sondern auf der Reflexion ihres Verhaltens, was in der Vergangenheit mit beruflichem Erfolg belohnt wurde. Konkret gesprochen heißt dies, dass Probandin J versuchte, sich ins Bewusstsein zu holen, wie sie sich in ihrer Vergangenheit im Bewerbungsprozess verhalten hat, um Arbeit zu bekommen. Anstatt explizit Verhaltenskritik zu üben, versuchte sie ihr eigenes erfolgreiches Handeln zu rekonstruieren, um es in der Gegenwart modellieren zu können. Es wird vermutet, dass sie sich aus diesem Grund stark in einem ressourcenmobilisierenden Selbstcoachingprozess bewegt hat. Tatsächlich schließt ein ressourcenorientiertes Vorgehen Kritik am eigenen aktuellen Verhalten und Handeln nicht aus. Es wird hiermit die Hypothese aufgestellt, dass das Bedürfnis der Probandin an Rekonstruktion von erfolgreichem Handeln in der Vergangenheit mit der Unzufriedenheit über ihr aktuelles Handeln und Verhalten in der Gegenwart korreliert. Somit wäre auch der Selbstcoachingprozess der Probandin J durch Kritik am eigenen Verhalten geprägt, auch wenn die Probandin diese Kritik nicht expliziert.

4.1.5 Akzeptanz von negativ empfundenem Verhalten und Handeln

Ein weiterer interessanter Aspekt ist der der Akzeptanz des eigenen als negativ empfundenen Verhaltens und Handelns. In humanistisch psychologischen, aber auch in systemischen Beratungskonzepten wird proklamiert, dass eigenes störendes Verhalten nur dann positiv und nachhaltig verändert werden kann, wenn das alte Verhalten von der Person selbst akzeptiert wird.[202] Bei dieser Akzeptanz

202 Da NLP auf humanistisch psychologischen Konzepten von Virginia Satir, Fritz Perls und Milton Erickson basiert, wird das anwendungsorientierte Konzept des NLP hier der humanistischen Psychologie zugeordnet.

geht es um die Wertschätzung gegenüber dem alten Verhalten als einem Verhalten, das in der Vergangenheit erlernt wurde, um das eigene emotionale Überleben zu sichern. Dieses alte Verhalten kommt im Laufe der Zeit (natürlich gebunden an die Person) in einen anderen Kontext und wird als störend empfunden. Erst wenn die Person den Nutzen erkennt, den das alte Verhalten in der Vergangenheit geboten hat und dieses somit eine Wertschätzung erfährt, dann ist es durch ein neues, adäquates, dem Kontext angemessenes Verhalten zu ersetzen (vgl. 2.2.1). *Proband B* beschreibt mit eigenen Worten diesen Weg. Nach der Selbstkritik „ich bin kein guter VAter und ehemann“ beginnt er sein Verhalten zu akzeptieren und als Teil seiner Persönlichkeit anzunehmen: „genau. also (.) für mich so::, nach dem motto mich erstmal zu akzeptieren wie ich bin, und dann (-) das was mir nicht gefällt anzuschauen, (.) und dann zu sehen, was will ich verändern, und dann (.) es zu verändern.“

4.2 Kategorie „Ergebnisbewertung“

Anhand der Kategorie „Ergebnisbewertung“ wird die Qualität der Lösungen diskutiert, die die Probanden mit Hilfe der Cahier-Methode erzielt haben. Dadurch könne Aussagen zur Wirkung der Cahier-Methode getroffen werden. Die Kategorie „Ergebnisbewertung“ (vgl. 4.2) wird hierbei in diesem Abschnitt in die Unterkategorien „Ergebnis“ (vgl. 4.2.1), „kein Ergebnis“ (vgl. 4.2.2) und „offenes Ergebnis“ (vgl. 4.2.3) differenziert. Entgegen der Vorannahme, dass die Probanden sich zu ihrer Lösungsfindung positiv aber auch negativ äußern, musste zusätzlich die Unterteilung „offenes Ergebnis“ (vgl. 4.2.3) aufgenommen werden. Nur so war es möglich, allen Antworten der Probanden gerecht zu werden.

Die Unterkategorie „Ergebnis“ wird dabei schwerpunktmäßig anhand des Handlungsaspekts diskutiert. Der Handlungsaspekt ist hierbei die häufigste Qualität der Lösung, die aufgrund der Anwendung der Cahier-Methode seitens der Probanden thematisiert wurde.[203] Betrachtet man die einzelnen Äußerungen der Probanden, so werden ganz unterschiedliche Effekte im Lernprozess der Cahier-Methode beschrieben. Der Darstellung dieser zwölf identifizierten Effekte wird abschließend ein besonderes Interesse gewidmet.

203 Bei sieben von zehn Probanden.

4.2.1 Unterkategorie „Ergebnis"

Mit Hilfe der Unterkategorie „Ergebnis" wird in diesem Kapitel ein besonderes Augenmerk auf die Ergebnisbewertungen der Lernprozesse durch die Probanden gelegt. Da der Handlungsaspekt von den teilnehmenden Personen häufig thematisiert wird, soll dieser hier besonders hervorgehoben und diskutiert werden. Darüber hinaus wird der Effekt der emotionalen Entlastung eingeführt und am Text belegt.

Handlungsaspekt

In Verbindung mit der Kategorie „Ergebnisbewertung" wird der Handlungsaspekt von sieben der zehn Probanden deutlich hervorgehoben. Dabei beschreibt *Proband B* den Einsatz der Cahier-Methode mit folgenden Worten als Erfolg: „und insofern ist es für mich ´n erfolg, auch das thema an sich, WIE ich´s beleuchtet habe." Auf die Nachfrage hin, was er genau als Erfolg bezeichne, beschreibt Proband B, dass er Klarheit darin gewonnen habe, wie er eine bessere Balance zwischen seiner Arbeit und seinem Privatleben erreichen kann: „ich bin mir im klaren darüber, wie jetzt mit meinem thema künftig umgehen werde."

Zusammenfassend kann festgehalten werden, dass Proband B die Qualität seiner Lösung anhand seines Handelns beschreibt. Dieses sei ihm (Proband B) bezogen auf sein Anliegen bewusster geworden. So verlässt er zum Beispiel abends ganz bewusst gegen 18.00 Uhr die Arbeit, um früher bei seiner Familie zu sein.

Sechs weitere Probanden betonen, dass der Einsatz der Cahier-Methode konkrete Handlungen bei ihnen provoziert habe. *Probandin D* bezeichnet den Einsatz der Cahier-Methode als „Beschleunigung" von Handlungen und somit als „Intensivierung" sowie bezogen auf ihre Partnerschaft auch als „Fokussierung" von Problemen. So hat sie zum Beispiel während dem Einsatz der Cahier-Methode eine schwierige Freundschaft gekündigt und auch ihre Partnerschaft „drohe zu platzen". Aber auch über den Prozess der Cahier-Arbeit hinaus scheint sie weitere Aktivitäten für sich geplant zu haben, wie die Maßnahme, sich zum Beispiel einen Coach hinzuzuziehen: „aber immerhin, es hat mich dazu gebracht also maßnahmen zu planen, wo ich vielleicht auch noch mal, also mit ´nem coach (-) noch EXtra noch mal darüber sprechen werde zum beispiel."

Auch *Probandin G* spricht eine Handlungsnotwendigkeit an. Sie formuliert, dass sie vom „schreiben ins TUN" kommen musste. Ziel war es dabei, ihren Mann zu motivieren: „also die motivation für ihn, zu FINDEN und für ihn zu (.) IHN noch mehr zu motivieren oder überhaupt zu motivieren, da mit zu gehen." Dabei beschreibt sie, wie ihre Handlung fokussiert und somit beschleunigt wurde: „ich denke der termin HÄTTE stattgefunden, aber wahrscheinlich erst viel später oder zu spät.“ Konkret bedeutet das, dass sie ihren Partner dazu bewegt hat, an einem Ersttermin bei einem Paartherapeuten teilzunehmen. Das Aufsuchen externer professioneller Unterstützung durch einen Therapeuten und das Führen eines Erstgesprächs fand innerhalb der Cahier-Arbeit statt. Die Funktion der Cahier-Methode beschreibt sie hierbei als „Verfestigung“: „verfestigt hat sich's (.) durch, also für MICH selber WUSST' ich irgendwie schon, wir BRAUCHEn das, ohne das wird's nicht (.) gehen und (.) beim schreiben ist es (.) für MICH noch SEHR viel stärker hervorgekommen.“

Probandin F nimmt den Handlungsaspekt auf, indem sie erklärt, dass sie während der Anwendung der Cahier-Methode eine „To-Do-Liste“ für sich formuliert hat: „es hat mir im prinzip (.) KLARheit verschafft über die nächsten schritte, die ich selbst auch letztlich dann UNTERnehmen muss, oder einleiten muss.“ Dabei hat sie eine „8-Punkte-Liste“ entwickelt, die es nun konkret abzuarbeiten gilt. Zum Zeitpunkt des Interviewgespräches hatte sie sich für den Nachmittag gleich die Erledigung des ersten Punktes terminiert. Ihr erster Termin bestand aus einem Gespräch mit ihrem Vorgesetzten. In privater Atmosphäre hat sie sich vorgenommen ihn darauf vorzubereiten, dass sie ihn um ein berufsbezogenes Gespräch bitten wird. Ein weiterer Punkt ihrer „To-Do-Liste“ sind die Termine mit sich selbst. Diese Termine sollen fest eingeplant und dazu genutzt werden, die Freizeit aktiver zu gestalten und sich im Zuge dessen sportlich zu betätigen.

Analog zur Position von Probandin F kann *Proband C* angeführt werden. Dieser expliziert, dass er sich einen Handlungsplan während der Cahier-Aufzeichnungen zusammengestellt habe: „i' hab' mir sogar fast schon kleinen handlungsplan (.) geschrieben, welche leute und so ich da:: eigentlich kenn' und (---) und ansprechen will und auf welche art und weise, des ging mir da so durch den kopf“, nach dem er jetzt handeln möchte.

Probandin J kommt ebenfalls zu dem Schluss, dass sie jetzt bezogen auf ihr Handeln aktiv werden müsse: „was jetzt wirklich zuerst getan werden muss und was dann und (.) also, deswegen war´s eigentlich (.) gut, also das hat mir dazu eigentlich sehr geholfen und:: also so handlungs:::orientiert, also es gibt schon so´n paar dinge, die ich jetzt tun werd´, also zum beispiel mich jetzt erkundigen, darüber wie jetzt das ein oder andere berufsfeld noch aussehen könnte.“ Insgesamt bewertet Probandin J die Cahier-Methode als ordnenden Prozess: „gedanken zu ordnen und (.) eben zeit zu gewinnen um:: vielleicht mehr (.) zu strukturieren (--) hinsichtlich dessen, was jetzt für mich so in der nächsten lebensphase vielleicht oder so, was so wichtige punkte sind.“ Auf die Frage hin, was ihr das Arbeiten mit der Cahier-Methode hinsichtlich ihres Anliegens gebracht habe, beschreibt sie das „Auftauchen“ von „Gedanken“, „Ideen“ und „Alternativen“, die sie vorher nicht gehabt habe. Das „Raum-nehmen“ für sich selbst erlebt sie hierbei als sehr positiv.

Vom *Probanden I* wird der Handlungsaspekt im Interview prägnant thematisiert, indem er beschreibt, was er sich in seinen Aufzeichnungen notiert habe: „erstmal is', is', hab' ich (.) dokumentiert für mich (.) wo ich die PRObleme seh', dokumentiert habe ich (.) dinge, die ich tun muss.“ Zusätzlich zeigt er auf, dass er vom Problem weg und hin zum lösungsorientierten Denken vorgegangen sei: „dass ich (.) entweder die probleme wieder für mich (-) ja ausgesprochen habe, niedergeschrieben habe, aber auch dann wieder rhythmisch und zyklisch verteilt (.) dann wieder LÖSUNGSansätze (.) halt (.) auch niedergeschrieben habe.“

Zusammenfassend bezeichnet er dieses Vorgehen als „Bestandsaufnahme des sozialen Umfeldes“. Die „Erkenntnis“, ein großes Netzwerk an Freunden und Bekannten zu haben, relativiert für ihn die mit Angst besetzten Gedanken des Alleinlebens. In diesem Zusammenhang beschreibt Proband I, wie wichtig es ihm persönlich sei, auf andere Menschen zuzugehen, Sozialkontakte zu knüpfen und aufrecht zu erhalten: „weil allein IS' man nich' (.) wenn man nur (.) frei und offen auf andere zugeht und (.) so nach dem motto, ja wer bist du denn und (.) erstmal wertfrei da auf die leute zugeht, das is' also AUCH noch'n resümee aus meinen aufzeichnungen.“

Da er den ersten Schritt zum Alleinleben mit dem Kauf einer Wohnung vor eineinhalb Jahren bereits getätigt hat und diese Wohnung für ihn in absehbarer Zeit nun beziehbar wird, stand für ihn während seiner Aufzeichnungen zusätzlich die intensive Auseinandersetzung mit dem anstehenden Alleinleben im Vordergrund: „aber:: im prinzip hab' ich die reise schon angetreten, aber ich wollte sie jetzt inhaltlich (.) auch mal gedanklich ausfüllen, in dem ich mich da intensiv mit beschäftige, bevor ich dann irgendwann in die situation zwangsläufig komme.“ Die von ihm genannte „Doing-Phase“ stehe für ihn jetzt mit dem Umzug aktuell an und solle anhand der „Auseinandersetzung mit sich selbst“ im Rahmen der Cahier-Methode motivational „unterfüttert“ werden. Denn bisher habe er diese Auseinandersetzung nicht gesucht, sondern verdrängt: „angefangen, weil (.) ich's ja erstmal ein stück weit verdrängt habe, weil ja nee, september wird erst der umzug kommen“.

Zusätzlich beschreibt Proband I einen Nebeneffekt. Ihm sei deutlich geworden, dass er sowohl privat als auch beruflich Dinge zulasse, die ihm „nicht passen“. Begründet wird die Konfliktscheue von Proband I durch Verlustängste. Proband I beschreibt, dass er aufgrund dieser Einsicht beim Schreiben der Cahiers konfrontativer mit einem Konflikt am Arbeitsplatz umgegangen sei. Dabei ist er dem Konflikt nicht, wie sein übliches Verhaltensmuster es vorgegeben hätte, aus dem Weg gegangen, sondern hat die Konfrontation gesucht: „mir dinge irgendwo von der seele geschrieben hab', die mir nich' passen, kann ich zumindest sagen, temporär, NACH dem abschluss dieser geschichten hat sich irgendwat auch für mich geändert, und da ich jetzt, sagen wir mal, kausal kein, kein, keinen anderen anlass sehe, oder nich' solche schlimmen ereignisse mich getroffen haben, dat ich gesagt habe, entweder (.) fang ich mich jetzt an, MEHR zu wehren (.) sag' ich jetzt einfach mal, ich weiss, dat is spekualtiv, kann ich jetzt auch nich' beweisen, möglicherweise hat es damit zu tun, dass ich eben frage (.) viele dinge hab' ich mir von der seele geschrieben und:: (.) es könnte ja durchaus damit zusammenhängen." Sein verändertes Verhalten erfüllte ihn dabei mit Stolz.

Das von den Probanden immer wieder angesprochene „positive Erleben des sich Zeitnehmens für sich selbst" ist ein Indiz für den Effekt der emotionalen Entlastung, der im Folgenden differenzierter dargestellt wird.

Effekt der emotionalen Entlastung

Der Effekt der emotionalen Entlastung wird von fünf Probanden explizit beschrieben. Bei *Proband B* zum Beispiel wird sein verändertes Handeln von einem Befinden begleitet, das er als „gutes Gefühl" benennt. Da dieses „gute Gefühl" sein „schlechtes Gewissen" ablöst, kann die Beschreibung seiner Gefühlslage als emotionale Entlastung bezeichnet werden. Während Proband B ein bewusstes Handeln beziehungsweise einen bewussten Umgang mit seinem Anliegen als emotional entlastend beschreibt, empfinden drei weitere Probanden bereits das morgendliche Aufzeichnen als emotionale Entlastung.[204] Die folgenden Zitate von *Probandin D* und *Proband I* sollen exemplarisch belegen, dass das morgendliche Zeitnehmen für sich selbst als hohes Gut betrachtet wird: „erstmal hab´ ich dat gefühl gehabt, dass ich mich hinterher (.) wohler fühle, so, weil ich mir alles grad mitgeteilt habe, oder zu mir selbst, mir selbst dokumentiert habe, wat mich zu diesem thema beschäftigt."[205] Auch Probandin D formuliert die emotionale Entlastung anhand der Cahier-Methode: „ja, weil es, wie gesagt, weil es (.) weil es mich strukturiert und weil ich etwas erleichtert in den tag gehe, ich fühle mich KLARER, (.) ich fühl' mich (-) ja, ich hab' irgendwie einen besseren überblick, ich fühl' mich (.) äh, ja, KLARheit, (.) struktur::, reflexion."

Probandin J thematisiert ebenfalls eindeutig das Prinzip der emotionalen Entlastung. Sie beschreibt, dass sie anhand der Cahier-Methode Ordnung in ihr Gefühlsleben bekommen habe: „und dieser ganzen GROLL den hab' ich mir irgendwie von der seele geschrieben, das hat mir ziemlich gut getan, und es gab dann auch irgendwie so:: 'ne ORDnung im gefühlsleben, dass ich so was, also das so eben (.) gemanaged hab', dass ich da jetzt nicht mehr ewig hinterher häng'

204 Siehe Probandin D; Probanden E, I.
205 Siehe Proband I.

und mi::r dann auch überlegt, was mach' ich jetzt mit der frau ((lacht kurz)) dass ich das irgendwie (.) einfach beiseite kriegen konnte, das war schon mal so (.) ganz gutes."

Die Darstellung, dass sechs von zehn Probanden den Aspekt der Handlung thematisiert haben, wirft die Frage auf, wie die verbleibenden vier Probanden, das heißt die *Probanden A*, *C*, *E* und *H*, ihre Arbeit mit der Cahier-Methode bezüglich des Ergebnisses bewerten. Die Probanden A, C, E und H werden im Folgenden differenziert in den Unterkategorien „kein Ergebnis" (vgl. 4.2.2) und „offenes Ergebnis" (vgl. 4.2.3) dargestellt.

4.2.2 Unterkategorie „kein Ergebnis"

Proband A legt dar, dass er anhand der Cahier-Methode zu seinem Anliegen kein konkretes Ergebnis, beziehungsweise keine Antwort finden konnte: „ich hab noch nicht so jetzt (--) jetzt de:n schluss; also so 'nen Ergebnis so'n ein konkretes wo ich jetzt sagen würde, ja, ich hab jetzt jetzt, ich hab da was erreicht." Diese nicht gefundene Lösung differenziert er in eine fehlende Antwort auf seine Fragestellung und in die für ihn fehlende Handlungsanleitung: „es ist auch net gelöst, dass ich sage, okay, (-) also ich hab mich ja die FRAge gefragt, (-) wozu ist ärger gut, hab ich keine antwort für gefunden." Für ihn blieb die „große Überraschung" aus.

Interessanterweise formuliert er direkt im Anschluss und unmittelbar im gleichen Satz, dass er reflektiert habe, sein Anliegen sei „gar nicht so schlimm": „mein ärgerthema, (-) und des hab ich mich halt auch gefragt, ne, (-) ja. ja (.), vielleicht ja, ist alles gar net so schlimm, also es ist ja eh net schlimm, also es ist ja keine lebensbedrohende situation oder irgendwie 'ne situation." Der hinter der Aussage „gar nicht so schlimm" vermutlich verbalisierte Effekt der emotionalen Entlastung (vgl. 4.2.1) und die damit einhergehend geringere Gewichtung seines Anliegens wird von ihm nicht als Ergebnis der Cahier-Methode bewertet und benannt. Vermutlich hat ihn das Lesen der Auswertungsschritte dahingehend beeinflusst. Trotz seines wenig handlungsorientiert formulierten Anliegens scheint er sich eine Handlungsanleitung erhofft zu haben.

Im Interview verbalisiert er die Hoffnung auf einen „bewussteren" Umgang mit seinem Ärger und einer daraus resultierenden „entspannteren" Umgangsweise: „vielleicht führt's zum anderen umgang (-) damit, dass ich einfach, (---) also ich hab zumindest die hoffnung, dass ich ab und zu mal (4.1) mich da: selbst (-) hinterfrage, vielleicht (-) komm' ich ab- und zu mal drauf zu sagen, komm, (-) nimm'st net so wort-egal (-) so, also so, dass ich ein bisschen entspannter damit umgehe als vorher."

Tatsächlich hat er in seinem Anliegen jedoch formuliert, dass er das Thema „Ärger“ bearbeiten möchte und herausfinden möchte, wofür es denn gut sei, wenn er sich ärgert. Der Fokus ist hier demnach mehr auf eine Ist-Analyse und auf die Würdigung des eigenen als negativ empfundenen Verhaltens (vgl. 4.1.5) ausgerichtet als auf die Entwicklung von Handlungsalternativen (vgl. 4.1.7).

4.2.3 Unterkategorie „offenes Ergebnis“

Proband C beschreibt seinen „Prozess als nicht abgeschlossen“ und somit als noch offen. Dennoch bewertet er die Analyse des Soll-Zustands „Arbeiten im neuen Berufsfeld als Coach“[206] und die Analyse seiner Partnerschaft als persönlich gewinnbringend. Dabei hebt er vor allem seinen persönlichen Nutzen an seiner „Zielbildbeschreibung“ hervor: „weil::, i' hab' ja g'sagt einerseits sachen, die ich da über des: zielbild, ich als coach, was da drin steckt, des werd' ich au' jetzt weiter benutzen, und des wird einfließen, und irgendwie auch dann:: vielleicht auch auf 'ner homepage sich abbilden und so weiter.“ Darüber hinaus beschreibt er den Wert seiner Cahier-Aufzeichnungen dahingehend, dass er anhand dieser eine neue Sichtweise bezogen auf sich selbst einnehmen könne. Bei dieser neuen Sichtweise handelt es sich um das Einnehmen einer Art Außenperspektive auf sich selbst. Diese Außenperspektive beschreibt Proband C mit folgenden Worten: „(.) und jetzt, wo, wo, wo ich's so AUSwerte, und noch mal guck, da geht's mir schon so, dass ich denk', okay (.) und des nehm' ich jetzt (-) und ich hab' jetzt 'n material, ja, was aus mir kommt, aber jetzt noch irgendwie daliegt, und au' da wieder 'n stück weit von außen kommt, aber ich kann da MICH quasie (.) normal guck' ich nicht von außen, aber in dem fall komm' ich jetzt von außen.“ Diesen Prozess umschreibt er für sich selbst mit den Worten des „Bündelns“.

Seinen Prozess wird er vermutlich erst dann als abgeschlossen ansehen, wenn er im Einverständnis mit seiner Frau seine neue berufliche Tätigkeit als selbstständiger Coach aufnimmt. Die anstehenden Handlungen thematisiert er mit folgendem Zitat von Erich Kästner: „es gibt nichts gutes außer man tut es.“

Probandin D, die die Cahier-Methode als Handlungsbeschleuniger beschreibt (vgl. 4.2.1), reagiert auf die Frage nach der Qualität ihres Ergebnisses zögernd. Während Probandin D das Prinzip der Klarheit als Grundlage für Handlungsbeschleunigung benennt, will sie sich auf die Bewertung ihres Ergebnisses nicht konkret einlassen: „es hat sachen (.) klarer gemacht, die mich dazu ge-

206 Von Proband C wörtlich als „Zielbildbeschreibung“ bezeichnet.

bracht haben, zum beispiel vielleicht mal (.) also es ist sehr schwer zu sagen, weil es was mit UNbewusstsein zu tun.“

Ähnlich argumentiert *Probandin F*. Obwohl sie im Rahmen der Cahier-Arbeit eine fertige „To-Do-Liste“ erstellt hat (vgl. 4.2.1), betont sie, keine fertige Lösung erhalten zu haben: „NICHT das ich jetzt mit 'ner:: (.) abgeschlossenen lösung da sitze.“ Sie hat zwar die Aufnahme der Paartherapie als Erfolg bezeichnet, aber als nicht abgeschlossen: „abgeschlossen nicht ((…)) das thema selber nicht ja, das ist nicht abgeschlossen ((…)), (…) hat für mich einfach die rundung bekommen, das projekt, (.) war für mich mit der auswertung (.) so 'ne art schon beendet, das abschliessende ge:spräch finde ich, passt gut dazu, wenn ICH selber, ja nicht für mich selber gebraucht, sondern für mich war's eine ganz runde sache.“ Abschließend gilt es bei Probandin F festzuhalten, dass sie ihr Anliegen erst dann als gelöst betrachtet, wenn sie die aufgestellten Handlungsschritte abgearbeitet hat. Somit hat sie sich anhand der Cahier-Methode die Lösungsschritte in Form von Handlungsschritten erarbeitet, diese jedoch noch nicht alle ausgeführt.

Interpretiert man das Interview von *Proband E*, so fällt auf, das auch er sich unsicher bei der Bewertung seines Ergebnisses ist: „und (-) ist schwer zu sagen, jo, hab' zwar (.) vom ERGEBnis her net unbedingt (.) jetzt schon die (.) die lösung g'funde'.“ Kurz darauf schränkt er seine eigene Aussage wiederum ein, indem er davon berichtet, zentrale Punkte im Sinne von Aspekten gefunden zu haben: „von meinem anliege', ne, oder (.) von meine konkrete fragestellung, aber zumindest schon mal:::, sag' i' mal, den punkt oder die punkte gefunde', wo (.) dass es sich auch lohnt, dadrüber nochmal:: das ganze zu vertiefe', des heisst (.) ja, (.) und von dem her g'sehe', (…) ja:, mh, allein schon mal aus dem grund, dass i' mir zeit g'nomme hab', überhaupt über die frage nachzudenke'“. Konkret gesprochen stellt Proband E im Abschlussgespräch „vier Säulen auf“, die sich für ihn „herauskristallisiert“ haben. Zwei der vier Säulen beschreibt er inhaltlich. Die eine von ihm benannte Säule umfasst den Bereich Sport, die zweite Säule den Bereich Musik. Diese Säulen stehen für Bereiche im Leben, die er intensiver zu seinem eigenen Wohlbefinden pflegen möchte. Proband E betont, dass es sich bei diesen Säulen um eine „Wiederholung“ und auch „Verstärkung“ ihm bereits bekannter Themen handele, nicht aber um grundlegend neue Gedanken: „deswegen au' die verstärkung nochmal, ne, mein aschpekt, wo's mir eigentlich da (.) letztendlich nix neues gebracht hat, sondern ebe'::: wahrscheinlich nur eh wieder-, wiederentdeckung von wertvollem, ne, so gesehen.“ Wie Probandin D charakterisiert er die Cahier-Methode als „Fokussierung“.

Probandin H verdeutlicht ihre Unsicherheit bezüglich der eigenen Ergebnisbewertung an folgendem Zitat: „das ist so 'ne grundsätzliche geschichte, (.) und da (.) äh::: ja, (.) also ich denke einfach, ich hab' das mehr in den blick genommen und (.) hab' die CHANCE (.) 'n neuen anlauf zu nehmen und (-) ja, aber so richtig (.), also das ganze hat mir GUT getan, aber ich kann nicht, ich bin mir nicht so sicher, ob ich wirklich meinem ziel so richtig NÄHER gekommen bin." Dennoch räumt sie ein, dass sie die Cahier-Methode als Methode zur „Selbstklärung" und um sich selbst zu „sortieren" schätze: „ähm, ich hab' schon immer gesagt, ich muss dinge erst mit mir SELBER klären, bevor ich sie dann (.) mit jemanden bespreche. (…) und (.) erstaunlicherweise (.) habe ich das jetzt gerade wieder (.) BEwiesen bekommen. also über IHRE methode." Dabei beschreibt sie, dass es „viel Kleines" in Bewegung gesetzt habe, wie zum Beispiel das „gezieltere Recherchieren von Lösungsmöglichkeiten". Mit Lösungsmöglichkeiten meint Probandin H hier die von ihr beruflich entwickelte Alternativen.

4.2.4 Identifizierung von Effekten

Betrachtet man die einzelnen Interviewtextstellen und somit die verschiedenen Äußerungen der Probanden, so werden neben dem Effekt der „emotionalen Entlastung" (vgl. 4.2.1) ganz unterschiedliche Effekte im Zusammenhang mit dem Lernprozess der Cahier-Methode thematisiert. Auf die ausführliche Darstellung der einzelnen Effekte in den vorangegangenen Kapiteln (vgl. 4.2.1, 4.2.2 und 4.2.3), erfolgt hier eine Übersicht aller identifizierten Effekte, deren Gesamtheit im Anschluss kommentiert wird.

Die im Lernprozess der Cahier-Methode identifizierten 12 Effekte:

1. „Effekt der neuen Sichtweisen"[207]
2. „Effekt des Bündelns"[208]
3. „Effekt des Beschleunigers" von Handlung[209]
4. „Effekt des Ordnens"[210]
5. „Effekt des Auftauchens von Gedanken, Ideen und Alternativen"[211]

207 Siehe Proband C.
208 Ebd.
209 Siehe Probandin D.
210 Siehe Probandin J.
211 Ebd.

6. „Effekt der Erkenntnisgewinnung“[212]
7. „Effekt des veränderten Verhaltens“[213]
8. „Effekt der Verfestigung“[214]
9. „Effekt der Intensivierung und Fokussierung“ des Anliegens[215]
10. „Effekt der Klarheit“[216]
11. „Effekt des Maßnahmenplans“ bzw. „Effekt der Erstellung einer To-Do-Liste“[217]
12. „Effekt der emotionalen Entlastung“[218]

Die oben genannten zwölf Effekte fassen den Nutzen aller Probanden am Einsatz der Cahier-Methode zusammen, unabhängig davon, ob sie sich selbst der Unterkategorie „Ergebnis“ (vgl. 4.2.1), „kein Ergebnis“ (vgl. 4.2.2) oder „offenes Ergebnis“ (vgl. 4.2.3) zugeteilt haben. Da jeder Lernprozess anhand der Cahier-Methode ein sehr individueller Prozess mit viel Gestaltungsfreiraum ist, ergeben sich auch unterschiedliche Beschreibungen über den individuellen Nutzen am Einsatz der Selbstcoachingmethode.

Bei genauerem Hinschauen erkennt man, dass manche der Effekte nur einmal benannt werden, anderen hingegen eine Mehrfachnennung zugrunde liegt. Die oben aufgeführten Effekte sind dabei dahingehend systematisiert, dass die Nennung der Effekte durch die einzelnen Probanden und somit die Häufigkeit des Auftretens der Effekte, von oben nach unten steigt. Vergleicht man also den zuerst aufgeführten „Effekt der Klarheit“, so unterliegt dieser nur einer Nennung, hingegen der „Effekt des Maßnahmenplans“ beziehungsweise „Effekt der Erstellung einer To-Do-Liste“ und der „Effekt der emotionalen Entlastung“ einer fünffachen Nennung.

Zusammenfassend zum Kapitel 4 kann festgehalten werden, dass zu der Unterkategorie „kein Ergebnis“ (vgl. 4.2.2) nur einer von zehn Probanden subsumiert wird. Die Unterkategorie „offenes Ergebnis“ (vgl. 4.2.3) hingegen umfasst die Aussagen von fünf Probanden. Dabei bewerten die *Probandin F* und der *Proband C* ihr Selbstcoaching anhand der Cahier-Methode grundsätzlich als sehr positiv. Beide haben Maßnahmen aufgestellt, wobei Probandin F bereits aktiv geworden ist. Da ihre Maßnahmen noch nicht alle umgesetzt sind, bewerten sie

212 Siehe Proband I.
213 Ebd.
214 Siehe Probandin G.
215 Siehe Probandin D; Proband E.
216 Siehe Probandinnen D, F; Proband B.
217 Siehe Probandinnen D, G, J; Probanden C, F.
218 Siehe Probandinnen D, J; Probanden B, I.

beide ihre Arbeit anhand der Cahier-Methode mit der Unterkategorie „offenes Ergebnis“. Während *Probandin D* zögert, ihr Ergebnis in Worte zu fassen, vertritt *Proband E* die Meinung, keine Lösung gefunden zu haben. Seine Aussage revidiert er direkt im Anschluss durch das Aufstellen von seinen „vier Säulen“. *Probandin H* ist sich bezüglich ihrer Ergebnisfindung ebenfalls nicht ganz sicher. Dennoch betont sie, dass sie die Cahier-Methode als Selbstklärungsmethode zu schätzen gelernt hat.

Abschließend soll hier der klare Trend hervorgehoben werden, dass sieben von zehn Probanden Handlungsanleitungen aus der Cahier-Methode für sich abgeleitet haben und diese somit als erfolgreich bewerten.

4.3 Kategorie „Selbstcoaching und Coaching“

Die Kategorie „Selbstcoaching und Coaching“ untersucht dazugehörige kontroverse Aussagen der Probanden (vgl. 4.3.1), sprich Pro und Kontra von „Coaching“ (vgl. 4.3.2) und „Selbstcoaching“ (vgl. 3.3). Hierbei handelt es sich um eine induktiv gewonnene Kategorie, die sich aus der deduktiven Kategorie „Umgang mit der Cahier-Methode“ (vgl. 4.8), im Speziellen aus den Teilaspekten „Anwendung der Cahier-Methode ohne Coach“ und „positive und negative Aussagen zum Selbstcoaching“ herauskristallisiert hat.

4.3.1 Unterkategorie „Selbstcoaching versus Coaching“

Proband A proklamiert, dass sein Selbstcoachingprozess ihm im Vergleich zum klassischen Coachinggespräch einen geringeren Nutzen gebracht hat: „das war (---) weNIGER wie gesagt, das heisst net (-), net das ich jetzt sagen wollt, das hat überhaupt nix gebracht, sondern nur ein vergleich halt, so, zu, zum coachinggespräch zum beispiel.“ Anschließend räumt Proband A ein, dass im Rahmen seines Selbstcoachingprozesses Ähnliches wie im Coaching eingetreten wäre: „(-) mhm (-), ansonsten WAR es letztendlich ähnlich wie, (.) wie so'n gespräch, also (-), es war jetzt nicht intensi:ver, es ist eigentlich was ähnliches passiert wie sonst auch, wenn ich halt mal irgendein punkt aufgeschrieben hab, und hab dann gegrübelt, dann kam ich von da zum nächsten; und es war eigentlich auch so, wie es jetzt mündlich mit dem herrn x auch so im gespräch abläuft, (-) wie gesagt halt viel unstrukturierter.“[219] Das unstrukturierte Vorgehen in

219 Anonymisierung des Namens des Coachs als Herr x.

seinem Selbstcoachingprozess führt er auf die fehlenden Fragestellungen eines Coachs zurück. Dabei bewertet Proband A sein Selbstcoaching als weniger „effektiv“, weniger „zielführend“ und auch als weniger „direktiv“ im Vergleich zu einem Coaching.

Probandin F stellt fest, dass es im Cahier-Selbstcoaching, im Unterschied zum Coaching, einer hohen Selbstreflexionskompetenz bedürfe: „(.) jemand ist, der auch all::EINE (.) ja der so'n reflexionsprozess alleine dann aber auch anstossen, am LAUFEN halten kann, da muss ich sagen.“ Dabei vermutet sie, dass das erfolgreiche Anwenden der Cahier-Methode von den Klienten (hier Probanden) Grundkenntnisse zum Thema Coaching und Selbstcoaching benötige, damit der selbstgesteuerte Prozess als erfolgreich erlebt und bewertet werden könne: „könnt' mir jetzt vorstellen, für jemanden der: (--) sich noch nicht WIRKLICH auch mit solchen:: dingen (.) auseinander gesetzt hat, oder auch mit, mit (.) mit vergleichbaren methoden auseinandergesetzt hat, dass es dann sehr schwierig ist, weil der dann so am punkt steht und denkt, (.) der dann vielleicht auch jemand (.) direkt braucht, der ihn fragt, der den anstoss dann einfach von AUßEN braucht, weil die das (.) so (-) diese rollendifferenzierung dann vielleicht auch nicht so hinbekommen.“

Aufgrund ihrer intensiven Vorerfahrungen mit der Durchführung von Coachings aus der Perspektive eines Coachs, konnte Probandin F nach Selbstauskunft in ihrem eigenen Selbstcoachingprozess quasi „zwei Stühle“ einnehmen. So stellte sie imaginär ein Coachinggespräch zwischen sich selbst als Coachee und als Coach nach. Anhand dieses gedanklichen Rollenspiels fiel es ihr relativ einfach, sich selbst weiterführende Fragen zu stellen. Dass ein im Coaching unerfahrener Proband diesen Rollenwechsel mental nur schwer vornehmen kann, ist leicht nachvollziehbar. Der Meinung der Forscherin nach ist es nicht die Vorkenntnis bezüglich Coaching, die der Proband mitbringen muss, sondern eher Eigenschaften wie Disziplin und Offenheit gegenüber der neuen Methode und natürlich ein gewisses Bildungs- und Sprachniveau, um sich schriftlich auszudrücken und seine Assoziationen festhalten zu können. Zusätzlich muss der Proband sowohl eine Eigenmotivation als auch einen gewissen Leidensdruck mitbringen sowie den Willen, eine Lösung für das Anliegen selbst zu erarbeiten. Dies impliziert auch einen gewissen Glauben an sich selbst, die Lösung des Anliegens in sich selbst finden zu können und eigenständig bearbeiten zu können (vgl. 2.2.1).

Zusammenfassend kann festgehalten werden, dass zwei der Probanden das Selbstcoaching dem Coaching im Interviewgespräch gegenüberstellen.[220] Dabei diskutieren *Proband A* und *Probandin F* den Einsatz der Cahier-Methode als Selbstcoachingmethode unterschiedlich. *Proband A* betont den geringeren Nutzen von Selbstcoaching im Vergleich zum Coaching, indem er seinen Selbstcoachingprozess als unstrukturiert beschreibt. *Probandin F* hingegen hebt hervor, dass ihrer Meinung nach die Coachees eine sehr hohe Selbstreflexionskompetenz, wenn nicht sogar Vorerfahrung mit (Selbst-)Coaching mitbringen müssten. Das folgende Teilkapitel stellt den Probanden A und F oppositionelle Erfahrungsberichte gegenüber, wie zum Beispiel den von Probandin H, die Selbstcoaching dem Coaching vorzieht.

4.3.2 Unterkategorie „Coaching"

Anhand dieses Teilkapitels „Coaching" werden die Sichtweisen von Proband C und Probandin H bezüglich Coaching dargelegt. Während Proband C vom Prinzip der „gepflegten Zurückhaltung" spricht, argumentiert Probandin H, weshalb sie Selbstcoaching einem Coachingprozess vorziehe.

Für beide Probanden ist aufgrund der eigenen beruflichen Laufbahn die Thematik Coaching besonders aktuell. Während *Proband C* sich beruflich von der Jugendarbeit hin zum Coaching im Wirtschaftskontext umorientieren möchte, befindet er sich zum Zeitpunkt des Interviews aktuell in einer Coachingausbildung.

Probandin H hingegen, die als „Outplacementberaterin" tätig ist, hat bereits eine eigene Coachingausbildung absolviert.[221] Aufgrund der intensiven Auseinandersetzung der beiden Probanden mit dem Thema Coaching, sollen dem Leser hier ihre Aussagen und Meinungen zum Thema Coaching veranschaulicht werden:

Proband C reflektierte, unterstützt durch die Cahier-Methode, den von ihm angestrebten Soll-Zustand als Coach im Wirtschaftskontext tätig zu sein. Eine wesentliche Erkenntnis war hierbei für ihn, dass sich ein Coach durch „gepflegte Zurückhaltung" im Coachingprozess auszuzeichnen habe.

---

220 Siehe Probandin F; Proband A.

221 Outplacement bezeichnet eine Beratungsform. Beraten werden Firmen, die sich betriebsbedingt verkleinern (müssen) und aufgrund dessen Personal abbauen. Darüber hinaus findet eine Beratung derjenigen Mitarbeiter statt, die ihren Arbeitsplatz verlieren. Hierbei geht es inhaltlich zum Beispiel um Themen wie Neuorientierung im Berufsleben, Bewerbungsthemen, Beratung zu Weiterbildungsmöglichkeiten und Rentenübergängen.

Im nächsten Schritt seiner Aufzeichnung vergleicht er den Unterschied zwischen einem Coachinggespräch und einem anlassbezogenen Gespräch mit einem guten Freund. Dabei versucht er eine Beschreibung über die unterschiedlichen Qualitäten der Gespräche zu liefern: „wenn man den alltag so anguckt, dann:: gibts', hat auch jeder so freunde und bekannte im umfeld, (.) und da spricht ma' ja auch viel, aber eigentlich weiss ma' ja immer, was jeder so:: sagt, der eine sagt des, wenn ma' des anspricht, der andere sagt jenes, die kommentare, der senf, ja, so des (.) is' halt mehr oder weniger hilfreich, ja, und des is nicht unbedingt so::'n austausch, oder dass ma' wüsste, okay, da kann ich mich jetzt öffnen, und da kann ich des auch mal von:, von verschiedenen seiten meiner persönlichkeit aus au' das thema mal so ausbreiten, ja, und (.) und da hört mir jemand zu, und der hört mir verbindlich zu, und vielmehr wenn wir uns des nächste mal treffen, dass dann 'n spannungsbogen drin ist, (-) und dann dacht' ich mir dieses, von der HALTUNG her, diese (.) zurück::HALTUNG ist ein ganz wesentlicher teil dessen, was es eigentlich ausmacht, dass (.) das gespräch sozusagen wert-, wertvoll wird, au' im sinne von, das halt irgendwie geld ausgetauscht wird." Insgesamt gilt zum Zitat von Proband C festzuhalten, dass er einem Coachinggespräch eine höhere Qualität zuschreibt, als einem Gespräch mit einem Freund. Diese Qualität im Coaching entsteht seiner Meinung nach durch die erhöhte Verbindlichkeit seitens des Coachs und dadurch, dass die Möglichkeit besteht das Coachinggespräch zu einem weiteren Termin erneut aufzunehmen.

Probandin H, die aufgrund ihres Berufs und aufgrund ihrer abgeschlossenen Coachingausbildung ihrer Meinung nach „von zu vielen Coachs" umgeben ist, hebt hervor, dass die Cahier-Methode als Selbstcoachingmethode eine sehr geeignete Intervention für sie sei, um Dinge mit sich selbst zu klären. Ihr beruflicher Hintergrund scheint mit einer „Übersättigung" des Themas Coaching einherzugehen. Auch *Probandin F* beschreibt das von *Proband C* deklarierte Prinzip der „gepflegten Zurückhaltung". Dabei beschreibt sie, dass sie ihre Rolle als Coach als Prozessberaterin und nicht als Expertenberaterin sehe: „aber ich möchte nicht (.) dem (.) meinem klienten, der F::ACHMANN, experte auf seinem gebiet ist, RATschläge geben. das geht nicht. und da bin ich einfach selber sehr allergisch auch inzwischen, da ist man so sensibel geworden im laufe der jahre." Als Konsequenz daraus möchte sie selbst nicht gecoacht werden. Was sie jedoch hin und wieder in Anspruch nehme, sei eine Supervision. Dieser Supervision bediene sie sich aber maximal zweimal im Jahr und auch nur dann, wenn beruflich für sie „harte Fälle" vorlägen.

Was hier überraschend ist, ist dass sie im Wirtschaftskontext den Begriff der Supervision benutzt. Diese Begriffsverwendung widerspricht der Coachingdefinition und der Abgrenzung zur Supervision, die dieser Forschungsarbeit zugrunde liegt (vgl. 2).

4.3.3 Unterkategorie „Selbstcoaching"

Die Unterkategorie „Selbstcoaching" fasst ganz unterschiedliche Meinungen zum Thema zusammen. Während zwei der Probanden die Unterstützung durch einen Coach und dadurch den Einsatz zusätzlicher Instrumente vermisst haben[222], schätzen vier der Probanden das „Selbst" im Selbstcoachingprozess ausdrücklich als sehr hoch[223].

Proband A hat während seines Selbstcoachings offensichtlich der Dialog mit einem Coach gefehlt. Dabei vermisste er den Coach als externe Person, die Struktur vorgibt, beurteilt und Fragen stellt. Mit eigenen Worten beschreibt er den fehlenden Impulse von außen als „weniger effektiv" und somit weniger „zielführend": „nur dass halt die impulse von außen gefehlt haben, jemand der (-), der dann irgend ein punkt rausgreift aus dem sagt, den noch mal vertieft, also diese (-), die strukturierung hat gefehlt, (…)." Dabei betont er immer wieder, dass das Selbstcoaching ihm schon etwas gebracht habe, aber im Vergleich zum Coaching eben nicht so viel: „das war (---) weNIGER wie gesagt, das heisst net (-), net das ich jetzt sagen wollt, das hat überhaupt nix gebracht, sondern nur ein vergleich halt, so, zu, zum coachinggespräch zum beispiel."

Auch *Probandin D* argumentiert ähnlich wie Proband A. Dabei hebt sie hervor, dass sie sich während der Cahier-Methode „nicht besonders unterstützt" gefühlt habe. Des Weiteren kritisiert sie diese fehlende Unterstützung anhand folgender bildlicher Beschreibung: „also man hat ein bisschen das gefühl, man ist allein am schwimmen und:: die gefahr besteht sehr schnell, dass man also (.) in 'ne:: schleiFE sag' ich mal bleibt." Auf weiteres Nachfragen hin, erfuhr die Forscherin, dass der Probandin nicht unbedingt ein externer Coach gefehlt hat, sondern sie weitere „Instrumente" vermisste. Wie diese Instrumente konkret aussehen könnten beziehungsweise sollten, blieb im Interview offen und somit unbeantwortet.

Die Probanden B und F äußern sich ziemlich konträr zu Proband A und Probandin D. Dabei beschreibt *Proband B* dieses „SELBST mit mir ALLEINE" als Teil seines Naturells. Das Ausmachen von Dingen mit sich selbst ohne eine fremde Person von außen erlebe er für sich als positiv und somit als „passend": „sondern, mich selbst zu reflektieren, und (.) selber da hin zuschauen, wo der dunkle fleck vielleicht ist, und da dann eben genauer hinzuschauen, und da hätt' ich dann das gefühl, da würde dann jemand anders nur stören."

Die Argumentationslinie von *Probandin F* ist der obigen von *Proband B* sehr ähnlich. Sie erklärt, ihr eigener Coach gewesen zu sein mit folgenden Wor-

222 Siehe Probandin D; Proband A.
223 Siehe Probandinnen G, J; Probanden B, F.

ten: „ne ich war mein eigener (Coach), ich hab', ich hab' mir das eben NICHT gewünscht, (…), ich hab' jetzt gedacht, okay, wenn ich jetzt MEIN coach wäre, (…), welche fragen würd' ich mir denn stellen, also es war so'n bisschen (.) schizophren ((lachen beide)).“ Es kann festgehalten werden, dass Probandin F ihr Selbstcoaching als einen Dialog mit sich selbst betrachtet. Da sie die Rolle ihres eigenen Coachs eingenommen hatte, habe ihr der Dialogpartner in Form eines Coachs nicht gefehlt: „ja und so ist das (.) so hin- und hergegangen, also hab' mir jetzt nicht explizit jemand extern gewünscht, aber ich hab' mir dann (..), im nachhinhein gedacht, dass es:: durchaus viele menschen geben mag, die vielleicht jemand eher (.) jemand wirklich BRAUCHEN, der sie fragt.“

Auch *Probandin G* hat das Selbstcoaching als positiv erlebt und sich somit keinen Austausch mit einer externen Person, wie mit einem Coach, gewünscht. Diesen hätte sie sogar als „störend empfunden“: „ja, also (.) mit sich alleine, das thema mit sich alleine zu verfolgen in schriftform war okay, also ich hab' da kein gefühl des mangels gehabt, jemand müsste da jetzt an meiner seite sitzen, mich (.) irgendwie betreuen, hätt' ich (.) hab' ich nie in erwägung gezogen.“ Zusätzlich berichtet Probandin G, dass das Schreiben für sie schon immer eine Art Ventil gewesen sei und sie deshalb über viele Jahre hinweg immer wieder ein Tagebuch geführt habe. Aus diesem Grund habe sie auch die Cahier-Methode als Schreibmethode besonders angesprochen. Dabei erlebte sie: „dass (…) man oftmals auch sagen wir mal lösungen, die man schon selber im kopf hat für die probleme (.) ja, dass man derer erst habhaft wird, wenn man sie halt hinschreibt.“ Probandin G ist der Meinung, dass jeder Mensch viele seiner Probleme durch sich selbst lösen könne (vgl. 2.2.1). Sie beschreibt den Menschen als Träger der eigenen Lösung, die nicht immer sofort offensichtlich sei: „muss sie halt ausgraben.“ Das Niederschreiben der Probleme und später auch der eigenen Lösungsansätze machen einem genau diese Aspekte bewusster. Es ist ihrer Meinung nach auch der Nutzen der Cahier-Methode, dass man die Lösung zu seinen Problemen selbstständig ergründen kann: „ich bin oft der meinung, dass man NICHT unbedingt (.) therapeutische hilfe braucht, ausser man hat so, ja ich ((tiefes einatmen)) (-) ja wie soll ich sagen, verhaltensmuster angeeignet, wo man 'ne technik braucht, dass man aus den verhaltensmustern wieder rauskommt, das gibt's natürlich, das kann ich auch nicht beurteilen, dafür:: WEIss ich da zu wenig für, aber ich denk' mir einfach, JEDER mensch in SICH selber, in irgendeiner ecke, in einer hirnwindung, WEISS was er zu tun, und (.) ich denke, dass diese methode, wenn man jetzt nicht über wie gesagt pathologische sachen redet, diese methode durchaus geeignet is' (.) sich das von der seele zu schreiben und sich selber auch die lösung, die man irgendwo HAT (.) vor augen zu führen, die sich zu dokumentieren (.) ja logische verkettungen aufzubauen zwischen ursache und wirkung und:: (.) wenn's eben jemand ist (.) der auch fähig zur selbstreflextion is', halt ich das:: für 'ne GU::TE methode, sich zumindestens über einige dinge KLAR zu werden (.) sich lösungsansätze vor augen zu führen, ob man sie dann in der lage is' umzusetzen (-) weiss ich nich', kann ich nich' sagen, ob die methode da geeignet is'. muss jeder selber mit sich ausmachen.“ Probandin G vertritt die Meinung, dass die Cahier-Methode eine geeignete Methode ist, sich seelisch zu entlasten, aber auch um konkrete Lösungen für das eigene Anliegen zu erarbeiten. Zusätzlich wirft sie die Frage auf, welche Unterstützung die Cahier-Methode für die Umsetzung der erarbeiteten Lösungen bietet. Dabei stellt sie fest, dass im Selbstcoaching dies der Verantwortung des Einzelnen obliegt.

Probandin J hat den Einsatz der Cahier-Methode ebenfalls sehr geschätzt. Sie betont, dass sie sich sehr gut vorstellen könne, diese Methode erneut einzusetzen. Interessanterweise betont sie anschließend, dass dann ja die Begleitung durch das Forschungsteam fehlen würde und es sich in diesem Fall dann nur um ein „reflektierendes Aufschreiben“ anstatt der Cahier-Methode handeln würde. Zusätzlich räumt sie ein, dass sie durch ein Feedback von außen vermutlich ihre Reflexionsfähigkeit auf der Skala von 0 bis 10 von 7 auf 10 hätte erhöhen können. Mit dem Feedback von außen meint sie nicht eindeutig einen Coach. Das Feedback von außen könne zum Beispiel auch durch ein Buch erfolgen, welches man zeitgleich liest, oder vermutlich auch durch Freunde und Bekannte, mit denen man das Gespräch sucht.

4.4 Kategorie „Innere und äußere Widerstände“

Die für das leitfadengestützte Interview erarbeitete theoretische Kategorie „Innere und äußere Widerstände“ konnte am Textmaterial der Interviews bestätigt werden. Während unter „Inneren Widerständen“ Widerstände gegenüber Gedanken und Inhalten subsumiert werden, zählen zu den „Äußeren Widerständen“ solche, die sich gegen die Rahmenbedingungen der Cahier-Methode richten, wie zum Beispiel die Kritik am frühen Aufstehen oder die Kritik am täglichen Schreiben.

4.4.1 Unterkategorie „Äußere Widerstände"

Zur Unterkategorie „Äußere Widerstände" geben vier der zehn Probanden an, dass sie Schwierigkeiten mit dem frühen Aufstehen und zugleich mit ihrem Schlaf- und Wachrhythmus zu bewältigen hätten.[224]

Dabei bezeichnet *Proband A* das frühe Aufstehen und das 14-tägige Aufzeichnen unabhängig von der äußeren Situation sogar als „belastend". In diesem Zusammenhang benennt er „morgendliche Blockaden", die sich bei den Aufzeichnungen in Form von Schreibblockaden äußerten. Diese vergleicht er mit ähnlichen Blockaden, die ihm aus der Schulzeit bekannt sind.

Auch *Probandin J* thematisiert vergleichbar negative Emotionen. Dabei hat sie als Widerstand ihre schwankende Motivation benannt. Zusätzlich gab es für sie Morgenstunden, an denen sie das Gefühl hatte, alles Wesentliche notiert zu haben. Daraus resultierte bei ihr unter anderem das Gefühl der Unlust: „ja auch, manchmal hab' ich mir auch gedacht, ha, was soll ich da schon wieder aufschreiben, mir fällt nichts ein und ja, gab's auch, oder keine lust oder so."

Viel aufschlussreicher hingegen für die „Modellierung des Lernprozesses im Rahmen der Cahier-Methode" scheint die Unterkategorie der „Inneren Widerstände" zu sein, die im Folgenden dargelegt werden.

4.4.2 Unterkategorie „Innere Widerstände"

Acht der zehn Probanden beschreiben das Auftreten von inneren Widerständen.[225] Vier dieser acht Probanden berufen sich dabei auf das Identifizieren des eigenen inneren Zensors (vgl. 4.1 c).[226] Da 80 % der Probanden „Innere Widerstände" in unterschiedlichen Facetten beschreiben, stellt sich die Frage nach den verbleibenden 20 %. Zwei Probanden haben keine „inneren Widerstände" beschrieben.[227] Dabei verbalisiert *Proband I*, dass er „schonungslos, ohne Filter der Vernunft" alle Gedanken niedergeschrieben habe und dabei sehr „ehrlich mit mir selbst" umgegangen sei. Er formuliert, dass er keine „Gedanken ausgeklammert" und „tabuisiert" habe.

Da der Großteil der Probanden ganz unterschiedliche Aspekte zum Thema „innerer Widerstand" und „Zensor" formulieren, werden im Anschluss die einzelnen Argumentationslinien vorgestellt und diskutiert.

224 Siehe Probandinnen D, H, J; Proband E.
225 Siehe Probandinnen D, F, G, H, J; Probanden A, B, E.
226 Siehe Probanden A, B, C, E.
227 Siehe Probandin J; Proband C.

Proband A hat im Verlauf seiner Aufzeichnungen Verbindungen zwischen seinem Thema „Ärger“ und dem Thema „Gewalt“ hergestellt. Diese thematische Verknüpfung rief bei ihm einen inneren Widerstand in Form eines Zensors hervor. Dabei denkt er inhaltlich darüber nach, was passieren würde, wenn er „gewalttätig vor lauter Ärger“ werden würde: „wo mir so durch den kopf mal ging, meine güte die (-), die::, wenn ich mich so ärgere dann (--) übernehmen (-) oder, (.) oder dann, dann haben andere leute DADurch bewusst oder unbewusst haben sie MACHt, (.) können sie MACHT ausüben, weil ich halt dadurch FREMDgesteuert bin (…), (-) und (.) ich ÄRGER mich dann manchmal so, und dann hab ich mir gedacht, meine Güte, (3.1), wenn ich jetzt mhm (…) so da ging mir irgendwie so das thema gewalt da so durch den kopf, dass die mich so, so REIZen würden, dass ich geWALTtätig würd'. also da, da hab ich so (-) oder des, also ist eigentlich net so mein ding, aber (.) wo ich so dachte, ohJE (-), mhm, ich bin auch anfällig dafür, dass mich jemand so:: manipulieren könnte, dass ich irgendwie:: (.) gEWALTTätig werde vor lauter ärger.“ Diese Gedanken lösten bei Proband A Emotionen aus, die er mit den Worten „kurzzeitig schockiert“ und „das hat mir Angst gemacht“ verbalisiert. Die dazugehörigen Gedanken hat Proband A in seinen Aufzeichnungen an einem Tag notiert, ohne diese Dokumentation zu zensieren. Am nächsten Tag wollte er das Thema Gewalt nicht mehr gedanklich bearbeiten: „das war mal da, und dann hab ich's zur seite gelegt, also im prinzip net weiter verfolgt in den nächsten tagen oder so. ich hab dann einfach (-), also da wollt ich dann auch net mehr drüber nachdenken.“ Dabei beschreibt er, dass er diese negativen Gedanken während seiner Cahier-Arbeit ganz „ausgeblendet“ und „vergessen“ habe und diese erst beim Durchlesen im Rahmen der Auswertung wieder aktualisiert wurden.

Proband B umschreibt zum Thema der „inneren Widerstände“ eine Auseinandersetzung mit sich selbst und mit seinem inneren Zensor. Dabei verbalisiert er eine innere Diskussion, bei der er auf den Zensor stößt, der ihm bestimmte Gedanken zu verbieten scheint: „es gab schon so: (.) gedanken, wo ich gesagt hab', okay, das GEHT nicht, das stell' ich beiSEITE, und dann eben auch nach dem motto, hey warum eigentlich, (…) EIGENTlich ist ja ALLes erlaubt, (-) die gedanken sind FREI, nech, und insofern (-), waru::m, sag' ich mal so, begrenzt du dich.“ Diese zensierten Gedanken beziehen sich auf die von Proband B thematisierten „Selbstzweifel“ und die damit verbundene „Selbstverurteilung“.

Die Begründung für die eigene Begrenzung seiner Gedanken und den daraus resultierenden Zwiespalt findet er in seiner Erziehung: „aber da kommt eben der (.) KONTRÄRE punkt der erziehung oder was auch immer, die konditionierung, die dann darauf einwirkt und sagt, ne:, sowas darf man eigentlich nicht denken, (-) das gehört sich nicht, (.) auf gut deutsch. und TROTZdem kommen diese gedanken. und dann (--) ist der (.) der zwiespalt da.“ Auf die Frage hin, wie er denn mit diesem Zwiespalt umgegangen sei, antwortet Proband B, dass er diesen Gedanken „nicht weitergegangen“ sei und dass er diesen „dann stehen hat lassen“: „nach dem motto, nicht zu ende gedacht oder AUSdiskutiert mit mir selbst, sondern dann kam wieder der nächste gedanke, (...) und dann bin ich (.) de::m gefolgt, und habe ihn notiert.“

Probandin D beschreibt die Konfrontation mit ihrem inneren Widerstand am ersten Tag ihrer Aufzeichnungen anhand einer schriftlichen Zensierung. Sie benannte einen Satz mit: „Was mich am meisten stört...“, jedoch das Ende des Satzes blieb in ihrer Aufzeichnung unausgesprochen und nicht ausformuliert. Das Stocken beim Schreiben des Satzes, bezeichnet sie selbst als „das ist der widerSTAND, daran zu denken, was einem weh tut.“ Dabei erlebte sie ihre Gedanken als „zu schmerzhaft“, um diese auszuführen.

Der Satz ist ihrer Meinung nach offen geblieben, weil: „ich nicht mehr wusste, was ich schreiben wollte.“ Dieses „Nicht-mehr-wissen“ beschreibt sie nicht als ein alltägliches Vergessen, sondern als Verdrängung. Ihr Unterbewusstsein scheint ihr hier eine Grenze aufgezeigt zu haben. Dabei handelt es sich um eine Verdrängung emotional belastender Gedanken, um ihr emotionales Überleben zu sichern. KÖNIG bezeichnet diesen Vorgang der Verdrängung auch als Abwehrmechanismus. Durch diesen Abwehrmechanismus werden unangenehme und bedrohliche Bewusstseinsinhalte aus dem Bewusstsein des Menschen verdrängt.[228] Dabei betont KÖNIG, dass jeder Mensch, ob er sich in einer Therapie befindet oder nicht, Abwehrmechanismen einsetzt und ein Leben ohne Abwehrmechanismen undenkbar sei.[229]

Ihre weiteren Aufzeichnungen beschreibt die Probandin D als „frei“ und unzensiert, denn sie habe sich dabei nichts „erspart“.

Die Widerstände des *Probanden E* äußern sich wie bei Probandin D in der Form der schriftlichen Aufzeichnung. Er beschreibt, dass er bestimmte Sätze in Abkürzungen niedergeschrieben habe, für den Fall, dass die davon betroffenen Personen dies lesen könnten. Diese Abkürzungen waren für ihn bei der Auswertung unmittelbar nachvollziehbar. Das Eintreten des Zensors umschreibt Proband E mit treffenden Worten. Er betont, dass er in seinen Aufzeichnungen keine „vollständige Wundfreilegung“ betrieben habe. Stattdessen habe er sich zum „Selbstschutz“ eine „Bremse“ auferlegt. Diese „Bremse“ sollte bewirken, nicht zu tief in das Anliegen hinein zu gehen: „einfach zu sage´ dazu, ich möcht' da net zu tief, so tief reingehe, net dass mer des (.) zu irgendwelche:: (--) sag' i' mal (.) ziele führt oder irgendwas, wo i' denn au' sage müsst::, i' müsst, was hier radikale

228 Vgl. König, K.: Abwehrmechanismen, S. 19.
229 Vgl. ebd. S. 11.

konsequenze' ziehe, zum beispiel i' müsst' jetzt sage', i' zieh' jetzt daheim aus, oder (.) i' wechsle's g'schäft.“

Zusammenfassend kann gesagt werden, dass sich bei Proband E der Zensor dann einschaltet, wenn es um „radikale Konsequenzen“ für sein Handeln geht. Diese Gedanken der „radikalen Konsequenzen“ scheinen für ihn, wie auch für die Probanden A, B und für Probandin D, bedrohliche und inakzeptable Gedanken zu sein.

Probandin F beschreibt, wie sie ungefähr nach sieben Tagen an den Punkt kam, an dem sich keine neuen Gedanken bei den Aufzeichnungen eingestellt haben. Dabei hat sie sich selbst die Frage gestellt, ob sie sich tatsächlich gedanklich „im Kreis dreht“ oder ob sie aufgrund des Zensors gedanklich „nicht tief genug bohrt“. Im nächsten Schritt hinterfragt sie ihr eigenes Vorgehen selbst. Dabei stellt sie die Hypothese auf, dass sie ihre Gedanken zum Selbstschutz zensiert und deshalb inhaltlich nicht tiefer vordringt: „WARUM bohr' ich nicht tief genug, rührt das vielleicht auch an dinge, wo man sagen muss, MÖCHT' ich mich (.) da vielleicht gar nicht damit auseinandersetzten, weil:: mir das selber unangenehm ist, das ich mir das vielleicht eingestehen (.) müsste, ja, so den punkt gab's schon, jetzt nicht so ständig, dass ich (.) aber den gab's so:: nach sechs, sieben (.) tagen kam der (…).“ Nach ungefähr sieben Tagen, also zur Hälfte ihrer Aufzeichnungen, empfand Probandin F, dass sie sich nicht tiefgründig genug reflektiere. Um den Grad ihrer Reflexion zu erhöhen, begann sie sich selbst Fragen zu stellen und darauf Antworten zu suchen: „ich hab' mir die frage gestellt, warum (…) und hab' versucht dann dadrauf irgendwo:: (.) 'ne antwort zu geben, und das dann AUCH wieder zu hinterfragen.“ Im Unterschied zu den Probanden A, B, E und Probandin D, sind von Probandin F keine Gedanken benannt worden, die sie als bedrohlich oder inakzeptabel erlebt hätte. Bei ihr stand die Empfindung im Vordergrund, zur Hälfte ihrer Aufzeichnungen nicht tief genug in ihre eigene Gedankenwelt vordringen zu können.

Bei *Probandin G* spiegelt sich das Auftreten eines inneren Widerstandes in Form eines Zensors nicht wie bei den Probanden E und D in Form von schriftlichen Zensierungen wider, sondern provoziert eine Handlung in Form eines Rituals. Probandin G ging im Vergleich zu Proband E und D konträr vor. Sie notierte zuerst persönliche Dinge, die sie hinterher zensierte: „brief elf ist eine, ein:: brief, den ich HEUT', der beginnt mit, ((bisschen leiser)) aber ja, mittlerweile existiert er nicht mehr, aber da (.) hab' ich angefangen mit ((lauter und langsamer)) heute schreib' ich , was NIE::: jemand lesen darf.“

Nach der Aufzeichnung des elften Briefes verspürte Probandin G ein so starkes emotionales Unwohlsein, dass sie diesen verbrannte. Die Handlung des Verbrennens kommt einem Ritual gleich, dass sie über Jahre hinweg gelegentlich mit Tagebuchaufzeichnungen vollzog. Danach fühlte sie sich emotional entlastet.

Das Ritual umschreibt sie metaphorisch mit dem Ausdruck „die Gedanken frei zu lassen". Dabei war es ihre größte Sorge, dass jemand diese Aufzeichnungen lesen könnte, vor allem ihre Tochter. Durch das Vernichten dieses Cahier erlangte sie ihre „Sicherheit" wieder zurück. Darüber hinaus beschreibt Probandin G eine Vorgehensweise, die einem Verdrängungsmechanismus gleichkommt. Dazu habe sie an manchen Tagen „Fluchtthemen" gewählt, da sie nicht „die Kraft" dazu gehabt habe, sich mit sich selbst und mit ihrer Zielsetzung zu konfrontieren: „und dann ist es (.) sch:::on gekommen, es gibt sehr unterschiedliche, (.) manchmal ist es SEHR um mich gegangen, und manchmal habe ich mir (.) so 'ne art flucht::thema gewählt, irgendein (.) eine geschichte ausserhalb, wo ich drüber schreiben konnte, was mich nicht sehr bewegt, weil ich einfach nicht (.) die KRAFT oder nicht den willen hatte, (-) DIRekt am ziel weiterzuarbeiten."

Zusätzlich ist sie die einzige Probandin, die das Auftreten von Widerständen in den Zusammenhang mit der Auswertung der Cahiers rückt. Dabei berichtet sie, dass sie beim Auswerten der Cahiers Selbsterkenntnis in Form von „Aha-Erlebnissen" gehabt habe, gegen die sie innere Widerstände verspürt habe (vgl. 4.8.4).

Probandin H berichtet zur Thematik der Widerstände von körperlichem Unwohl-sein. In diesem Zusammenhang beschreibt sie Kopfschmerzen und leichte Übelkeit. Probandin H stellt selbst zwei Hypothesen dazu auf. Zum einen scheint es ihr möglich, dass das ungewohnte frühe Aufstehen diese körperlichen Reaktionen hervorrief. Andererseits schließt sie es nicht aus, dass das Gefühl des Unwohlseins auch mit der Bearbeitung unangenehmer Themen zusammenhänge.

Bei *Probandin J* stellen sich „innere Widerstände" gegenüber zu oft „gedachten Gedanken" ein. Dabei analysierte sie in der Vergangenheit und ansatzweise auch in der Cahier-Methode „sich einschleifende Gesprächsrituale". Bei der Reflexion bestimmter Gespräche erlebte sie diese Gedanken als „zu negativ". Aufgrund dieses negativen Empfindens beschreibt sie, dass sie diese Gedanken nicht aufgeschrieben habe, da sie diese als „sinnlos und zermürbend" erlebe. Auch hier fand eine Zensur negativer Emotionen statt emotionales Überleben zu sichern.

Anhand der Kategorie „innere Widerstände" wird aufgezeigt, dass bei vier Probanden während der 14-tägigen schriftlichen Aufzeichnungen ein Zensor identifiziert wurde, der die Verdrängung der negativen Gedanken zur Folge hatte. [230] Hier werden Gedanken „stehen gelassen", „zur Seite gelegt", „vergessen" und zum Selbstschutz eine „Bremse" vor der „vollständigen Wundfreilegung" gezogen. Daraus resultierend lässt sich die Entwicklung aufzeigen, dass das Auftreten des Zensors in diesem Forschungsdesign immer mit Verdrängungsme-

230 Siehe Probandin D; Probanden A, B, E.

chanismen korreliert. Zusätzlich zeigt sich anhand des starken Trends von 80 %, dass die Probanden im Lernprozess der Cahier-Methode mit „inneren Widerständen“ konfrontiert werden.

Betrachtet man die Gesamtheit der Aussagen der Probanden zur Kategorie „Innere Widerstände“, so lässt sich der Umgang mit diesen „inneren Widerständen“ nur schwer klassifizieren, da er von den Probanden sehr individuell gehandhabt und beschrieben wird:

- Verdrängung von Themen[231]
- Schreiben in Abkürzungen[232]
- Infragestellen der eigenen Person und die Suche nach Antworten[233]
- Verbrennung von Aufzeichnungen als Ritual[234]
- Wahl eines Fluchtthemas beim Schreiben[235]

Die obige stichpunktartige Aufzählung veranschaulicht die Vielschichtigkeit des Umgangs der Probanden mit ihren inneren Widerständen. Dabei ist der meist genannte innere Widerstand, der von vier der zehn Probanden beschrieben wird, die gedankliche „Verdrängung von Themen“.[236] Alle weiteren aufgeführten Vorgehensweisen hingegen, unterliegen einer Einfachnennung.

4.5 Kategorie „Assoziationen“

Die für das leitfadengestützte Interview erarbeitete theoretische Kategorie der „Assoziation“ konnte, wie zu Beginn des Forschungsvorhabens vermutet, am Textmaterial eindeutig belegt werden. Der Begriff der Assoziation wird hierbei als Verknüpfung zweier oder mehrerer Erlebnisinhalte definiert. Dabei findet ein Vorgang des Erinnerns und Bewusstwerdens statt. Dieser Vorgang des Assoziierens wird beschrieben als das Auftreten neuer Ideen, Vorstellungen oder Gedächtnisinhalte, die mit den ursprünglichen, nach bisher nicht eindeutig bestimmbaren Regeln verknüpft sein können, wie zum Beispiel nach Kriterien der Ähnlichkeit, der räumlichen oder zeitlichen Nähe.[237]

231 Siehe Probandin D; Probanden A, B, E.
232 Siehe Proband E.
233 Siehe Probandin F.
234 Siehe Probandin G.
235 Ebd.
236 Siehe Probandin D; Probanden A, B, E.
237 Vgl. Tewes, U./ Wildgrube, K.: Psychologie-Lexikon, S. 37.

Die freie Assoziation, auch unmittelbare Assoziation genannt, wurde bereits in der Psychoanalyse eingesetzt. Assoziationen dienen dazu, unbewusste Regungen aufzuspüren und verdrängte Erlebnisse aufzudecken. Eine sehr praxisorientierte Definition des Assoziationsbegriffs beschreibt die freie Assoziation als freien Einfall zu einem Thema nach dem Prinzip „alles zu sagen, was einem einfällt".[238]

Die Untersuchung der Kategorie „Assoziation" liefert die Erkenntnis, dass der Lernprozess im Rahmen der Cahier-Methode nicht nur als ein reflexives Lernen dargestellt werden kann, sondern dass der Lernprozess im Rahmen der Cahier-Methode immer als eine Kombination von reflexivem und assoziativem Lernen beschrieben werden muss (vgl. 4.1.1). Selbstcoaching anhand der Cahier-Methode ist demnach stets ein assoziativ-reflexiver Lernprozess. Der Begriff des Lernens wird somit in diesem Forschungskontext als assoziativ-reflexiver Lernbegriff definiert.

Da alle zehn befragten Probanden Aussagen zur Verknüpfung mehrerer Erlebnisinhalte treffen konnten, soll der Leser im Folgenden Einblick in die Textstellen erhalten, die den assoziativ-reflexiven Lernprozess belegen. Einige der Befragten konnten aufschlussreiche Beschreibungen und konkrete Textbeispiele zu ihren Assoziationen benennen. Die Probanden liefern hierbei Aussagen zur Verknüpfung ihrer Erlebnisinhalte und zu der Geschwindigkeit, mit der sie die Verknüpfung der Gedanken wahrnehmen (vgl. 4.5.1). Zusätzlich beschreiben die Interviewten sowohl den Vorgang des Aufschreibens der Assoziationen als auch den Aufbau und den Inhalt ihrer Assoziationsketten (vgl. 4.5.2).

4.5.1 Verknüpfung der Erlebnisinhalte

Alle zehn Probanden können Aussagen zur „Verknüpfung der Erlebnisinhalte" treffen. Dabei umschreiben sie die Geschwindigkeit der Abfolge der Assoziationen mit eigenen Worten. Übergreifend kann festgehalten werden, dass alle Probanden die Abfolge der Assoziationen als schnell erlebt haben.[239] Fünf von zehn Probanden berichten neben der Schnelligkeit der Assoziationsabfolge auch von

238 Spektrum Akademischer Verlag (Hrsg.): Lexikon der Psychologie Band 1 A bis E, S. 137.

239 Siehe Beschreibung des Gedankenflusses: Proband A - „zu schnell", Proband B - „schnelle Gedanken", Proband C - „sprudeln", Probandin D - „Flüchtigkeit der Gedanken", Proband E - „zack zack", Probandin F - „fix" (im Sinne von schnell), Probandin G - „fließen", Proband I - „fließen", Probandin H - „leicht", Probandin J - „schnell".

Tagen mit einem sehr langsamen Gedankenfluss[240] bis hin zum Gefühl der Leere.[241]

Im folgenden Kapitelverlauf werden die prägnantesten Beschreibungen der Probanden zum Gedankenfluss, aber auch der Umgang damit dargestellt. *Proband A* bezeichnet seinen Gedankenfluss als „Brainstorming". Hierbei betont er, dass seine Gedanken unstrukturiert auftraten und sich „keine richtige Reihenfolge" dabei einstellte. Dabei war die Abfolge der Assoziationen so schnell, dass er gelegentlich vorübergehend „Stücke vergaß", die ihm aber immer wieder zu einem späteren Zeitpunkt „wiederkamen". Vergleicht er den Gedankenfluss anhand der Cahier-Arbeit mit bisherigen Brainstormingprozessen, so räumt er ein, dass das innerhalb der 14-tägigen Aufzeichnungen besser ging als sonst: „also storming trifft's schon eigentlich ganz gut, (-) wo ich dann irgendwie (-) ja (--) ich bin keiner der (-) eigentlich so (.), so (-) BRAINstorming so gut kann, weil ich's immer versuch', gleich irgendwie in 'ne struktur zu bringen und mich dann dadurch irgendwie: halt dann beim brainstorming blockiere, (.) das GING da besser als sonst sag ich ma, (…)." Proband A betont, dass besonders am ersten Tag seine Gedanken aus ihm „´raussprudelten".

Proband B geht einen Schritt weiter, in dem er seinen ebenfalls als „schnell" erlebten Gedankenfluss ohne einen offensichtlichen „roten Faden" zu steuern versucht. Da die Gedanken so schnell kamen, dass er nicht mehr mitschreiben konnte, wendete er eine Technik an, um den Gedankenfluss zu stoppen: „sie gehen her und sagen, ich ACHte jetzt mal auf den NÄCH:sten gedanken der kommt, und sie werden feststellen, des GEHT nicht, der gedanke KOmmt nicht, und insofern kann ich meinen gedankensprung dann steuern und sagen, okay, ich nehm' mir 'ne auszeit, (--) und des hab' ich denn durchaus mal proBIERT, weil das dann alles so schneLL ging, dacht' ich, okay, jetzt mach' ich stOPP, (-) jetzt wart' ich mal auf den nächsten gedanken; und der kam nicht, dadurch hatt' ich dann 'ne gewisse auszeit." Diese Technik wird von ihm durch das Fassen der Stirn und des Hinterkopfes, jeweils mit einer Hand, begleitet. Diese Methode namens „Stirn-Hinterkopf-Halten" stammt aus der Kinesiologie. Ziel des Einsatzes dieser Methode soll nach Auskunft des Probanden eine Stressreduktion sein. Hier wurde der Stress reduziert, den er aufgrund der Schnelligkeit seines Gedankenflusses verspürte. Die Verlangsamung der Gedanken ermöglicht es ihm nahezu alle Assoziationen schriftlich festzuhalten. Dabei versucht er die Gedanken, die ihm „in den Kopf kommen", „einfach auf das Papier zu bringen". Die auftauchenden Assoziationen und daraus entstehenden Assoziationsketten umschreibt er metaphorisch mit dem Bild eines „bunten Blumenstraußes". Zu-

240 Siehe Probandinnen H, J; Probanden B, E, I.
241 Ebd.

sätzlich berichtet er davon, dass es auch Situationen gab, in denen er seine Gedanken vom „Abschweifen zurückholen“ musste.

Proband C führt den Begriff des „assoziativen Schreibens“ ein. Der Bitte, diesen Begriff des „assoziativen Schreibens“ näher zu erläutern, kommt er nach: „Assoziatives Schreiben“ ist seiner Meinung nach eine Art zu schreiben, bei der die sprachlichen Ebenen gewechselt werden. Benutzt werden sowohl die Alltagssprache als auch Fachbegriffe: „also dass die ebenen so'n bissle wechslen, also von alltagssprache in (.) dann mit irgendwie 'n fachbegriff dann (.) wieder so'n einschub als nebensatz oder irgendein ausrufezeichen, 'n ACH ausrufezeichen, (.) so wie man au' nicht jetzt in (.) in, in, in wohlformulierten sätzen denkt, sondern eher auch mal des denkt und jenes, und dann vielleicht auch 'ne verbindung herstellt.“ Proband C ist der einzige Proband, der seinen Gedankenfluss, genauer gesagt die Art und Weise des Schreibens, als „assoziativ“ bezeichnet. Die verbleibenden neun Probanden benutzen zwar nicht den Begriff der „Assoziation“, beschreiben diesen Vorgang allerdings mit eigenen Worten, indem sie auf die Schnelligkeit des Gedankenflusses eingehen.

Probandin F vergleicht den Gedankenfluss mit dem Bild einer „rollenden Kugel“, die erst einmal „angestoßen“, „schnell ins Rollen gerät“. Dabei kommt sie („die Kugel“) von allgemeinen Fragen zu immer spezifischeren Fragen: „so 'n bisschen wie kugel war mal angestossen, und die ist dann gerollt, muss ich wirklich sagen, also (.) vor allem dingen weil sich für MICH aus (.) aus (.) aus (.) anfangs sehr, sehr globalen fragen ((hustet)) 'tschuldigung, oder sehr, sehr allgemeinen fragen, die ich mir gestellt habe, (-) dann immer mehr detailfragen auch ergeben haben.“ In diesem Zusammenhang weist Probandin F darauf hin, dass es immer wieder Situationen gab, bei denen sie mit ihren Gedanken „abgeschweift“ ist. Das Abschweifen sieht sie hierbei allerdings nicht als Gefahr, sondern als ein Element der Cahier-Methode: „mein gut, klar, das schweift dann natürlich auch ein bisschen, man NEIGT:: dazu, dann auch abzuschweifen, ja, weil:: so im prinzip, eins gibt das andere, man kann sich dann auch so'n bisschen so auf (.) nebenkriegsschauplätzen (.) umtun::, aber wobei ich denk', das gehört ja zum prozess dazu.“

Proband I beschreibt den Versuch, sich bei seinen Aufzeichnungen „nicht vom Bewusstsein steuern“ zu lassen. Dabei hat er sich bemüht „die Ratio zu umgehen“, indem er „geschrieben hat, ohne zu denken“: „weil ich denke, vielleicht ist dat jetzt von mir 'ne willkürliche interpretation, wenn ich erstmal angefangen hätte zu überlegen hätt' ich ja doch (.) so'n bisschen mit dem verstand den inhalt verfälscht und ich wollte ja nichts verfälschen, ich wollte ja authentisch (.) das niederschreiben, was irgendwo in meinem hirnskasten ist (.) und das ist mir also sagen wir mal zwischen achtzig und neunzig prozent gelungen, eben NICH' etwas aufzuschreiben, wat gedanklich, oder sagen wir mal vom verstand her irgendwie verfälscht wurde und deswegen hab' ich mich immer bemüht, OHNE zu denken, also zumindest nicht beWUSST zu denken, dinge (.) niederzuschreiben." Proband I verwendet in seiner Beschreibung nicht wörtlich den Begriff der Assoziation, beschreibt aber eindeutig das Vorhandensein unbewusster, assoziativer Prozesse.

Probandin D betont die „Flüchtigkeit ihrer Gedanken". Das Aufschreiben ihrer Gedanken erlebt sie als positiv, da durch das schriftliche „Festhalten" ein „Nachlesen ermöglicht" wird. Das Nachlesen in den Aufzeichnungen schafft die Möglichkeit „die eigene Verfassung am Tag reflektieren" zu können.

4.5.2 Assoziationen und Assoziationsketten

Im folgenden Teilkapitel werden die „Assoziationen und Assoziationsketten" der Probanden formal und inhaltlich betrachtet. Die formale Betrachtungsperspektive der Probanden liefert dahingehend Aussagen, wie die Probanden ihre eigenen Assoziationen und Assoziationsketten im Lernprozess wahrgenommen haben und mit eigenen Worten beschreiben. Die inhaltliche Betrachtungsperspektive beruft sich auf die Textzitate der Probanden, die ansatzweise eine begriffliche Definition der Assoziationen und Assoziationsketten wiedergeben.

Proband A bezeichnet sein Schreiben als ein „Schreiben ohne Konzept". Dabei versuchte er das „rausfließen" zu lassen und „drauflos zuschreiben", „was ihm in den Sinn kam". Er stellt fest, dass ihm mehr Gedanken „durch den Kopf geschossen" sind und dass das „Denken und Empfinden" schneller war, als er notieren konnte.

Auch *Proband B* vertritt die Position, dass seine Gedanken schneller entstanden, als er schreiben konnte: „aber dazwischen kommen denn ja blitzgedanken, (.) die ich ALLE denn gar nicht so schnell in WORte fassen kann, weil das musst' ich ja alles noTIEREN, (-) und DA kam ich dann manchmal nicht nach, weil das eben (-) so schnell dann ging." Diese „Blitzgedanken" versuchte er „einfach zu Papier zu bringen". Das Aufschreiben der Assoziationen beschreibt er als einen Gedankengang, dem immer neue Gedanken als Ergänzung nachkommen: „die denn in ERGÄnzung des ersten gedanken einfach noch nachkommen, wenn ich also (-) 'ne versetzung machen muss, dann dacht' ich an die (.) kollegin die ich versetz' und dann muss ich aber betriebsrat und ein formular ausfüllen unter uns fehlt 'ne position und 'ne unterschrift und so weiter." Mit eigenen Worten umschreibt Proband B das Auftreten von Assoziationen, die sich zu sogenannten Assoziationsketten zusammensetzen. Folgendes Zitat von Proband B soll exemplarisch solch eine Kette mit aufeinanderfolgenden Assoziationen darstellen: „ich bin um fünf uhr zwanzig aufgestanden, das erste, ich TUE es für mich. (.) es macht mir freude zu arbeiten, ich liebe meine familie, ich bin KEIN guter VATER und ehemann, ich finde es nicht gut. (.) ich akzeptiere es. (.) ich bin so wie ich bin. (.) das liegt an meiner erziehung. pflichtgefühl. erziehung. durch meine arbeit wird die familie ernährt. glaubenssatz, erst die arbeit, dann das vergnügen. die familie kommt (.) auch ohne mich zu recht. (.) ich bin ein schlechter vater. das sollte noch erledigt werden. (.) das musste ich noch TUn. (.) ich liebe meine frau F[242]. (.) ich habe SOviel zu tun, das muss noch erledigt werden. (-) ich bin BLÖDE, bei diesem projekt mitzumachen und so früh aufzustehen. (.) wie geht es y nach ihren aufstellungen?"[243] Analysiert man dieses Zitat, so kann festgehalten werden, dass ganz unterschiedliche Themenbereiche assoziativ und auch reflexiv aneinandergereiht werden. Diese Assoziationskette besteht aus Textbausteinen, die Erlebnisinhalte wie das momentane Empfinden und die Themen Arbeit, Familie, Vaterrolle, Rolle als Ehemann, Selbstakzeptanz, Pflichtgefühl, Erziehung, Glaubenssätze, Liebe und Partnerschaft, offene Aufgaben, Selbstvorwürfe und die Sorge um eine gute Bekannte verknüpfend beschreibt. Die Aneinanderreihung der Assoziationen erfolgt hierbei „sprunghaft".[244]

Zusätzlich kamen in anderen Assoziationsketten Alltagssituationen vor, die jedoch beim genauen Hinsehen thematisch mit den Anliegen verwoben waren. Vermutlich wurde die selektive Wahrnehmung des Probanden B durch Auseinandersetzung mit seinem formulierten Anliegen im Alltag gesteuert. So nahm er zum Beispiel die Trennung von einem prominenten Paar besonders wahr und fand dabei wahrscheinlich Parallelen zu seiner privaten Situation; und sei das nur, dass er es nicht so weit mit seiner Beziehung kommen lassen wollte. Die Aussage zur selektiven Wahrnehmung sei als Hypothese zu werten, da diese nicht offensichtlich am Textmaterial zu belegen ist. Fakt ist, dass die Assoziationsketten häufig mit Textfragmenten gespeist sind, die Eindrücke aus dem Alltag verarbeiten.

4.6 Kategorie „Austausch mit der Umwelt"

Die Kapitelüberschrift der theoretischen Kategorie „Austausch mit der Umwelt" untersucht die Umwelteinflüsse auf das Selbstcoaching. Unter dem Begriff Umwelt werden die Personen gezählt, die man im alltäglichen Sprachgebrauch auch als Umfeld bezeichnet. Der Umweltbegriff ist aber mehr als nur personenbezo-

242 Anonymisierung des Vornamen der Ehefrau durch x.
243 Anonymisierung des Vornamen der Frau durch y.
244 Siehe Proband B.

genes Umfeld. Er umfasst alle Faktoren, die in Wechselwirkung mit dem Selbstcoachingprozess in Verbindung mit der Cahier-Methode stehen können. Diese Faktoren werden anhand der folgenden Teilkapitel dargestellt (vgl. 4.6.1; 4.6.2), um die Bedeutung der Umweltfaktoren auf den Selbstcoachingprozess nachvollziehbar zu gestalten.

Die Kategorie „Austausch mit der Umwelt“ beschreibt die positiven und negativen Reaktionen von Lebenspartnern, Familie, Freunden, Bekannten und Arbeitskollegen auf die Durchführung der Cahier-Methode. Auch die Instruktionen der Probanden an die Umwelt sollen genau betrachtet werden. Zusätzlich soll geprüft werden, ob die Probanden sich weitere Unterstützungen und Anregungen in Form von Literatur gesucht haben oder sogar professionelle Unterstützung, wie zum Beispiel die von einem Coach, Therapeuten oder Psychologen.

Bevor auf diese einzelnen Aspekte eingegangen wird, soll die Frage diskutiert werden, weshalb die Kategorie „Austausch mit der Umwelt“ im Zusammenhang mit der „Modellierung des Lernprozesses“ von Bedeutung ist. Die Interventionstechnik Cahier-Methode findet nicht in einem hermetisch abgeriegelten Raum statt, da die Probanden immer in Wechselwirkung, sprich in einem Austausch mit der oben beschriebenen Umwelt stehen. Im Folgenden sollen diese Umweltfaktoren näher beleuchtet werden, um das Verständnis für eventuell auftretende Wechselwirkungen zu erhöhen. Dabei kann dieses Forschungsvorhaben keine Aussagen darüber treffen, wie stark genau diese Umweltfaktoren sich auf die Cahier-Methode auswirken. Fakt ist jedoch, dass diese den Prozess der Cahier-Methode und den damit verbundenen Klärungsprozess hemmen, intensivieren oder begleiten können.

4.6.1 Positive und negative Reaktionen der Umwelt

Befragt man die Probanden zu den „positive(n) und negative(n) Reaktionen der Umwelt“ beim Einsatz der Cahier-Methode, so sind ganz unterschiedliche Rückmeldungen zu verzeichnen.

Fünf Probanden berichten explizit von positiven Rückmeldungen. Dabei reichen die positiven Reaktionen des Umfeldes, vom „Verständnis der Ehefrau“[245], über „interessierte Bekannte“[246], „Bekannte, die den Einsatz der Methode spannend fanden“[247], „Interesse geweckt im Umfeld“[248] bis hin zu einer Per-

245 Siehe Proband B.
246 Siehe Probandin D; Proband I.
247 Siehe Probandinnen G, H.
248 Siehe Proband I.

son, die sich selbst an der Durchführung der Cahier-Methode interessiert zeigte[249]. Eine Probandin bekam von ihrem 80-jährigen Vater dahingehend Rückmeldung, dass er seinem Umfeld bei Lebenskrisen immer das Schreiben, speziell auch das Schreiben von Tagebüchern, empfohlen habe.[250]

Unter die als negativ zu bewertenden Reaktionen können Aussagen wie „für mich wäre das nichts“[251] oder sinngemäß zusammengefasst „damit kann ich nichts anfangen“[252] bis hin zu „Verwunderung“[253] subsumiert werden. In diesem Zusammenhang, hebt *Proband A* hervor, dass für viele Leute der Gedanke des „Sich-coachen-Lassens beziehungsweise des „Sich-selbst-Coachens“ ein sehr fremder Gedanke ist: „von anderen (-) ja, mh:: (-), dass (-), manche kennen (-) sowas gar nicht, also denen kommt gar nicht in den sinn, sich mit sich selbst oder mit irgendwelchen eigenheiten oder was auch immer oder problemen auseinander zu setzen, grad leute die jetzt (.) ich mein (-) bin ja jetzt über das coaching dazu gekommen, (-) dass man sich überhaupt coachen lässt, das vestehen ja schon viele leute gar nicht.“ Betrachtet man die oben stehenden Aussagen von Proband A genau, so kann man feststellen, dass er hier allgemeine, potenzielle (oder aber vor dem Selbstcoaching bereits erfahrene) Kritik von Außenstehenden an Coaching und Selbstcoaching formuliert, sich nicht aber auf konkrete Kritik aus seinem Umfeld zum Selbstcoachingprozess anhand der Cahier-Methode bezieht.

Zwei der zehn Probanden haben weder ihr Umfeld über den Einsatz der Cahier-Methode informiert, noch sich mit anderen Personen darüber ausgetauscht.[254] Sieben von zehn Probanden hingegen haben ihren Partner, Freunde und Bekannte formal informiert, das heißt über die Durchführung des Selbstcoachings und die Besonderheiten Cahier-Methode, nicht aber inhaltlich über das zu bearbeitende Anliegen.[255] Dabei betont *Probandin D*, dass während ihrer Cahier-Aufzeichnungen eine „Eingrenzung ihres sozialen Lebens“ dahingehend stattgefunden hat, dass sie abends früher heimgehen musste, um die Aufzeichnungen am nächsten Morgen tätigen zu können. Somit war es für sie wichtig, ihren Freundes- und Bekanntenkreis über den Einsatz der Cahier-Methode zu informieren, damit dieser ihr verändertes Verhalten nachvollziehen konnte.

Während einer dieser sieben Probanden erläutert, dass er nur formal informiert habe, da sein Bekanntenkreis über die persönlichen Inhalte zum Thema

249 Siehe Probandin D.
250 Siehe Probandin H.
251 Siehe Probandinnen G, F.
252 Siehe Probandin G; Probanden A, I.
253 Siehe Proband A.
254 Siehe Probanden E, J.
255 Siehe Probandinnen D, F, H; Probanden A, B, C, I.

„Trennung und Umzug“ schon im Bilde waren,[256] berichtet eine Probandin, dass sie ihren Freundes- und Bekanntenkreis zusätzlich auch inhaltlich informiert habe und dort auch im Zusammenhang mit der Thematik Selbstcoaching einen sehr „offenen Umgang“ pflegte.[257]

4.6.2 Zusätzliche Informationsquellen

Geht man der Frage nach, ob die Probanden „zusätzliche Informationsquellen“ zu der Cahier-Methode hinzugezogen haben, so geben Aussagen von *Proband C* und *Probandin F* darüber Aufschluss. *Proband C* gibt an, dass er während der Cahier-Methode immer wieder Verknüpfungen zu seiner momentan laufenden Coachingausbildung hergestellt habe. Dabei zog er sich immer wieder das Modell der Transaktionsanalyse heran, anhand dessen er sich selbst, aber auch die Kommunikation zu seiner Frau zu analysieren versuchte.[258]

Auch *Probandin F* schließt den Einfluss ihrer laufenden Magisterarbeit im Bereich Soziologie zum Thema Identität auf die Cahier-Methode nicht aus. Ihr gewähltes Thema, ihr Spannungsverhältnis zwischen Beruf und Privatleben, erkennt sie über ihr persönliches Anliegen hinaus als Anliegen einer ganzen Generation: „oder:: seiner lebens:partnerin beck-germsheimer zum beispiel (.), dass heisst die risiko-gesellschaft, also (.) es ist schon so, dass es (.) mit da (.) das hab' ich dann eben auch im rahmen meiner recherchen in die hand bekommen, wo ich dann dachte, ja, im prinzip ist es ja ein thema, mit dem ich mich auseinander setzte, is' ja jetzt nicht: sehr spezifisch auf meine person, sondern das ist ja ein thema, mit dem muss sich 'ne ganze generation oder müssen sich die zukünftigen generationen auseinander setzten. das ist eben nicht mehr dieses klare ROLLENverständnis gibt, wo (.) einer zu hause bleibt und einer arbeitet.“

Proband I erkennt und beschreibt ebenfalls eine gesellschaftliche Entwicklung, für die er den Einsatz der Cahier-Methode als ein wichtiges Instrument betrachtet: „weil auch heute, dat ist teilweise auch erschreckend für mich, viele menschen (.) teilweise (.) in anführungszeichen solche probleme haben, dass therapien, therapeuten, psychopharmaka (-) LEIDER:: in unserer wohlstandsgesellschaft sehr um sich greifen, und die, die eben probleme haben, suchen natürlich 'n ausweg JENseits der chemie und auch vielleicht jenseits der klassischen psychoanalyse, therapie oder wat, ich bin da nicht so (.) gut aufgestellt, und des-

256 Siehe Proband I.

257 Siehe Probandin G.

258 Vgl. Berne, E.: Spiele der Erwachsenen; Berne, E.: Was sagen Sie, nachdem Sie ‚Guten Tag‘ gesagt haben?; Harris, A. T.: Ich bin o.k. – Du bist o.k.

wegen interessieren sich tatsächlich auch menschen dafür, von denen man dat nicht hätte geglau- geglaubt, ja. und deswegen bin ich jetzt so'n bisschen pilotprojekt in meinen umfeld ((lacht kurz)).“

Probandin F berichtet, dass sie aufgrund der morgendlichen Aufzeichnungen im Rahmen der Cahier-Methode an einzelnen Tagen das telefonische Gespräch zu Freunden gesucht habe: „dass ich mich im moment grad mit (.) dass mich grad die (.) 'n bestimmtes problem beschäftigt, und (.) bin auf (.) mal da so (.) über (.) über diese schiene eingestiegen, jetzt weniger von der methodik.“ Diese Gespräche empfand sie deshalb als hilfreich, da sie somit eine Außenperspektive zu ihren Gedanken einholen konnte: „ab und zu schon, ja, das hat mich, das hat mich SCHON begleitet und es hat auch ein bisschen 'n stück weit dazu geführt, dass ich (.) jetzt ohne (.) ohne bezug auf das projekt zu nehmen (.) in dem (.) in dieser, in dieser phase, in der ich da im moment (.) drinstecke, dass ich zu bestimmten themen ((hustet)) auch das (.) das gespräch mit kollegen gesucht habe, oder mit freunden gesucht habe, und das dann einfach auch noch mal so aus 'ner sicht zu diskutieren oder mal so'n (.) ja (.) auch 'ne andere sicht dazu zu bekommen.“

Probandin G ist die einzige der zehn Probandinnen und Probanden, die sich im Prozess der Cahier-Methode Unterstützung in Form eines Paartherapeuten hinzugezogen hat. Das Aufsuchen dieses Therapeuten hatte sie bereits schon vor dem Einsatz der Cahier-Methode angestrebt. Jedoch die Argumente, die sie brauchte, um ihren Mann von der Teilnahme zu überzeugen, haben sich anhand der Cahier-Methode verfestigt. *Probandin D* hat sich während der Cahier-Methode keinen externen Coach gesucht, betont aber ausdrücklich, dass sie den Wunsch hat, einige Aspekte zukünftig mit einem Coach zu besprechen.

Weitere Probanden haben bewusst eine zusätzliche Recherche parallel zur Cahier-Methode zurückgestellt, da sie ihren Prozess dadurch nicht beeinflussen wollten.[259]

Zusammenfassend kann festgehalten werden, dass sowohl die im Teilkapitel „Positive und negative Reaktionen der Umwelt“ (vgl. 4.6.1) als auch die im Teilkapitel „Zusätzliche Informationsquellen“ (vgl. 4.6.2) aufgeführten einzelnen Faktoren in Wechselwirkung mit den Selbstcoachingprozessen und den damit verbundenen Selbstreflexionsprozessen im Rahmen der Cahier-Methode stehen. Über Art und Grad der Wechselwirkung zwischen Selbstcoaching und Umweltfaktoren kann anhand dieses Forschungsdesigns keine verbindliche Aussage getroffen werden, da es sich hier nicht um Abläufe auf der Ebene von Kausalzusammenhängen handelt, sondern um bedeutend komplexere Prozesse.

259 Siehe Probandin J; Proband B.

4.7 Kategorie „Anliegen der Probanden“

Die Kategorie „Anliegen der Probanden“ stellt eine Kategorie dar, die induktiv am Datenmaterial erarbeitet wurde. Diese induktive Kategorie hat sich aus der im Leitfaden entwickelten theoretischen Kategorie „Umgang mit der Cahier-Methode“ (vgl. 4.8) mit Unterstützung des Textmaterials herausdifferenziert. Ursprünglich sollten innerhalb dieser theoretischen Kategorie die Fragen nach dem Hinzukommen neuer Themen zum ursprünglichen Anliegen und die Veränderung der Zielformulierung bearbeitet werden. Da sich anhand des Textmaterials hierzu zahlreiche aufschlussreiche Aussagen auffinden lassen, wurde das theoretische Kategoriensystem durch die induktive Kategorie „Anliegen der Probanden“ erweitert.

Bei der Kategorie „Anliegen der Probanden“ handelt sich um eine aufschlussreiche Kategorie, da hier inhaltliche Einblicke in die Themen geboten werden, die im Rahmen der individuellen Selbstreflexionsprozesse bearbeitet werden. Somit wird die Untersuchung der Selbstreflexionsprozesse durch die Darlegung der reflektierten Inhalte veranschaulicht und vertieft. Zusätzlich wird die These fundiert, dass es sich bei der Cahier-Methode um eine assoziativ-reflexive Methode handelt. Die Fundierung erfolgt anhand der Betrachtung von neuen Themen und verwandten Themen (vgl. 4.7.1), die zusätzlich zu der ursprünglichen Zielsetzung in den Cahier-Aufzeichnungen auftreten. Die gedankliche Nähe der Themen belegt das Stattfinden von assoziativem Denken.

Abschließend wird im Teilkapitel „Veränderung des Anliegens und der Zielformulierung“ untersucht (vgl. 4.7.2), ob die Probanden im Verlauf der 14-tägigen Cahier-Aufzeichnungen diesbezüglich eine selbstständige Veränderung vorgenommen haben oder ob sie an der ursprünglichen Zielformulierung festhielten.

4.7.1 Auftreten von neuen und verwandten Themen

Anhand der Analyse des Datenmaterials wurde herausgefunden, dass die ursprüngliche Zielformulierung des Selbstcoachings vom „Auftreten von neuen und verwandten Themen“ begleitet ist. Um den Aussagen der Probanden gerecht werden zu können, müssen diese in „neue Themen“ und „verwandte“, das heißt „verzahnte Themen“ differenziert werden. Somit ist gewährleistet, dass textnah am Datenmaterial interpretiert werden kann.

Proband A, der sich im Selbstcoaching mit der Thematik „Ärger“ auseinandergesetzt hat, untersuchte die Ursachen für dieses häufig auftretende, von ihm als negativ empfundene Verhalten. In seinen Cahier-Aufzeichnungen führt er als

Ursache für sein negatives Verhalten, nämlich seinen „Perfektionismus“ und sein „Anspruchsdenken“, auf. Dabei bezeichnet er sein Wertesystem als „überhöht“ und räumt ein, dass er unrealistische Erwartungen an sein Umfeld hegt: „(-) mit dem perfektionismus, aber grad im umgang mit menschen:: (-) ist es eigentlich eher 'ne schwäche, (-) weil, (-) es mir eigentlich nie einer recht machen kann, (-).“ Bei der Reflektion des eigenen Perfektionismus und Anspruchsdenkens handelt es sich für Probanden A um keinen neuen Gedanken. Er betont jedoch, dass ihm viele Aspekte durch die „bewusst längere“ gedankliche „Auseinandersetzung“ mit Hilfe der Cahier-Methode „deutlich klarer“ wurden als zuvor: „ja, ich weiss, dass ich dA: (-) dann ein problem mit hab', (--) also schon immer irgendwie hatte, (-) klar man setzt sich natürlich net so mit auseinander, wenn man jetzt so (-) zwischendrin irgendwie mal kurz einen gedanken an sowas verliert, aber wenn man sich jetzt so bewusst längere zeit (.) mit so themen, (-) ich sag mal mit sich selbst auseinander setzt, dann (-) dann wird einem das natürlich deutlicher, aber ich mein, das war mir schon vorher klar, das war schon immer, war schon immer (--) 'ne schwäche.“ Proband A führt als ein „verwandtes Thema“, das eng im Zusammenhang mit seinem „Ärger“ und seiner „Anspruchshaltung“ steht, die Thematik des „Selbstwertgefühls“ an: „ja wie gesagt das thema selbstwertgefühl, aber das hängt auch irgendwie damit zusammen, (.) weil (-), das es auch wieder mit diesem anspruchsdenken letztendlich zu tun hat (3.2) und, ja (-) das wird da, also das was ich zuerst aufgeschrieben hab', dass ist es eigentlich net, ich glaub es ist wirklich, ich bin da ziemlich FESTgefahren da in diesen gedanken, dass, dass es ein ziemlich (.) ZENTrales thema ist, diese, diese anspruchshaltung.“

Auch *Proband B* thematisiert das Auftreten von verwandten Themen. Er benutzt dafür den Begriff der „verzahnten Themen“. Inhaltlich setzt sich Proband B zusätzlich zum ursprünglich gewählten Thema, die Bearbeitung seines „schlechten Gewissens“, mit den Themen „sportlicher Ausgleich“, „Beziehung zu seiner Frau“ und „Befinden seines Sohnes“, der auf Ausbildungsplatzsuche ist, auseinander.

Der Begriff der „verzahnten Themen“ wird auch von *Proband I* sprachlich aktiv eingesetzt. Dabei berichtet er von einer „Verkettung“ der Themen: „also ich hab' jetzt nich' kontinuierlich nur ein thema abgefrühstückt, sondern ich hab' immer wieder 'ne verzahnung festgestellt (-) ja, kann ich, kann ich hier durchaus sagen, ich hab' immer drei, vier punkte bei den auswertungen (.) festgestellt, ich hab' mir also (.) im prinzip aufgeschlüsselt nach den aufzeichnungstagen und hab' dann immer so 'ne klammer gebildet, hab' gesagt, also am neunten (-) hab' ich beispielsweise die und die themen und dann kann ich eigentlich nur sagen, dass ich immer wieder 'ne (.) ja 'ne verKETTUNG von den verschiedenen dinge hatte.“ Zusätzlich beschreibt Proband I das „Auftauchen“ neuer Themen, die er als „egoistische Themen“ bezeichnet und die für ihn „nicht klassisch“ mit dem ursprünglichen Ziel des „Alleinlebens" in Verbindung stehen. Inhaltlich handelt es sich dabei um die Reflexion seiner Verlustängste: „wo ich gesagt hab', wieso nimmst du eigentlich manche dinge hin, die du nicht nötig hast, nicht weil du der überflieger oder der beste mensch bin, sondern weil dat irgendwo an deine substanz geht und (.) dann kam die frage, warum lass' ich solche themen zu, und dann hab' ich irgendwann für mich formuliert, weil du eigentlich irgendwo verlustängste hast. dat is' mir sehr deutlich geworden." Ihm ist bewusst geworden, dass er bei manchen Menschen Dinge zulässt, die ihm zuwiderlaufen, aus Angst die soziale Bindung zu verlieren.

Im Anschluss an die Erkenntnis seiner „Verlustängste" setzt er diese Thematik wieder mit dem des „Alleinlebens" und mit dem Scheitern seiner Beziehung in Zusammenhang: „SEHR deutlich geworden is', warum lässt du dinge zu, die dir nicht PASSen u::nd hat ja doch mit dem alleine leben zu tun, hast du da irgendwie:: ängste im sinne von, jetzt ist diejenige oder derjenige oder allgemein der mensch auch noch weg (-) um welchen preis (.) versucht man (.) dinge aufrecht zu erhalten, die nicht mehr faktisch da sind. und das (.) is' 'ne geschichte, die ich daraus mit genommen hab'." Differenziert betrachtet, handelt es sich bei der Thematik für Proband I nur deshalb um ein „neues Thema", da sich dahinter ein neuer Erkenntnissgewinn verbirgt. Tatsächlich stehen von außen betrachtet und abschließend von Proband I selbst eingeräumt, die Themen „Alleinleben" und „Verlustängste" in einem direkten Zusammenhang. Die Darstellung von Proband I veranschaulicht und belegt seinen Erkenntnisgewinn anhand eines assoziativ-reflexiven Lernprozesses.

Zusammenfassend kann festgehalten werden: Anhand der Cahier-Methode entwickeln die Probanden keine neue Themen. Sechs der zehn Probanden beschreiben mit eigenen, wenn auch sehr unterschiedlichen Worten, dass alle Themen, die sie betrachtet haben, mit ihrer Zielformulierung verwandt waren.[260] *Probandin F* thematisiert darüber hinaus eine Kausalität zwischen ihrem ursprünglich gewählten Thema und einem weiteren auftretenden Thema. Sie betont, dass sie das ursprüngliche Thema nur dann „in den Griff bekommen" kann, wenn sie vorher ein anderes löse: „ja, also das war für mich, für mich war das so, dass (--) ((stöhnt kurz)) dass, oder ich muss es vielleicht so formulieren, MEIN thema kann ich nur in den tiff, öh, in den gr' öh, in den GRiff bekommen, wenn ich ein anderes thema VORHER löse."

260 Siehe Probandin D; Proband A – sinngemäß: „keine neuen Gedanken", Proband B - „verzahnte Themen", Proband E - „sicher andere Eindrücke durch den Kopf gegangen", Probandin G - „Themen, die von einer neuen Seite beleuchtet werden", Proband I - „immer ähnliche Verkettung von Dingen".

Die zusätzlich aufkommenden Themen stehen immer im assoziativen Zusammenhang zueinander. Aufgrund des assoziativ-reflexiven Lernens können es nur „verwandte" und somit „verzahnte Themen" sein, die die Probanden hervorbringen. Deshalb gibt es keine sogenannten „neue Themen", die losgelöst vom Anliegen und von der Zielformulierung reflektiert werden, sondern „neue Sichtweisen"[261] und „andere Eindrücke"[262]. Zusätzlich auftretende Themen werden aus der Sicht der Probanden aufgrund des neuen Erkenntnisgewinns als „neue Themen" bezeichnet: „eher neu war (--) oder sagen wir mal (-) was jetzt intensiver rauskommt, als ich es meistens in gesprächen sag'."[263] Es wird die Hypothese aufgestellt, dass das Adjektiv neu einen Überraschungseffekt verbalisiert, den die Probanden beim Reflektieren unerwarteter Themen empfinden: „des war an dem tag, und dann kam ich auf glück, das hat mich sehr überrascht, des war auch noch so'ne frage bei ihnen hier, nach was, nach neuem."[264]

4.7.2 Veränderung des Anliegens und der Zielformulierung

In diesem Teilkapitel wird untersucht, ob die Probanden an ihrem Anliegen und an ihrer Zielformulierung (vgl. 3.1.7) im Verlauf der 14-tägigen Aufzeichnungen eigenständig Veränderungen vorgenommen haben oder ob sie an der vereinbarten Themenstellung festhielten.

Das Durcharbeiten der einzelnen Interviews ergab, dass für das Teilkapitel „Veränderung des Anliegens und der Zielformulierung" besonders das Vorgehen von *Proband B* von Interesse ist. Proband B beschreibt, dass er bereits am siebten Tag seiner Cahier-Aufzeichnungen das Gefühl hatte, dass sein Thema „erschöpft" sei: „relativ schnell, ich hab's auch irgendwo notiert, am:: siebten tag, (-) war das thema schon fast durch, das ich mir vorgenommen hatte, (…). (…) wo ich dann geschrieben hab', ist für mich kein thema mehr. ich bin mir im klaren dadrüber, wie ich jetzt mit meinem thema künftig umgehen werde."

Aufgrund dessen wählte er eine zweite, neue Zielformulierung, welche er in den verbleibenden sieben Tagen bearbeitete: „dann war thema, wo ich mir überlegt habe, (.) nehm' ich ein neues thema? und ich hab mir ein neues thema genommen (.) des ist (.) dann aus dem priVATEN bereich heraus, wo ich dann gesagt habe, okay, das möcht' ich: noch in der zukunft (.) verändern, und hab' dass denn von mehreren (.) seiten beleuchtet."

261 Siehe Probandin G.
262 Siehe Proband E.
263 Siehe Proband C.
264 Ebd.

Auch *Proband A* spricht davon, dass sich sein Thema gegen Ende der 14-tägigen Aufzeichnungen „erschöpft“ habe: „und vielleicht auch diese starre, (-) also, ich weiss au' net ob es vierzehn tage sein muss, also (.) ging mir auch so durch den kopf, weil irgendwie (.) war das thema dann auch erschöpft.“ Trotz der offen geäußerten Kritik, dass er die 14-tägige Aufzeichnungsdauer als lang empfunden hat, nahm Proband A keine Veränderung des Anliegens und der Zielformulierung vor.

Probandin D räumt im Verlauf des Interviews ein, dass sie die Formulierung ihres Anliegens und der daraus resultierenden Zielsetzung als „zu groß“ empfand: „aber ich muss sagen, es ist vielleicht auch eine kritik an der zielsetzung, möglicherweise finde ich diese zielsetzung VIEL zu gross::: , also zu breit gefächert.“ Eine Veränderung der Zielsetzung, wie zum Beispiel eine Spezifizierung, hat sie jedoch ebenfalls nicht vorgenommen, da sie sich nicht über die Absprachen mit dem Forschungsteam hinwegsetzen wollte. In diesem Zusammenhang äußerte sie ihre Bedenken, durch das selbstständige Verändern der Zielformulierung ihre Aufzeichnungen und Erfahrungen für das Forschungsvorhaben eventuell unbrauchbar zu machen.

Vergleicht man das obige Zitat von *Proband A* mit den Aussagen der *Probandin D*, so zeigen sich konträre Kritiken an der Formulierung der eigenen Zielsetzung. Während Probandin D ihre Zielsetzung als „zu groß“ bewertet, beanstandet Proband A, dass er seine Zielformulierung tendenziell „zu klein“ gewählt habe und der Leidensdruck nicht groß genug war, um 14 Tage am Stück daran zu arbeiten: „und ich bin dann halt für mich zu dem entschluss gekommen (--) ich schein' net wirklich irgendwie 'n schwerwiegendes (.) ‚issue‘ zu haben, was ich da bearbeiten will, weil (--) sonst würd ich vielleicht anders damit umgehen; (--) weil wie gesagt es war dann stärker des (-) ich sa:g des hat mich dann auch blockiert.“

Abschließend kann festgehalten werden, dass die Probanden keine Veränderung der vereinbarten Anliegen und Zielformulierungen ohne Absprache mit dem Forschungsteam vorgenommen haben, auch wenn sie diese als hinderlich für die Bearbeitung im Rahmen der Cahier-Methode empfunden haben. Alle Probanden haben somit ihre Zielformulierung für das Selbstcoaching beibehalten. Nur ein einziger Proband hatte dabei nach einer Woche das Gefühl, sein Thema vollständig bearbeitet zu haben, und wählte für die zweite Woche selbstständig eine neue Zielformulierung zur Weiterarbeit aus.

4.8 Kategorie „Umgang mit der Cahier-Methode“

Bei der Kategorie „Umgang mit der Cahier-Methode“ handelt es sich ursprünglich um eine Kategorie, die im Rahmen des Interviewleitfadens entwickelt wurde (vgl. 3.1.5). Einige Teilaspekte dieser Kategorie haben sich zu vollwertigen induktiven Kategorien entwickelt, da das Textmaterial aufschlussreiche Erkenntnisse liefert (vgl. 4.3; 4.7).[265]

Zusätzlich ergab die Auswertung des Textmaterials eine induktive Erweiterung dieser Kategorie um die Teilkapitel „Rahmenbedingungen“ (vgl. 4.8.1), „Cahier-Aufzeichnungen“ (vgl. 4.8.2), „Ruhephase“ (vgl. 4.8.3), „Auswertung“ (vgl. 4.8.4) und „Evaluationsgespräch“ (vgl. 4.8.5). Darüber hinaus sind zwei deduktive Aspekte offen, die am Ende dieses Teilkapitels eine eigenständige Diskussion erfordern. Nach der deduktiven Kategorie gilt es mögliche „Methodische Änderungen“ (vgl. 4.8.6) und Aussagen zu „Grundvoraussetzungen für die Cahier-Methode“ (vgl. 4.8.7) zu identifizieren. Sowohl die induktiv als auch deduktiv gewonnenen Erkenntnisse werden im Folgenden diskutiert.

4.8.1 Rahmenbedingungen

Anhand dieses Teilkapitels „Rahmenbedingungen“ (vgl. 4.8.1) soll der Leser einen Einblick in die Gestaltung des Arbeitsplatzes erhalten, an dem die Probanden ihre morgendlichen Aufzeichnungen getätigt haben. Darüber hinaus werden die Uhrzeiten, zu denen die Cahiers geschrieben wurden, thematisiert.

Je nach Wohnsituation zogen sich die Probanden in die Küche[266], ins Wohnzimmer[267] und ins Arbeitszimmer[268] zurück. Drei der zehn Probanden gaben den Arbeitsplatz unkonkret an, indem sie über einen Rückzug in „meinen privaten Bereich“[269], vom „schönsten Platz in meiner Wohnung“[270] und „immer dem selben Platz“[271] berichten. Dabei betonte *Probandin J*, dass es für sie wichtig war, täglich den gleichen Arbeitsplatz in Form eines Rituals aufzusuchen: „da:: weiss dann das gehirn schon so, was zu tun ist, ne, denk' ich mal in die richtung ((leichtes lachen)).“

265 Siehe Kapitel 5.1.5 Kategorie „Selbstcoaching versus Coaching“ und Kapitel 5.1.7 Kategorie „Anliegen der Probanden“.
266 Siehe Proband A.
267 Siehe Probanden B, E, I.
268 Siehe Probandinnen F, G; Proband C.
269 Siehe Probandin D.
270 Siehe Probandin H.
271 Siehe Probandin J.

Vier der zehn Probanden geben an, dass sie sich ein Getränk, wie Wasser[272], Kaffee[273] und Tee[274] am Morgen gerichtet haben. Zusätzlich berichten *Proband B* und *Probandin F*, dass sie ihr formuliertes Anliegen ausgedruckt vor sich auf dem Tisch liegen hatten, um ihre Zielsetzung fokussieren zu können. Die Uhrzeiten, zu denen die Probanden ihre Cahier-Aufzeichnungen getätigt haben, variierten jeweils nach dem individuellen Tagesablauf der einzelnen Personen zwischen 4.00 Uhr und 7.00 Uhr.[275]

4.8.2 Cahier-Aufzeichnungen

Das Teilkapitel „Cahier-Aufzeichnungen“ (vgl. 4.8.2) fasst die prägnantesten Beschreibungen der Probanden über deren morgendlichen Aufzeichnungen zusammen. Im Folgenden werden die Aufzeichnungen so beschrieben, wie sie von den Probanden im Einzelnen umgesetzt worden sind. Zusätzlich werden „der Schreibstil der Cahiers“, „die Seitenzahlen der Cahiers pro Morgen“, „der inhaltliche Aufbau der Cahiers“ und „die Zielfokussierung der Cahiers“ thematisiert.

Abschließend wird diskutiert, ob die Cahier-Aufzeichnungen die Probanden gedanklich über den Tag hinweg begleitet haben oder ob diese mit dem Kuvertieren sowohl räumlich als auch gedanklich beiseitegelegt wurden (vgl. Einfluss der Cahiers auf den Tagesablauf).

Morgendliche Aufzeichnungen

Anhand des Abschnitts „Morgendliche Aufzeichnungen“ soll der Frage nachgegangen werden, wie die Probanden die morgendliche Vorgabe von einer Stunde Schreiben empfunden haben. Darüber hinaus wird diskutiert, wie es die Probanden erlebt haben, über 14 Tage hinweg die Cahier-Methode durchzuführen.

Acht Probanden geben an, dass sie die Stunde am Morgen als lange empfunden haben.[276] *Proband C* zum Beispiel hat sich entschlossen, die Vorgabe der Stunde nicht so genau zu nehmen, sondern selbst zu variieren. So ergab sich bei ihm eine morgendliche Aufzeichnungsdauer von mindestens 30 Minuten, an einzelnen Tagen bis hin zu 40 Minuten. *Proband E* gibt einen Schnitt für sein

---

272 Siehe Probandin G; Probanden A, B.

273 Siehe Probandinnen F, J.

274 Siehe Probandin F.

275 Siehe Proband A - zwischen 4.00 und 4.30 Uhr; Proband B - 5.30 Uhr; Proband C - 4.30 Uhr; Probandin D - keine Angabe; Proband E - 5.30 Uhr; Probandin F - zwischen 6.00 und 7.00 Uhr; Probandin G - ab 5.00 Uhr; Probandin H - keine Angabe; Proband I - 5.00 Uhr; Probandin J - ab 5.00 Uhr.

276 Siehe Probandinnen F, G, H, J; Probanden A, C, E, I.

Schreiben von 45 Minuten an, den er als angemessen am Morgen erlebt hat. Die volle Stunde kommentiert er als „relativ lange“.

Auch *Probandin F* hat sich wie *Proband C* „nicht stoisch an die Stunde gehalten“, sondern die Zeitvorgabe freier gestaltet. Für ihn gab es Tage, an denen er das Schreiben nach 30 bis 45 Minuten als beendet erklärt hat, aber auch Tage, an denen er länger als eine Stunde geschrieben hat. Die Tage, an denen er früher aufgehört hat, begründet er damit, dass er das Gefühl gehabt habe, dass sein Thema für den Tag „abgehakt“ war oder er das Geschriebene so stehen- und ruhenlassen wollte, um es „sacken“ zu lassen und „darüber nachzudenken“.

Proband I, der sich bemüht hat „die Stunde vollzukriegen“, beschreibt eine durchschnittliche Schreibdauer von 45 Minuten, die er für seine Cahiers als stimmig empfunden habe. Nach diesen 45 Minuten beschreibt er das Eintreten einer „Deadline“, bei der ihm „nichts mehr eingefallen“ ist. Ähnlich wie Proband I argumentiert *Probandin G*, die ebenfalls einen Schnitt von 45 Minuten benennt.

Im Gegensatz dazu erlebte *Probandin J* das Schreiben über eine Stunde erst am Ende der 14-tägigen Aufzeichnungen als „schwierig“. Die ersten Tage kam ihr die Dauer von einer Stunde als angemessen vor, indem sie davon berichtet, dass das einstündige Schreiben „sehr gut“ bei ihr lief. Auch *Proband B* spricht sich für diese Stunde aus. Bei ihm gab es Tage, an denen er von seinen Einfällen her länger als eine Stunde hätte schreiben können, an anderen hingegen habe er bereits nach 30 Minuten auf die Uhr geschaut, wann die vorgegebene Zeit vorbei sei: „ich glaub' die stunde ist okay, (--) sagen wir mal so rum, (-) wenn ich aus:geschlafen bin und gut drauf bin, also lange genug geschlafen hab', könnt' ich mir vorstellen (.) auch zum beispiel anderthalb stunden zu machen. (--) beziehungsweise, für mich wäre es vielleicht noch ANGENehmer gewesen, wenn ich FREI hätte bestimmen können. (-) es gab zum beispiel den letzten tag, da hätt' ich gut und gerne zwei stunden schreiben können.“ Allerdings räumt er ein, dass er eine „freiere Gestaltung“ der morgendlichen Zeitangabe hilfreich fände, sodass die betroffene Person „selbst dimensionieren“ kann, nach dem Moto „mein System sagt mir schon, was für gut ist“: „mein gefühl sagt mir, (-) selber zu dimensionieren, und zwa:r (-) TAGEsformabhängig. (-) es gibt TAGE:, da kann ich gut (.) damit umgehen, kann ich mich meinem thema INtensivst widmen, und die (.) die schichten die's in mir gibt als mensch, (.) tiefer runter um an die ursache zu kommen, (.) in mich hineinzuschauen, (.) und es gibt tage, da kratz' ich grade, wenn überhaupt, an der oberfläche. und diese zeiten müsste ich nutzen, wenn ich TIEFer komme, weil ich dann an die URsache herankomme, stärker herankomme.“

Proband A kritisiert besonders das frühe Aufstehen, das er „als Belastung“ empfunden hat. Obwohl er die Dauer der Stunde nach eigener Angabe „nie durchgehalten“ habe, thematisiert er stärker die 14-tägige Dauer als die morgendliche Stunde. Dabei merkt er an, dass er die Methode lieber über einen dreiwöchigen Zeitraum durchgeführt hätte, allerdings nicht täglich. Er ist davon überzeugt, dass eine „zeitliche Dehnung“ mit „Pausen“ an einzelnen Tagen, ihm den „Druck“ aus der Methode genommen hätte. Bei einer Vorgabe mit täglicher Aufzeichnung äußerte er den Wunsch, die Phase der Cahier-Aufzeichnungen kürzer zu gestalten.

Betrachtet man die Gesamtheit der Probanden, so haben sieben ihre Cahiers an 14 aufeinanderfolgenden Tagen niedergeschrieben.[277] *Proband I* hat ebenfalls 14 Cahier-Aufzeichnungen getätigt, allerdings einen Tag ausgesetzt. Die fehlende Aufzeichnung hat er ans Ende seines mit dem Forschungsteam vereinbarten Zeitraums gelegt. *Proband E* hingegen hat am achten Tag kein Cahier geschrieben und dies auch am Ende nicht nachgeholt. Somit lagen ihm im Abschlussinterview 13 anstatt 14 Cahiers vor. *Proband A* hat nach dem zehnten Tag seine Cahier-Methode abgebrochen.

Im Kontrast zu Proband A, der die Spanne von 14 Tagen als „Durchhalten“ beschrieben hat, vertritt *Probandin D* die Meinung, dass die Vorgabe von 14 Tagen für ihr Anliegen zu kurz war: „also mindestens ein mona:t, ja, ich hätte vier wochen gesagt und hätte vier ruhe vier wochen ruhe::zeit, aber des is' MEINE empfindung, ja, also.“ Dabei betont sie, dass es bei ihrem Anliegen nicht um „Kleinigkeiten“, sondern um „Grundlegendes“ gehe, und deshalb ihrer Meinung nach eine längere Cahier-Phase (sowohl Schreib- als auch Ruhephase) notwendig gewesen wäre.

Zusammenfassend kann als Ergebnis festgehalten werden, dass die Mehrheit der Probanden zu einer morgendlichen Aufzeichnungsdauer von 40 Minuten anstatt einer Stunde tendiert. Die 14-tägige Spanne hingegen, in denen die Cahiers aufgezeichnet werden, wird kaum kritisiert. Der einzige Kritikpunkt an den 14 Tagen ist die Vorgabe, dass täglich ein Cahier verfasst werden soll. Hier wünscht sich *Proband A* mehr Entscheidungsfreiheit, an welchen Tagen er seine Cahiers verfassen möchte und wann nicht. *Probandin G* kritisiert weniger den 14-tägigen Zeitraum, vielmehr bemerkt sie rückblickend nach der Auswertung ihrer Cahiers, dass ihr vom Prozess her zehn Tage ausgereicht hätten. Im Kontrast dazu, bewertet *Probandin D* die 14 Tage der Cahier-Arbeit für ihr gewähltes Anliegen als zu kurz. Außerhalb des Forschungsdesigns hätte sie selbstständig diesen Zeitraum erweitern oder auch nach der Auswertung der Cahiers fortsetzen können. Eine Veränderung der Variable „Anzahl der Tage der Cahier-Aufzeichnungen“, sprich eine Verlängerung der Cahier-Arbeit im Rahmen des

277 Siehe Probandinnen D, F, G, H, J; Probanden B, C, E.

Forschungsprojekts, hätte eine Vergleichbarkeit mit den verbleibenden Probanden erschwert.

Schreibstil der Cahiers

Als erster Aspekt soll der Schreibstil der Cahier-Aufzeichnungen dem Leser dargestellt werden. Hierzu wählten die Probanden unterschiedliche Vorgehensweisen. Während *Proband A* große Mühe hatte einen Schreibfluss zu initiieren und somit seinen Schreibstil mit passender Wortwahl zu finden, beschreibt *Proband E* seine Cahier-Aufzeichnungen stilistisch als einen Aufschrieb, bestehend aus längeren Stichworten, die bis zu zwei Zeilen reichen – kombiniert mit einzelnen Wörtern: „ja, es waren längere stichworte, es war immer so (.) sag' i' mal 'ne zeile, zeile, zwei zeilen, immer so, dann immer verschiedene, so stichwortartig hab' i' aufgeschriebe', mal 'ne zeile, mal blos'n wort oder zwei wörter (.) isch's g'wese', dann:: (.) ja, (.) so bis zu 'ner zeile eineinhalb oder so, net, net ganze romane hab' i' aufgschriebe'."

Probandin G hingegen betont den Erzählstil und die ganzen Sätze, die sie niedergeschrieben hat: „ganze sätze, ja. wie (.) wie romanform." Darüber hinaus stellt sie fest, dass ihr Schreiben als ein „sehr selbstkritisches" Schreiben charakterisiert werden muss. Dabei ging sie bis zur Analyse einzelner Wortstämme vor. Hierzu nahm sie sich einzelne Schlüsselbegriffe ihrer Aufzeichnungen vor, um diese dann systematisch zu analysieren: „also ich hab' mehr einzelne wortstamm, -stämme unterschieden hab', dass mein, mein ziel hergenommen und hab' (.) das wort HARMONIE:: auseinander gepflückt, einen ganzen brief lang, oder das wort SELBSTaufgabe, zerstückelt, mal zusammengesetzt und hab' die BEdeutung nachgeschlagen." Perspektivisch hat sie aus der Sicht einer dritten Person Briefe an sich selbst geschrieben, bei denen sie sich selbst mit Namen angesprochen hat: „aber es gab auch (.) passagen, wo ich geschrieben hatte (.) da hab' ich MICH selber angesprochen, so nadine[278], wie kannst du nur. solche sätze stehen auch drin."

Proband I beschreibt seinen Schreibstil mit ähnlichen Worten ebenfalls als einen Text, der in Prosa verfasst ist: „also ich hab' tatsächlich ganze sätze geschrieben, wo ich aus aus satzgefüge und aus satzreihen, also durchaus längere sätze." Inhaltlich bezeichnet er das Schreiben als eine Handlung, die stark vom Unterbewussten geprägt wird: „man DOCH irgendwie wat aus dem unterbewusstsein da niederschreiben soll und sich nicht mit dem verstand da alles verbiegen soll ((lachend)) wat einem dazu einfällt."

278 Der Name wurde fiktiv gewählt, damit keine Rückschlüsse auf die Probandin gezogen werden können.

Ähnlich wie Probandin G formuliert *Probandin H*, dass sie im „Fließtext“ geschrieben habe, kombiniert mit abgekürzten Begriffen: „fliesstext. fliesstext, ja manchmal vielleicht ein bisschen abgekürzt, aber im wesentlichen hab' ich einfach fliesstext geschrieben.“

Drei der zehn Probanden liefern einen besonders interessanten Blickwinkel auf den Stil der Cahier-Aufzeichnungen. Sowohl *Proband A* als auch *Probandin G* resümieren im Interview, dass es eine Besonderheit ihrer Cahiers ist, sich selbst Fragen zu stellen. Dabei beschreibt *Proband A* den Stil seiner Cahier-Aufzeichnungen mit folgenden Worten: „da ist mir dann wirklich alles so raus, aus mir rAUSgesprudelt, also eigentlich mehr FrAGen also ANTworten, eigentlich mehr so:: ja: alle möglichen Fragen warum, (--) ja wie ist das mit meinem ärger (-) wo, wo: (--) mUSS der sein, genieß ich de::n, ach und einfach tausend fragen.“ *Probandin G*, die ihre langjährige Erfahrung mit Tagebuchaufzeichnungen betont, argumentiert ähnlich wie Proband A. Dabei vergleicht sie den Stil ihrer morgendlichen Cahiers mit ihren Tagebuchaufzeichnungen, die sie überwiegend abends tätigt. Der Vergleich ermöglicht ihr die Erkenntnis, dass ihre Cahiers stark von Fragestellungen geprägt sind und im Kontrast dazu ihre bei ihren abendlichen Tagebuchaufzeichnungen das Geben von Antworten im Mittelpunkt steht: „am morgen ist es (.) eher in der fragestellung, am abend ist in der antwortgebung.“ Dabei beschreibt sie die Qualität der Gedanken am Morgen als anders, als die der Gedanken am Abend: „ich bin überrascht, dass man am morgen andere gedanken hat wie abends.“

Probandin F greift ebenfalls den Aspekt der Fragenstellung am Morgen auf. Dabei beschreibt sie, dass sie sich im Rahmen der Cahiers ganz bewusst offene Fragen gestellt habe: „also ich hab' von anfang versucht, (.) ich hab' jetzt nicht einfach was runtergeschrieben, (.) sondern ich hab' mir FRAGEN gestellt.“ Das Bearbeiten von selbst gestellten Fragen hat sie zu immer detailspezifischeren Fragen geführt: „die FRAGEN, die ich mir dann, ich hab' mir mein ziel noch mal angeschaut, und hab' mir dann, als ALLERerstes, es war am ersten tag, die fragen gestellt, nachdem ich mir das ANgeschaut habe, was sind eigentlich meine prioritäten. ja, und das hat sich dann (.) wenn man dann mal sich so runterschreibt, was ist mir eigentlich wichtig, (-) dann ergeben sich natürlich viele (.) DETAILfragen und so ist es halt immer (.) immer DETAILspezifischer geworden.“

Seitenzahlen der Cahiers pro Morgen

Im Durchschnitt haben die Probanden drei DIN-A4-Seiten pro Morgen beschriftet.[279] Untersucht man die Cahiers der einzelnen Probanden, so ergibt sich eine Schreib-volumen von einem Minimum einer Dreiviertelseite bis hin zu einem Maximum von neun Seiten pro Morgen.[280] Die Anzahl der Seiten steht dabei natürlich immer auch in Relation zur Größe der Handschrift.

Inhaltlicher Aufbau der Cahiers

Betrachtet man den inhaltlichen Aufbau der Cahier-Aufzeichnungen, so werden diese von *Probandin J* als „Tagebuchaufzeichnungen" charakterisiert, in denen sie Beschreibungen von Erinnerungen festhält. *Proband A* hingegen beschreibt den Aufbau seiner Cahiers als Ursachendiskussion und als Ursachenanalyse anhand konkret erlebter Situationen. Im Unterschied dazu betont *Proband B* Eindrücke des Tagesgeschehens, die er assoziativ in seine Cahier-Aufzeichnungen eingearbeitet hat. *Proband I* deutet seine Cahiers als „Dokumentation von Problemen" im „zyklischen Wechsel" mit der Dokumentation von „Lösungsansätzen": „dass ich (.) entweder die probleme wieder für mich (-) ja ausgesprochen habe, niedergeschrieben habe, aber auch dann wieder rhythmisch und zyklisch verteilt (.) dann wieder LÖSUNGSansätze (.) halt (.) auch niedergeschrieben habe."

Vier Probanden heben zusätzlich hervor, dass ihre Cahiers immer wieder von „Momentaufnahmen" geprägt werden. [281] Diese Momentaufnahmen drücken ihr Befinden und ihre Motivation zum Zeitpunkt des Aufzeichnens aus. So liest beispielsweise *Probandin D* aus ihren Aufzeichnungen folgende Zeilen vor: „und (.) gab's dann auch (.) so momentaufnahmen, heute bin ich müde oder::: heute hab' ich keine lust." Proband C hingegen formuliert: „oah::, bin ich müde, (.) so:, dass tat mir dann gut das aufzuschreiben, ((kurzes lachen)), oder halt irgendwie auch was, wo ich gemerkt, ich bin eigentlich GAR nicht sortiert, ich schreib' jetzt einfach irgendwas (--) JA::." Resümierend kann festgehalten werden, dass das Auffinden dieser Momentaufnahmen ein zusätzliches wesentliches Merkmal des assoziativen Schreibens darstellt.

Probandin H bringt einen ganz neuen Aspekt mit in das Abschlussinterview hinein. Als einzige von zehn Probanden bezeichnet sie das Schreiben der Cahiers als ein „meditatives Schreiben": „ich hab' das gefühl, da das 'ne form für MICH

279 Der exakte Durchschritt der morgendlichen Cahiers beträgt 3,0875 DIN-A4-Seiten pro Person.

280 Durchschnitt der DIN-A4-Seiten pro Morgen pro Person: Proband A - 2,5; Proband B - 3,0; Proband C - 2,0; Probandin D - 3,5; Proband E - 1,0; Probandin F - keine Angabe; Probandin G - 6,0; Probandin H - 8,0; Proband I - 1,375; Probandin J - 5,5.

281 Siehe Probandinnen D, G, J; Proband C.

ist es 'ne form der meditation (.) und wenn ich meditiere, brauche ich weniger schlaf.“ Dabei geht sie fälschlicher Weise davon aus, dass dem Interviewer dieser Aspekt aus den vorherigen Interviews bereits bekannt ist.

Darüber hinaus beschreibt *Proband C* den formalen Aufbau seiner Cahiers als eine Analyse des Ist-Zustandes und arbeitet heraus, dass es in seinen Cahiers immer wiederkehrende Aspekte gab, aber auch Einzelaspekte, die von ihm nur an einem Tag analysiert wurden.

Zielfokussierung der Cahiers

Untersucht man die Zielfokussierung, das heißt die Fokussierung des vorab formulierten Anliegens der Probanden, so ergeben sich auch hier unterschiedliche Aussagen bezüglich dieser Zielgerichtetheit. Obwohl alle Probanden vorab ihr Anliegen und ihr Ziel mit einem Coach formuliert haben, werden die täglichen Aufzeichnungen nicht immer als zielgerichtet erlebt und beschrieben. *Probandin H* berichtet zum Beispiel davon, dass ihre Cahiers nur an manchen Tagen das Anliegen richtig fokussierten, an manchen Tagen hingegen andere Einflüsse im Vordergrund der Aufzeichnungen standen, wie zum Beispiel die oben beschriebenen Momentaufnahmen: „und hab' dann mal (.) hab' ich mich an die (.) an mein anliegen gehalten, da das fokussiert und manchmal nicht, aber EHER nicht. was heisst eher NICHT, also ich würde mal sagen <<leise vor sich hinmurmelnd>> ((wieder lauter)) ich bin vielleicht drei mal pro (.) pro aufzeichnung hab' ich dran gedacht, hab's dann aber auch nicht aufgegriffen.“

Auch *Proband I* und *Probandin J* stellen die Zielfokussierung ihrer täglichen Aufzeichnungen infrage. Probandin J kommentiert ihr Vorgehen im Rahmen der Cahier-Methode mit folgenden Worten: „ich hab' mir dann:: so als grundsatz so vorgenommen, wenn ich dann so:: morgens aufstand und das schreiben sollte, und dann fiel mir nix ein zu der zielsetzung, dann hab' ich mir gedacht, ist ja eGAL, was du jetzt schreibst, jetzt schreib' einfach mal.“ Die Technik des „Einfach-mal-Schreibens“, setzte sie dann morgens ein, wenn sich kein zielorientierter Schreibfluss einstellte. Diese selbst entwickelte Strategie diente ihr dazu, einen Schreibfluss zu initiieren. Rückblickend ist ihr diese Strategie aus dem Studium bekannt, da sie dadurch bei sich auftretende Schreibblockaden lösen konnte.

Einfluss der Cahiers auf den Tagesablauf

Befragt man die Probanden, ob die morgendlichen Cahier-Aufzeichnungen sie über den Tag hinweg beschäftigt haben, so ergeben sich konträre Aussagen. Während vier Probanden im Interview thematisieren, dass die Inhalte der Cahiers sie am Tag gedanklich begleitet haben[282], geben weitere vier der zehn Probanden an, dass ihre Cahiers sie am Tag nicht bewusst begleitet und beeinflusst haben[283].

Untersucht man die Aussagen der Probanden, die einen Einfluss der Cahiers auf ihren Tagesablauf beschreiben, so ergeben sich unterschiedliche Erfahrungsberichte. Besonders die Erfahrungsberichte der *Probandinnen D*, *F* und *G* sollen im Anschluss dargelegt werden.

Für *Probandin D* ist es selbstverständlich, dass die Inhalte der Cahiers sie über den Tag hinweg begleitet haben, da sie sich täglich mit ihrem Anliegen und der daraus resultierenden Problematik konfrontiert sieht. Dabei hebt sie hervor, dass es nicht einzelne Details der Cahiers waren, mit denen sie sich am Tag auseinandergesetzt hat, sondern mit ihrem Anliegen insgesamt. Die Details hatte sie, begründet durch das Aufzeichnen in der Frühe, nahezu als „vergessen" erklärt: „auch am tag, auf jeden fall. aber:: (--) anders, weil, es ist so FRÜH, dass man etwas schreibt, und man vergisst, was man geschrieben hat, also (--) in manche fälle ich wusst' überhaupt nicht mehr was ich am vormittag geschrieben hatte." Insgesamt beschreibt sie ihr Befinden und ihre gedankliche Aktivität als „Unruhe ihres Geistes".

Probandin F hingegen betont, dass die morgendlichen Cahiers sie dahingehend am Tag beeinflusst haben, dass sie bereits während der 14-tägigen Aufzeichnungen Gespräche zu Kollegen und Freunden suchte: „ja, das hat mich, das hat mich SCHON begleitet und es hat auch ein bisschen 'n stück weit dazu geführt, dass ich (.) jetzt ohne (.) ohne bezug auf das projekt zu nehmen (.) in dem (.) in dieser, in dieser phase, in der ich da im moment (.) drinstecke, dass ich zu bestimmten themen ((hustet)) auch das (.) das gespräch mit kollegen gesucht habe, oder mit freunden gesucht habe, und das dann einfach auch noch mal so aus 'ner sicht zu diskutieren oder mal so'n (.) ja (.) auch 'ne andere sicht dazu zu bekommen."

Im Unterschied dazu legt *Probandin G* dar, dass sie sich in Abhängigkeit von den Inhalten ihrer Cahiers spezifische Aufgaben für den Tag gestellt hat. Als eine der ersten selbstgestellten Aufgaben beschreibt sie das Notieren von Emotionen und Gefühlen in bestimmten Situationen: „eine der ersten aufgaben die ich mir gegeben habe ist, (.) an diesem tag meine gefühle nachzuspüren. WANN spüre ich WELches gefühl. und DAS dann auch gleich, ich hab' immer ein buch bei mir, oder eben dieses notizheft, und DAS dann gleich notieren. ich war beim autofahren und fühlte mich dann so oder so, oder meine chefin hat das und das gesagt, und ich hatte ärger und (.) diesen gefühlen nachgehen innerlich und::: sie in worte fassen, definieren und sie dann auch wieder ablegen können. durch den

282 Siehe Probandinnen D, G, F; Proband E.
283 Siehe Probandin J; Probanden A, B, I.

tag hindurch bis zum abend, des ist meine aufgabe gewesen.“ Eine weitere Aufgabe, die sie sich selbst gestellt hat, war die Reflektion ihres Verhaltens gegenüber ihrem Mann, bezogen auf ihre Mimik, Gestik und Stimmlage. Auf die Frage hin, weshalb sie sich diese Aufgaben gestellt habe, antwortete sie, dass sie bereits während des Schreibens einen starken Wunsch nach Handlung verspürt habe, um aktiv etwas tun zu können: „wenn ich das so geschrieben, also wenn, durch das schreiben drauf gekommen bin, ich muss auch was TU:N, ich kann nicht nur schreiben. irgendwas muss ich ja tun, damit sich was bewegt.“

4.8.3 Ruhephase

Über die Vorgabe der einwöchigen „Ruhephase“ (vgl. 4.8.3) der Cahiers, haben sich drei der Probanden aus unterschiedlichen Gründen hinweggesetzt.[284] Dabei hat *Probandin J* die Auswertungsanleitung nicht rechtzeitig erreicht, da sie sich zu diesem Zeitpunkt im Urlaub befunden hat. Erst nach ihrer Rückkehr erfuhr sie von der Auswertung und den Auswertungsschritten, die sie per Mail überschneidend erhalten hatte. Die Ruhezeit der Cahiers von *Proband B* hat sich aufgrund eines Missverständnisses verlängert. Für ihn begann die Ruhewoche ab dem Erhalt der Auswertungsschritte per E-Mail. Da er die E-Mail am zweiten Tag nach Beendigung seiner Cahier-Aufzeichnungen erhalten hatte, rechnete er ab dem Datum des Maileingangs, anstatt wie geplant, von der letzten Cahier-Aufzeichnung. Somit entstand eine Ruhezeit von acht bis neun Tagen anstatt der geplanten sieben Tage. Ob diese verlängerte Auswertungszeit von maximal zwei Tagen seine Auswertungsergebnisse beeinflusst hat, darüber kann hier keine wissenschaftlich fundierte Aussage getroffen werden. Vermutet wird, dass die geringe Überschreitung der Ruhephase die Auswertung des Probanden nicht signifikant beeinflusst hat.

Betrachtet man die deutlich längere Ruhephase von 14 Tagen, die *Proband E* eingelegt hat, so findet hier auffallender Weise eine Verdoppelung der Ruhezeit der Cahiers statt. Ein Grund für die Verlängerung der Ruhezeit wurde im Interview nicht benannt. Vermutlich wollte Proband E zeitnah vor dem Abschlussinterview auswerten.

Ob es sich bei seiner Vorgehensweise um ein Bemühen nach effizientem Arbeiten handelt oder ob er den Aufwand der Auswertung vor sich zeitlich hergeschoben hat, geht aus dem gewonnenen Textmaterial nicht deutlich hervor.

284 Siehe Probandin J; Probanden B, E.

Vier von zehn Probanden haben sich genau an die einwöchige Ruhephase der Cahiers gehalten. Die verbleibenden drei Probanden äußern sich im Interview nicht deutlich zur Dauer der eingelegten Ruhephase.

Auffallend an den Aussagen der Probanden ist, dass alle zehn Befragten einstimmig, jedoch mit unterschiedlichem Wortlaut, davon berichten, dass die Inhalte der Cahiers sie während dieser 7-tägigen Ruhezeit gedanklich wenig beschäftigt haben. Während *Proband A* konstatiert, dass er „nicht über die Cahiers nachgedacht" habe, betont *Proband B*, dass er froh war, zu seinem gewohnten Tages- und Schlafrhythmus zurückzufinden. *Proband C* stellt ähnlich wie Proband A fest, dass die Aufzeichnungen ihn während der Ruhephase „nicht unmittelbar beeinflusst haben". *Probandin D*, die ihre Cahiers in dieser Zeit als „fast wie vergessen" beschreibt, kommt der Aussage von *Proband E* am ehesten gleich, der sich „nicht mehr an alles erinnern" konnte, was in seinen Cahiers stand. Für ihn waren die Aufzeichnungen nach den 14 Tagen „wie abgeschlossen". Erst mit der E-Mail zur Auswertung, so berichtet Proband E, „kamen die Erinnerungen in ihm hoch".[285]

Auch die *Probanden F*, *G*, *H* und *I* argumentieren dahingehend, dass die Ruhephase der Cahiers einem „Gedanklichen-zur-Ruhe-kommen" gleichkommt.[286]

Probandin D hält kritisch, aber auch konstruktiv fest, dass sie eine Verlängerung der Ruhezeit von einer Woche auf mindestens zwei bis hin zu vier Wochen für angebracht hält: „das man NICHT (.) darüber hinaus geht und ich finde, es reicht NICHT aus (.) eine woche abstand zu haben um das noch mal zu lesen und zu analysieren." Erst diese Verlängerung der Ruhezeit würde aus ihrer Sicht einen angemessenen Abstand zur Analyse und Reflexion des eigenen Anliegens bieten. Darüber hinaus ist Probandin D die einzige Probandin, die ausdrücklich betont, dass sie bereits in der Ruhephase ins Handeln gekommen sei: „wobei das war in der dritte woche, dass heisst, ich hab' da nicht mehr aufgezeichnet."

Abschließend soll hier angemerkt werden, dass es im Rahmen dieses Forschungsvorhabens nicht möglich ist, eine Aussage darüber zu treffen, wie sich die Länge der Ruhezeit auf die Auswertung der Cahiers auswirkt. Grundsätzlich müsste auch in Frage gestellt werden, ob eine veränderte Variable bezogen auf die Ruhezeit sich überhaupt auf die Auswertung der Probanden niederschlägt.

285 Auch Proband I betont, dass er sich erst aufgrund der E-Mail wieder gedanklich mit seinem Anliegen befasst hat.

286 Weitere Aussagen der Probanden dazu, wie sie die Ruhephase der Cahiers empfunden haben: Probandin F beschreibt, sie habe „pausiert"; Probandin G spricht davon die Cahiers „völlig weggelegt" zu haben und „keine Gedanken darüber gehabt" zu haben; Probandin H beschreibt, dass die Cahiers sie „nicht besonders beschäftigt" haben, während Proband I von „kein Bezug" zu seinen Cahiers berichtet.

Deshalb kann hier nur auf einer deskriptiven Ebene beschrieben und verglichen werden, wie die einzelnen Personen mit der Ruhephase der Cahier-Methode umgegangen sind.

4.8.4 Auswertung

Fünf der zehn Probanden betonen im Interview die Strukturiertheit und Systematik der Auswertungsanleitung.[287]

Dabei hebt *Probandin J* hervor, dass sie die Auswertung als wichtig befunden habe und die dazugehörigen Auswertungsschritte als gut und hilfreich erlebt habe: „dann fand ich das schon ganz (.) ganz anregend, jetzt mich noch mal so:: detalliert damit auseinander zu setzten und fand auch diese (.) arbeitsanweisungen von ihnen da:::, die fand auch ich ganz gut und ganz hilfreich und (-) ja es hat dann auch spass gemacht, sich noch mal dahin zu setzen.“

Auch *Proband B* äußert sich positiv zur Auswertung, indem er sein Interesse bekundet: „und (.) ja auch bei:m nacharbeiten und dann einfach die kuverts zu öffnen und mal durchzulesen, was ich so geschrieben hab, fand ich DURCHaus interessant.“ *Proband E* verbalisiert in Zusammenhang mit der Auswertung das Gefühl der emotionalen Entlastung mit den Worten „ich find's GUT das ich's g'macht hab', so insgesamt mal, fühl' ich mich wohler wie vorher.“ *Proband I* äußert sich positiv zu seinen Cahiers, indem er Erstaunen über die Qualität seiner Cahier-Aufzeichnungen zum Ausdruck bringt: „und im NACHhinein hab' ich mir die sache durchgelesen und war eigentlich erstaunt (-) das man doch irgendwie wat vernünftiges (.) zu papier gebracht hat.“

Bei *Proband C* stellten sich zunächst erste Widerstände gegenüber der Auswertung der Cahiers ein, da er sich nicht vorstellen konnte, etwas Interessantes über sich erfahren zu können. Nach dem Erhalt der Auswertungsanleitung änderte sich seine kritische Grundhaltung, indem er im Interview betonte, dass die dahinterstehende „Systematik Lust gemacht habe“, an die Auswertung zu gehen. Die fertige Auswertung beschreibt er als „selbstkritisches von außen kommen“, das er als wertvoll erlebt. Damit meint er das Einnehmen einer Außenperspektive auf sein Anliegen, was ihm eine neue Betrachtungsperspektive bietet. Als Kernstück seiner Auswertung beschreibt er das Zusammenfassen seiner Cahiers in Schwerpunkte: „und, und ich hab's mir au' aufgeschrieben, ja, anhand von der auswertung, was so die SCHWERpunkte waren die tage durch.“

---

287 Siehe Probandin G, J; Probanden C, E, I.

Probandin G geht ebenfalls wie Proband C auf den Perspektivenwechsel anhand der Auswertung ein. Sie beschreibt die Zeit der Auswertung als „wertvoll“ und „wohltuend“ und als einen Zeitraum, den sie sich persönlich „gegönnt“ hat. Pointiert kommentiert sie die Auswertung mit folgenden Worten: „etwas zu Ende bringen, etwas abschliessen, genauer hinsehen, neues erfahren, andere perspektiven (.) sehen, herausfiltern. (.) DAS fand ich sehr sehr spannend, sehr:: abschliessend, also sehr, sehr rund am schluss.“

Probandin D stellt fest, dass ein Zusammenhang zwischen der Perspektive der Betrachtung der Cahiers und dem zeitlichen Abstand besteht. Mit einem größeren zeitlichen Abstand zwischen der Verfassung der Cahiers und dem Lesen oder genauer gesagt zum Zeitpunkt der Auswertung der Cahiers, verändert sich der Blickwinkel auf das eigene Anliegen: „und:: dann hab' ich es wieder so bisschen :: sacken lassen, teilweise dinge nochmal geguckt und heute wieder ganz. und ich fand es mh:::: interessant zu sehen, dass ich es heute auch ein bisschen anders betrachtet habe als vor einer woche.“

Ähnlich wie Proband C beschreibt *Probandin F*, dass sie im Rahmen der Auswertung ungefähr vier Schlagwörtern pro Cahier-Aufzeichnung notiert habe. Dabei stellt sie fest, dass manche Themen einmal auftreten, es sich bei anderen Themen um immer wiederkehrende handelt. Sie berichtet, dass bestimmte Themen immer in Kombination mit den gleichen Personen und auch Sachen in Verbindung treten: „aber dann sieht man halt auch (.) jetzt so im rückblick, ((räuspert sich)) dass (.) bestimmte themen immer wieder auftauchen, oder dass:: bestimmte themen immer mit:: 'ner bestimmten sache oder auch bestimmten personen zusammen hängt, und (.) das (-) das ist dann vielleicht auch nicht unbedingt einfach oder, oder auch eher schmerzhaft, deswegen vergleich ich's mit dem zwiebelschälen, weil man so (.) je mehr man schält (.) umso unangenehmer ist es vielleicht dann auch für einen selbst, weil man so (.) ja, das ganze ein bisschen ehrlich reflektiert, dann (.) hat das natürlich auch sehr viel mit einem selber zu tun, und:: (-) aber auch sehr heilsam, sagen wir's mal so. also (.) mir geht's da (.) jetzt eigentlich gut mit.“

Drei der zehn Probanden äußern sich der Auswertung eher negativ gegenüber. *Proband A* gab kund, dass er sich eine stärkere Formalisierung der Auswertungsanleitung gewünscht hätte, um weniger unter Zeitdruck zu geraten. Hier muss allerdings kritisch angemerkt werden, dass er die Auswertung seiner Cahiers auf den Vortag des Abschlussinterviews hinausgezögert hat: „<<lachend>> ja, ich hab reingekuckt, (-) ah ha, okay, ja, muss du auch noch machen, und dann hab ich das erst mal ruhen lassen und dann hab ich das erst, (.) hab ich erst gestern mit dem thema dann auseinander gesetzt, damit ich dann net unvorbereitet komme ((lacht)).“ Eine klare Vorgabe, wie zum Beispiel die Arbeitsanweisung über drei Tage verteilt jeweils eine Stunde auszuwerten, wäre der Arbeitsweise des Probanden A entgegengekommen. Die fehlende zeitliche Vorgabe führte bei ihm nicht zu einer freien Zeiteinteilung, sondern zu einem der Selbsteinschätzung nach eher unproduktivem Zeitmanagement.

Probandin J machte ähnliche Erfahrungen mit dem Zeitmanagement. Dabei erlebte sie die zeitlich offene Gestaltung ebenfalls nicht als Entlastung, sondern als Belastung. Grundsätzlich bewertet sie „das auf der Suche sein“ im Rahmen der Auswertung als positiv. Allerdings kollidierte die Auswertung ihrer Cahiers zeitlich mit ihrem Urlaub, was sie als stressig erlebt hat: „j:::a:::, also (.) es war ein bisschen stressig, na, also, ich hab' schon gemerkt, naja, also es ist wieder so'n typisches thema bei mir, zeitmanagement, das fällt mir wirklich schwer, da hab' ich wirklich probleme, dass ich dann sachen auch rechtzeitig anfang' und überleg, wie lang brauch' ich eigentlich, oder WANN muss ich das machen und (.) eigentlich hab' ich mir vorgenommen, dass ich das jetzt NICHT an dem tag da (.) des abfluges, also rückfluges also praktisch öffne, sondern schon mal ein zwei tage vorher (-) und das hab' ich dann aber irgendwie (.) ja verplempert, also irgendwie war halt urlaub, 'ne und dann: hab' ich's halt erst an dem tag des abflugs geöffnet und hab' dann schon gemerkt, oh gott, das schaff' ich ja nie und hab' schon geschwitzt und musste nebenher einpacken und das war nicht so ideAL, ne, u::nd, (.) ja da hat mich das unter stress gesetzt (.) weil ich dachte, jetzt muss ich das unbedingt durchlesen und:: (.) neugierig war ich schon, aber halt, ja, ich war halt dann eben (.) dieser stressfaktor der dann glaub' ich überüberwog.“

Zusammenfassend kann zur Auswertung der Cahiers festgehalten werden, dass sowohl *Probandin J* als auch *Proband A* die freie Zeiteinteilung im Vergleich zu den anderen Probanden als kontraproduktiv erleben. *Probandin H* äußert sich gegenüber dem Umfang der Auswertung kritisch. Sie sagt sogar aus, dass sie nicht an der Cahier-Methode teilgenommen hätte, wenn ihr der Umfang der Auswertung vorab bewusst gewesen wäre: „ja ich hab' dann auch, ja da muss ich sagen, bei der AUSwertung war ich vollkommen überrascht, WIE:: umfangreich mir die erschien, (…) und hab' dann auch gedacht, na wenn ich das vorher gesehen hätte, dann hätt' ich mir das nochmal überlegt, also wenn ich das (.) wenn ich mir das vorher KLARer gewesen wäre, und dann hatt' ich aber das gefühl, dass ich vielleicht viel zu hohe ansprüche habe an die (.) präzision::.“ Probandin H erlebte das mehrfache Durchlesen ihrer handschriftlichen Aufzeichnungen aufgrund ihrer undeutlichen Schrift als sehr schleppend, weshalb sie ihre Texte eher überflogen hat, um wesentliche Stichworte mit Textmarker zu kennzeichnen.

Abschließend soll das zeitliche Volumen analysiert werden, das die Probanden für die Auswertung ihrer Cahiers jeweils aufgebracht haben. Acht Probanden äußern sich zum benötigten zeitlichen Volumen. Dabei ergab sich eine Spanne von Minimum eineinhalb Stunden bis hin zu einem Maximum von acht Stunden, die die Probanden für die Auswertung benötigt haben.[288] Zwei Probandinnen gaben pauschal an, dass sie sich einen ganzen Sonntag, kombiniert mit größeren und kleineren Pausen, für die Auswertung eingeplant hatten.

4.8.5 Evaluationsgespräch

Ausgehend von der Beschreibung der Cahier-Methode (vgl. 2.4), stellt das abschließende „Evaluationsgespräch“, kein eigentliches Element der Cahier-Methode dar.[289] Vielmehr diente das Evaluationsgespräch dazu, qualitatives Datenmaterial zu generieren und somit die wissenschaftliche Modellierung der Cahier-Methode zu ermöglichen.

Dennoch wird das Evaluationsgespräch in diesem Kapitel als Teilkapitel angeführt, da vermutet wird, dass einige Probanden es als Abschlussgespräch der Cahier-Methode interpretierten. Daraus folgt, dass aus der Sicht einiger Probanden das Evaluationsgespräch als fester Bestandteil der Cahier-Methode wahrgenommen wurde.

So reagiert zum Beispiel *Proband A*, als er darüber aufgeklärt wird, dass das Abschlussgespräch zunächst als Forschungselement mit in die Cahier-Methode einfließt, überrascht. Er betont aus seiner Sicht die Notwendigkeit dieses Abschlussgespräches. Der Termin für das Abschlussgespräch habe ihn dazu angehalten die Auswertung durchzuarbeiten: „weil ansonsten, gut ich hätt mal irgendwann des genommen aber ich hätt mir natürlich nie so viel zeit genommen, also... wie gesagt, ich brauch' immer ein bisschen druck von außen, (-) der eigene antrieb ist da immer ein bisschen, (-) ein bisschen gering.“ Aus diesem Zitat lässt sich schließen, dass Proband A vermutlich ohne diesen von ihm als „externen Druck“ empfundenen Termin, aus eigener Motivation keine Auswertung der Cahiers vorgenommen hätte.

Von diesem Probanden ausgehend, lässt sich die Hypothese aufstellen, dass die Durchführung der Cahier-Methode, ohne ein vorher angekündigtes abschließendes Evaluationsgespräch seitens der Probanden eine höhere Eigenmotivation voraussetzt und ein höheres Maß an selbstständigem und intrinsisch motiviertem Vorgehen eingefordert wird.

---

288 Dauer des aufgebrachten Zeitvolumens zur Auswertung der Cahiers pro Proband: Proband A - keine Angabe; Proband B - fünf bis sechs Stunden; Proband C - zwei Stunden; Probandin D - ein Sonntag; Proband E - zwei Stunden; Probandin F - keine Angabe; Probandin G - ein Sonntag; Probandin H - sechs bis acht Stunden; Proband I - eineinhalb bis zwei Stunden; Probandin J – dreieinhalb bis vier Stunden.

289 Das Evaluationsgespräch ist methodisch als offenes Interview einzuordnen.

Diese hohe Eigenmotivation bringt besonders *Probandin J* mit sich. Als einzige der zehn Probanden gab sie an, dass sie das Evaluationsgespräch für sich nicht benötigt hätte. Für sie stellte die Bearbeitung der Auswertungsschritte ein gelungener Abschluss dar. Das Evaluationsgespräch bewertet sie als „passend“, jedoch für sich persönlich als nicht notwendig: „hat für mich einfach die rundung bekommen, das projekt, (.) war für mich mit der auswertung (.) so 'ne art schon beendet, das abschliessende ge:spräch finde ich, passt gut dazu, wenn ICH selber, ja nicht für mich selber gebraucht, sondern für mich war's eine ganz runde sache.“

Die verbleibenden acht der untersuchten zehn Probanden bewerten das Abschlussgespräch nicht im Einzelnen, sondern kommentieren und vergleichen schwerpunktmäßig ihr Selbstcoaching in Gegenüberstellung zum Coaching (vgl. 4.3).

4.8.6 Methodische Änderungen

Sieben von zehn Probanden haben angegeben, dass sie „methodische Änderungen“ vorgenommen haben.[290] Die methodischen Änderungen liegen schwerpunktmäßig darin, dass die Probanden einen Tag mit ihren Aufzeichnungen ausgesetzt haben[291], ihre morgendliche Aufzeichnungen verkürzt haben[292] und die morgendliche Uhrzeit für die Cahier-Aufzeichnungen zeitlichen Schwankungen unterlag[293]. Als Grund für diese methodischen Änderungen wurde sowohl Müdigkeit[294] als auch Ablenkung durch die Familie, wie durch die Wohnsituation[295] und der Aufenthalt im Hotel[296] angegeben.

Hinzu kommt eine methodische Änderung von *Proband I*, der sich über die formale Vorgabe hinweggesetzt hat, die Cahiers der einzelnen Tage zu kuvertieren. Dabei betont er, dass dieses Vorgehen keine negative Auswirkungen auf seine Durchführung der Cahier-Methode gehabt hat: „bin aber NIEmals in versuchung geraten, zu gucken (.) was hab' ich gestern, vorgestern am anfang der

290 Siehe Probandinnen D, G, J; Probanden A, B, D, I.
291 Siehe Probandinnen D, J; Probanden A, I.
292 Siehe Probandinnen C, F; Probanden A, B, J.
293 Siehe Probandin F: sie variiert den Beginn ihrer morgendlichen Cahier-Aufzeichnungen von 30 Minuten bis mehr als 60 Minuten; siehe Proband E: er variierte den Beginn seiner morgendlichen Cahier-Aufzeichnungen um maximal 30 Minuten.
294 Siehe Probandin D; Probanden A, I.
295 Siehe Probandin J.
296 Ebd.

aufzeichungen gemacht, ich hab' also dieses prozedere ausgeblendet (.) und hab' die dann einfach (.) a vier technisch aufeinander gelegt::."

Die massivste methodische Änderung in Form von einem Abbruch der Methode wurde von *Proband A* vorgenommen. Er erlebte das frühe Aufstehen und die morgendliche Aufzeichnen als große Belastung. Diese Belastung hat ihn dazu veranlasst, nach zehn Tagen die Cahier-Methode abzubrechen. Innerhalb dieser zehn Tage führte er die Cahier-Arbeit an einem der Tage nicht durch, sodass letztendlich im Abschlussinterview nur neun von vierzehn Cahiers vorhanden waren. Der Proband konnte keine Lösung für sein Anliegen erarbeiten, da er die Methode für sich als ungeeignet erlebt hat und demnach seine Motivation bei der Durchführung der Cahier-Methode stark abgesunken ist (vgl. 4.10).

Die auffallendste und somit überraschendste methodische Änderung wurde von *Probandin G* durchgeführt, indem sie im Nachhinein ihr elftes Cahier im Rahmen eines ihr vertrauten Rituals verbrannt hat. Das Cahier umfasste fünf Seiten und begann mit den einleitenden Worten: „brief elf ist eine, ein:: brief, den ich HEUT', der beginnt mit, ((bisschen leiser)) aber ja, mittlerweile existiert er nicht mehr, aber da (.) hab' ich angefangen mit ((lauter und langsamer)) heute schreib' ich , was NIE::: jemand lesen darf." Dabei betont sie, dass sie diese fünf Seiten nur für sich geschrieben habe. Obwohl sie fest davon ausgeht, dass keiner ihrer Familienmitglieder ihre Privatsphäre durchsuchen würde, geschweige denn einen ihrer Briefe ungefragt öffnen würde, war es ihr nach Verlassen des Hauses nicht wohl, dieses Cahier zurückzulassen. Nach Rückkehr in ihr Zuhause, entschloss sie sich das elfte Cahier zu verbrennen: „weil es wirklich nie jemand lesen (.) soll. den brief hab' ich dann geöffnet, dann hab' ich sie, also, ich, ich musste jetzt die:::, die privatsphäre ist MIR in meinem zimmer gegeben, von meiner familie würde da (.) nie jemand hinein gehen, vor allem wenn die briefe geschlossen sind, sie sind auf dem schreibtisch gelegen, datiert alle der reihe nach. jetzt waren sie offen, und dann hab' ich sie in eine schachtel getan und hab' sie zugemacht, und als ich da rad fahren ging, war kein mensch zu hause, da war mir nicht wohl bei der geschichte." Mit dem Verbrennen dieser Aufzeichnung hatte sie das Gefühl „ihre Sicherheit wieder zurückzubekommen". Dieses Vorgehen beschreibt sie als ein ihr vertrautes Ritual, das sie schon mehrfach in ihrem Leben praktiziert hat: „ich geb' dinge manchmal den rauch mit, also es ist so, ich mach' feuer und ich kann (.) auch wenn ich tagebuch schreibe und es gibt, also mein, meine tageBÜCHER, die ich schon lange hab', ich besitze kein einziges über einen längeren zeitraum. wenn sie VOLL sind, wenn ein buch voll ist, (.) dann les' ich's mir von vorne bis hinten durch, (.) und verbrenne jede einzelne seite." Dabei beschreibt sie die Bedeutung dieses Rituals mit folgenden Worten: „ich geb' die gedanken (.) der luft und dem feuer mit, es gibt::, alles ist dann gut aufgehoben und das ist (.) gut so.", und „ja, da hab' ich, einen teil meines lebens geb' ich (.) zurück, also auch ein ritual, geb' einfach (.) AB, da, das sind WUNDERschöne dinge drin, da sind ganz schreckliche::: gedanken, da sind auch (.) schreckliche situationen, sei's real, sei's irrational, also, da ist alles drin, das heb' ich auf, (.) bis das jetzt neu ist und dann, ich schliess' eine tür und ich öffne eine tür.“ Das Ritual des Verbrennens kann als ein Prozess des Loslassens interpretiert werden und kommt in diesem Moment einer „emotionalen Befreiung“ gleich. In diesem Kontext berichtet die Probandin, dass dieses elfte Cahier einen rein fiktiven Inhalt besaß.

4.8.7 Grundvoraussetzungen für die Cahier-Methode

In diesem Teilkapitel „Grundvoraussetzungen für die Cahier-Methode“ soll auf die Fähigkeiten und Fertigkeiten seitens der Probanden eingegangen werden, die für die Durchführung der Cahier-Methode als Grundvoraussetzung gelten.

Ausgehend von der Argumentation von *Proband A* lässt sich eine hohe Eigenmotivation und die Fähigkeit des selbstständigen und auch selbstgesteuerten Arbeitens als Grundvoraussetzung für die Cahier-Methode identifizieren (vgl. 4.8.5).

Probandin D thematisiert als Grundvoraussetzung für die Durchführung der Cahier-Methode die Eigenschaften „Disziplin“ und „Wille“. Ihrer Meinung nach kann die Cahier-Methode nur von einer Person durchgeführt werden, die diszipliniert arbeiten kann und einen starken Willen verspürt, ihr Anliegen zu klären: „genau und was ich noch sagen wollte (---) ja also (-) dass ich (---) ich weiss nicht ob es also auch mit dem SCHREIben zu tun hat, also ich hab' das gefühl, wenn man ein problem hat und wirklich daran arbeiten will, ist das WICHTigste vielmehr die disziplin, okay, die sich dann wiederfindet in der schreiberei, aber auf jeden fall die disziplin und die WILLE, das zu tun.“

Probandin F beschreibt im Interview den Begriff des „Willens“ mit ähnlichen Worten. Dabei verwendet sie synonym den Begriff des „starken Wunsches“: „das muss aber auch jemand (.) sein, der zum einen mal sehr sehr stark den wunsch hat, an bestimmtem thema zu arbeiten.“ Zusätzlich kommt sie im Gespräch mit einer befreundeten Lehrerin zu dem Ergebnis, dass die Person, die die Cahier-Methode durchführt die Fähigkeit und Fertigkeit besitzen muss, den eigenen Reflexionsprozess in Gang zu bringen und auch am Laufen halten zu können: „auf der anderen seite (.) jemand ist, der auch all::EINE (.) ja der so'n reflexionsprozess alleine dann aber auch anstossen, am LAUFEN halten kann.“ Sie vermutet, dass es Personen gibt, die diese Fähigkeiten und Fertigkeiten nicht mitbringen und deshalb auf einen Dialog, wie zum Beispiel mit einem Coach, angewiesen sind: „könnt' mir jetzt vorstellen, für jemanden der: (--) sich noch nicht WIRKLICH auch mit solchen:: dingen (.) auseinander gesetzt hat, oder auch mit, mit (.) mit vergleichbaren methoden auseinandergesetzt hat, dass es dann sehr schwierig ist, weil der dann so am punkt steht und denkt, (.) der dann vielleicht auch jemand (.) direkt braucht, der ihn fragt."

Abschließend kann in diesem Teilkapitel festgehalten werden, dass die Cahier-Methode neben der Schreibkompetenz sowohl Selbstreflexionskompetenz als auch eigenverantwortliches Arbeiten voraussetzt – kombiniert mit einem gewissen Maß an Durchhaltevermögen. Zusätzlich erfordern der Selbstcoachingprozess im Rahmen der Cahier-Methode sicher auch ein gewisses Bildungsniveau und ein grundsätzliches Interesse an Coaching und Selbstcoaching.

Wird, wie eingangs erwähnt, die Cahier-Methode von einem Coach während einem Coachingprozess dem Klienten als zusätzliche Methode an die Hand gegeben, so muss der Coach wie beim Einsatz all seiner Methoden im Vorfeld anhand eines Vorgespräches entscheiden, ob die Cahier-Methode für seinen Klienten eine passende Methode darstellt. Hier spielen sowohl das vom Klienten vorgebrachte Anliegen und die gewünschte Zielsetzung des Coachings als auch die Berufserfahrung und Menschenkenntnis des Coachs über die Persönlichkeit des Klienten mit in den Entscheidungsprozess hinein. Nicht zuletzt muss der Coach mit der angebotenen Selbstcoaching oder Coachingmethode konform gehen, da er diese sonst eher weniger überzeugend einsetzen kann.

Zusammenfassend kann festgehalten werden, dass die Wahl der Methode seitens des Coachs durch den Klient, dessen Anliegen und Zielsetzung, aber auch durch persönliche methodische Präferenzen bestimmt wird.

4.9 Kategorie „Bewertung der Cahier-Methode"

Die Kategorie „Bewertung der Cahier-Methode" fasst sowohl negative als auch positive Bewertungen der Probanden zur Cahier-Methode zusammen (vgl. 4.9.1). Ein besonderes Augenmerk wird zusätzlich auf Optimierungsvorschläge zur Cahier-Methode seitens der Probanden gelegt, da es im Sinne des Forschungsinteresses ist, die Cahier-Methode als Selbstcoachingmethode zu optimieren, um diese im Coachingsektor zu etablieren.

4.9.1 Negative und positive Bewertungen der Probanden zur Cahier-Methode

Anhand des Teilkapitels „Negative und positive Beiträge der Probanden zur Cahier-Methode“ werden die Positionen von *Probanden A*, *B* und *Probandin D* dargelegt, die die Cahier-Methode kritisch bewertet haben. Darauf folgt die Darstellung einzelner Aussagen der *Probanden C, E, J, F, G* und *I*, die die Cahier-Methode befürworten.

Proband A, der die Methode ähnlich wie *Probandin H*, aufgrund eines Schlafdefizits als „quälend“ empfunden hat, ist sich nicht sicher, ob er die Cahier-Methode weiterempfehlen würde: „also wenn mich jetzt jemand FRAGEN würde, ob ich sowas emPFEHLEN würde, (-) da wüsst ich eigentlich net so genau, was ich jetzt sagen soll, weil (-) ich hab mich nämlich gefragt, ja wann soll man denn sowas machen, im urlaub, ja nee das wäre quälerei, (-) aber während der ARBEITSzeit ist es noch blöder, weil, wenn man dann noch irgendwo auf dIENStreisen muss, und dadurch unter umständen NOCH früher aufstehen, also ich hab mich halt geFRAGT, warum muss es am STÜCK sein.“ Dennoch bewertet er die Cahier-Methode grundsätzlich als eine „interessante Erfahrung“. Den „Druck“ und das Gefühl des „Gestresstseins“ hätte man ihm nach Selbstauskunft anhand einer freieren Gestaltung der Methode nehmen können.

Proband B resümiert, dass die Cahier-Methode für ihn eine Methode ist, mit der er „gewisse Themen“ angehen kann, sofern es sich dabei nicht um „tiefergehende Probleme“ handelt. Für sein formuliertes Anliegen, bei dem es sich um einen „Rollenkonflikt“ handelt, empfand er die Cahier-Methode als angemessen. Er benennt inhaltlich andere Themen, die er als „tiefergehende Probleme“ tituliert. Für die Bearbeitung dieser Art von Problemen würde er als Methode eine Familienaufstellung, auch als Familienrekonstruktion bekannt, bevorzugen.[297] Als Situationsbeschreibung für das Auftreten dieses Problems berichtet er von abendlicher Konfrontation in der Familie, in denen er sich durch seinen Sohn so provoziert und gereizt gefühlt habe, dass er darauf mit Schlägen reagiert habe: „ist ein tiefergehendes problem ja gewesen, wenn ich abends nach hause gekommen bin und war gestresst und unser sohn hat mich geärgert, dann hat er den hintern voll bekommen. und das konnt' ich manchmal nicht (.) nicht koordinieren, nicht zügeln. und wenn (.) das dann UNkoordiniert läuft, dass heisst ich nicht mehr HERR dessen bin was ich tue, dann glaub' ich, ist das sehr tiefgehend. das hat dann was mit konditionierung, ERziehung, was auch immer zu tun. und das glaub' ich, das krieg' ich dann nicht (.) mit einem zweiwöchigen (-) äh wenn ich mich morgens 'ne stunde hinsetzte, DAS bekomme ich nicht hin, DA

297 Vgl. Sparrer, I.: Systemische Strukturaufstellungen, S. 9 ff.

muss ich tiefergehend, da muss ich (.) sag' ich mal so::, in meiner:: (-), ja, ich würd's jetzt mit familienaufstellung dann probieren, weil ich dA systemisch für mich erkannt habe, wo ich AUCH an diese dinge rankomme. (-) da hätte ich jetzt im moment nicht das gefühl, dass wenn ich das, (.) jetzt die cahier-methode drei wochen durchziehen würde, jede woche, äh,äh, jeden tag eine, oder eindarthalb stunden morgens da zubringen würde, dass ich dieses thema DAmit hinbekäme." Zusätzlich betont er, dass er im Rahmen der Cahier-Methode erst seinen eigenen morgendlichen Rhythmus finden musste. Dieser „Gewöhnungsprozess" hat sich bei ihm nach zwei Tagen eingestellt.

Insgesamt beschreibt Proband B genau wie Proband A das Durchführen der Cahier-Methode als eine „interessante Erfahrung". Darüber hinaus berichtet er, dass die Bearbeitung seines Anliegens ihm ein „schönes Gefühl" vermittelt habe. Die Erkenntnis, sein Anliegen gelöst zu bekommen, ist Auslöser für diese Empfindung: „und ich geh' es an. (-) und (.) das vermittelte mir dann auch während des schreibens dann ein schönes gefühl, also nicht nur GEdanklich dieser satz, sondern auch (.) der ganze körper, der mit diesem satz harmoniert, und sagt, jo das kriegst du hin." Die Aussage von Proband B ist in die Angewandte Kinesiologie einzuordnen, mit der er sich innerhalb seiner Freizeit beschäftigt. Dabei geht das Wort „Kinesiologie" zurück auf das griechische Wort für Bewegung. In der Medizin steht „Kinesiologie" für Bewegungslehre und Untersuchung der Muskeln.[298]

Proband B trifft die Aussage, dass er mit Unterstützung der Cahier-Methode sein formuliertes Anliegen erfolgreich bearbeitet habe. Untersucht man das Interview von Proband B genauer, so fällt durchaus auch mit entsprechender Verwunderung auf, dass er das scheinbar schwerwiegendere Thema der problembehafteten Beziehung zu seinem Sohn im Selbstcoaching nicht angegangen ist. An dieser Stelle muss im Zusammenhang mit den gewalttätigen Handlungen von Proband B gegenüber seinem Sohn die Grenze der Cahier-Methode deutlich aufgezeigt werden. Selbstcoaching anhand der Cahier-Methode kann keine Therapie ersetzen. Unter Bezugnahme auf die zugrunde gelegte Coachingdefinition (vgl. 2.3) muss hier erneut betont werden, dass die Behandlung psychischer Störungen ausgeschlossen werden. Hierzu braucht es therapeutische Maßnahmen, die über eine reine Selbstreflexion in Form von Selbstcoaching weit hinausgehen. Was an dieser Stelle denkbar wäre ist, dass die Cahier-Methode eine ergänzende Intervention zu einer Therapie darstellen könnte.

Die Grundhaltung von *Probandin D* lässt sich als eine sehr kritische Einstellung beschreiben. Vor und während der Cahier-Methode hat sie stets die

298 Vgl. *http://www.dgak.de* (letzter Abruf 01.08.2011).

Methode hinterfragt und versucht, die dahinterstehende Systematik zu analysieren. Insgesamt hat für sie die Cahier-Methode einen „sehr hohen Stellenwert“ eingenommen, wobei sie sich selbst rückblickend am Ende als „enttäuscht“ über die Methode bezeichnet. Ihre Enttäuschung stellt sich dabei durch ihre Erwartungshaltung ein, die sie reflektierend als „zu hoch“ beschreibt. Das „Vermissen von Instrumenten“ während der Cahier-Aufzeichnungen führt sie als Grund für ihre Enttäuschung an. Dabei hat sie bereits während der morgendlichen Aufzeichnungen Instrumente wie „klare Fragen zu einem veränderten Blickwinkel“, aber auch Hilfestellungen dazu gefehlt, ob sie ihre Cahiers auf dem Computer „tippen“ dürfe oder ob sie die Cahiers „von Hand schreiben“ müsse. Zusätzlich hätte sie gerne eine Antwort darauf gehabt, ob sie in den Cahiers zeichnen dürfe oder nicht. Einen Kontakt zum Forschungsteam habe sie nicht aufgenommen, da sie Ergebnisse nicht verfälschen wollte.

Zusammenfassend kann für Probandin D festgehalten werden, dass sie sich vermutlich in einem Selbstcoaching ohne den Kontext des Forschungsprojekts freier gefühlt hätte, die Methode ihren Bedürfnissen anzupassen.

Als Konsequenz aus den fehlenden Instrumenten kritisiert Probandin D beim morgendlichen Schreiben „eine Gefahr der Schleife“, die dazu führt, dass das Schreiben „nicht innovativ“ ist. Dabei vergleicht sie die Cahier-Methode mit der Methode der „Morgenseiten“, die sie nach CAMERON durchgeführt hat. Dabei hält sie fest, dass sie bei der Methode der „Morgenseiten“ im Vergleich zur Cahier-Methode „mehr gelernt“ habe.[299]

Im Unterschied zu Proband A und Proband B bewerten die folgenden Personen die Cahier-Methode als grundlegend positiver: *Proband C* beschreibt die Cahier-Methode als „spannendes Setting“, das ihm als Ergebnis einen „Auszug aus sich selbst“ liefert. Seine Cahier-Aufzeichnungen sind dabei transaktionsanalytisch geprägt, da er parallel dazu eine Weiterbildung zu dieser Thematik besucht.

Während *Proband E* und *Probandin J* explizit äußern, dass sie die Cahier-Methode für andere Themen erneut einsetzen werden, betont *Probandin F*, dass die Cahier-Methode für ihn ebenfalls eine „interessante Erfahrung“ war, die seine Erwartungen übertroffen habe: „m:: (.) gut, also mir geht es gut, ich denk' das war (.) erHELLEND, oder es hat, es hat mir in der, in der form auch, sag' ich mal, NICHT das ich jetzt mit 'ner:: (.) abgeschlossenen lösung da sitze und sage, so:, und jetzt ist das alles vom tisch, sondern es hat mir im prinzip (.) KLARheit verschafft über die nächsten schritte, die ich selber auch letztendlich dann UNTERnehmen muss, oder einleiten muss. und das denk' ich mal, ist schon mal,

299 Vgl. Cameron, J.: Der Weg des Künstlers.

find' ich schon mal sehr (.) ja produktiv, oder das ist jetzt schon gleich MEHR als ich ursprünglich erwartet hätte." Auch *Probandin G* bewertet die Cahier-Methode als positiv. Sie beschreibt den Prozess als eine „runde Sache", mit der sie „sehr zufrieden" ist. Zusätzlich bewertet sie die Cahier-Methode als „spannend" und „überraschend", besonders im Hinblick auf ihre Auswertung: „sehr gut. sehr (-) es hat sich viel überRASCHENDES ergeben, ich fands eine spannende methode. (…) spannend war, (.) spannend kann ich eigentlich erst sagen, seit ich es ausgewertet habe. bei der auswertung (.) beim IMMER wieder durchlesen bin ich auf sätze gestossen, (.) wenn man mich gefragt hätte, hätt' ich gesagt, dass hab' ich nie geschrieben."

Proband I stellt fest, dass ihm die Cahier-Methode nach Beendigung der Aufzeichnungen zu „einem guten Freund geworden" sei: „okay, und aber irgendwie ist mir dat so'n bisschen an's herz gewachsen gewesen, dass ich irgendwie, nachDEM die vierzehn zu ende und ich tat::sächlich nicht mehr wusste, wat ich noch irgendwie zu papier bringen wie so'n guter freund geworden, von dem man ein stück weit (.) halt abschied genommen hat."

Fasst man den meistgenannten Kritikpunkt an der Cahier-Methode zusammen, so bezieht dieser sich auf das morgendliche frühe Aufstehen und das daraus resultierende Schlafbedürfnis. Dabei sparen drei von zehn Probanden, nämlich *Probandin G*, *Probandin F* und *Probandin J*, die Thematik der morgendlichen Müdigkeit aus. Vermutlich haben sie das frühe Aufstehen nicht als Belastung empfunden. Die verbleibenden sieben Probanden berichten von „Schlafbedürfnis"[300], „Schlafmangel"[301], „Müdigkeit"[302] und von einem „durcheinandergebrachten Biorhythmus"[303].

Abschließend kann festgehalten werden, dass sich – außer *Proband A* und *Probandin D* – insgesamt acht der zehn Probanden positiv gegenüber der Cahier-Methode äußern, wenn auch mit einzelnen kleineren Kritikpunkten. Während Proband A und Probandin D umfassendere Kritik an der Cahier-Methode üben, äußert *Proband B* das aus seiner Sicht einzuschränkende Einsatzfeld der Cahier-Methode. Sechs Probanden bewerten den Einsatz der Cahier-Methode als grundlegend positiv.[304]

300 Siehe Probanden A, B.
301 Siehe Probandin D.
302 Siehe Probandin H; Probanden E, I.
303 Siehe Proband C.
304 Siehe Probandinnen F, G, J; Probanden C, E, I.

4.9.2 Optimierungsvorschläge der Probanden zur Cahier-Methode

Das Teilkapitel „Optimierungsvorschläge der Probanden zur Cahier-Methode“ fasst die wichtigsten elf Optimierungsvorschläge der zehn befragten Probanden zusammen. Die Optimierungsvorschläge resultieren einerseits aus den oben aufgeführten negativen Beiträgen der Probanden zur Cahier-Methode, werden zusätzlich aber auch konstruktiv im Abschlussinterview von den Probanden benannt. Im Anschluss folgt eine Aufzählung, die diese Optimierungsvorschläge der Probanden prägnant zusammenfasst:

(1) Offenere Methodengestaltung[305]
Unter einer offeneren Methodengestaltung wird hier der Wunsch verstanden, die Cahier-Methode lieber über drei Wochen auszudehnen und dafür die Freiheit hinzuzugewinnen, an manchen Tagen individuell eine Pause einzulegen.[306] Auch die eigene Dimensionierung der morgendlichen Aufzeichnungsdauer soll hier tagesformabhängig individuell von dem Probanden selbst bestimmt werden können.[307]

(2) Kombination mit einem Abschlussgespräch[308]
Der Optimierungsvorschlag „Kombination mit einem Abschlussgespräch“ spiegelt die Meinung eines Probanden wider, der zum Abschluss der Cahier-Methode ein Abschlussgespräch für das Gelingen der Cahier-Methode als unbedingt notwendig ansieht.

(3) Einbindung des Bewegungsaspekts[309]
Ein Proband äußerte die Idee, die Cahier-Methode mit Bewegung zu kombinieren. Da es Teil seines Anliegens war, sich wieder mehr körperlich zu bewegen, kam er auf eine Variante zur der hier vorgestellten schriftlichen Variante der Cahier-Methode. Er schlug vor, die morgendlichen Cahiers digital bei einem Waldspaziergang aufzunehmen, um diese nach Beendigung der 14-tägigen Aufzeichnungen sich anhören zu können.

305 Siehe Probanden A, B.
306 Siehe Proband A.
307 Siehe Proband B.
308 Siehe Probandin J.
309 Siehe Proband E.

(4) Dauer der Methode in Abhängigkeit vom Anliegen[310]
Eine Probandin fand es verbesserungswürdig, die Dauer der Cahier-Methode in Abhängigkeit vom Anliegen zu bestimmen. Ihre Idee umfasste drei Optionen, die dem durchführenden Probanden angeboten werden sollten. Dabei unterschied sie eine Aufzeichnungsdauer von zwei, vier und acht Wochen, die passend zum Anliegen ausgewählt werden sollte.

(5) Fragen aus unterschiedlichen Perspektiven[311]
Der Wunsch einer Probandin nach Fragen aus unterschiedlichen Perspektiven bezieht sich auf die einzelnen Tage der Cahier-Aufzeichnungen. Um ein innovatives Schreiben zu erzielen, fände sie es gut, wenn der durchführende Proband Bereits während der schriftlichen Aufzeichnungen sogenannte „Einladungen zu bestimmten Betrachtungsweisen" in schriftlicher Form bekäme. Diese täglichen Einladungen sollen den Probanden dahingehend ermuntern, verschiedene Blickwinkel auf sein Anliegen zu beleuchten.

(6) Präzisierung der Anleitung der Methode[312]
Ein weiterer Optimierungsvorschlag ist die „Präzisierung der Anleitung der Methode". Die Probandin hat sich bereits zu Beginn der Cahier-Methode Fragen gestellt, die sie sich selbst nicht beantworten konnte. Für sie war die Frage offen, ob sie von Hand schreiben müsse oder ob sie auch auf dem Computer tippen dürfe. Darüber hinaus fragte sie sich, ob auch Zeichnungen erlaubt seien oder nur Schrift. Eine Präzisierung der Anleitung der Cahier-Methode hätte ihr diese anfänglichen Unsicherheiten genommen.

(7) Formalisierung der Auswertungsanleitung[313]
Einer der zehn Probanden sprach den Wunsch nach einer „Formalisierung der Auswertungsanleitung" aus. Da die freie Zeiteinteilung für die Auswertung ihn aufgrund seines mangelnden Zeitmanagements in Zeitdruck gebracht hat, äußert er als Optimierungsvorschlag eine konkrete Angabe, was das zeitliche Volumen der Auswertung betrifft. So hätte er sich zum Beispiel eine Vorgabe gewünscht, die besagt, dass er jeweils über drei Vormittage verteilt jeweils eine Stunde seine Cahiers auswerten solle.

310 Siehe Probandin D.
311 Ebd.
312 Ebd.
313 Siehe Proband A.

(8) Verlängerung der Ruhezeit[314]
Hinter dem Optimierungsanliegen „Verlängerung der Ruhezeit“ steckt die feste Überzeugung einer Probandin, dass erst eine Verlängerung der Ruhezeit von einer Woche auf zwei bis drei Wochen einem den nötigen Abstand gewährt, um seine Cahiers selbst tiefergehend analysieren zu können.

(9) Verlängerung der Schreibphase[315]
Kombiniert mit der „Verlängerung der Ruhezeit“ betrachtet eine Probandin auch eine „Verlängerung der Schreibphase“ von 14 Tagen auf vier Wochen als Erfolg versprechender.

(10) Verkürzung der Gesamtschreibphase[316]
Im Kontrast zum vorherigen Optimierungsvorschlag betont hier eine Probandin, dass ihr eine „Verkürzung der Gesamtschreibphase“ auf zehn Tage ausgereicht hätte.

(11) Verkürzung der morgendlichen einstündigen Aufzeichnung[317]
Der Optimierungswunsch einer Probandin beinhaltet den Vorschlag, die morgendlichen Aufzeichnungsdauer von einer Stunde auf 30 Minuten zu verkürzen und dafür etwas später anzusetzen.

Abschließend kann festgehalten werden, dass sieben der zehn Probanden sich zu Optimierungsvorschlägen äußern. Betrachtet man alle oben angeführten elf Optimierungsvorschläge ist auffallend, dass keiner der Optimierungswünsche eine deutliche Mehrfachnennung aufweist. Es findet demnach keine Häufung an bestimmten Optimierungsanforderungen statt. Die verschiedenen Verbesserungsvorschläge spiegeln die unterschiedlichen Persönlichkeiten, deren unterschiedlichen Vorgehens- und Arbeitsweisen wider. Es ergeben sich ganz individuell unterschiedliche Bedürfnisse in Abhängigkeit vom Anliegen, aber auch in Abhängigkeit von der Persönlichkeit des Probanden.

Besonders aufschlussreich fand das Forschungsteam die Idee der „Einbindung des Bewegungsaspekts“ in die Cahier-Methode. Eine daraus resultierende Forschungsfrage könnte dahingehend anknüpfen, ob ein Zusammenhang zwischen Bewegung, Assoziationen, Reflexionsprozessen und Ergebnisfindung besteht.

---

314 Siehe Probandin D.
315 Ebd.
316 Siehe Probandin G.
317 Siehe Probandin H.

4.10 Kategorie „Motivation“

Die im Interviewleitfaden erarbeitete Kategorie „Motivation“ richtet den Fokus auf die emotionalen Erlebnisinhalte der Probanden, die aufgrund der Cahier-Methode hervorgerufen wurden. In diesem Teilkapitel werden die interessantesten Aussagen zu den Aspekten Motivation, Empfinden, Gefühle und Emotionen der Probanden gegenübergestellt.

Proband A, der am Anfang der Cahier-Methode „gespannt“ auf den Einsatz der Methode war, zeigt sich nach acht Tagen deutlich demotiviert. Der als Belastung erlebte tägliche Methodeneinsatz demotivierte ihn zunehmend, bis hin zum vorzeitigen Abbruch der Methode (vgl. 4.8.6). Seine damit verbundenen Gefühle und Emotionen beschreibt er mit Unlust: „weil das hat mich dann so: so belastet schon am VORabend, dass ich am nächsten morgen dann früh aufstehen muss, dass ich kei' Lust mehr hatte.“ Während der 14-tägigen Cahier-Aufzeichnungen thematisiert er die negative Emotion der Angst. Durch den initiierten assoziativen-reflexiven Lernprozess wurden in Verbindung mit bestimmten Gedankengängen bei ihm Angst ausgelöst. Dabei betont er, dass er sich „kurzzeitig schockiert“ über seine Gedanken und daraus resultierenden Erkenntnissen gefühlt habe (vgl. 4.4.2).

Auch *Proband C* thematisiert das negative Gefühl der Angst, das bei ihm aufgrund der Reflexion seiner Paarbeziehung verursacht wird. Dabei spricht er von Kommunikationsmustern in seiner Beziehung, die immer wieder Eskalationen hervorrufen. In Verbindung mit diesen Eskalationen entsteht bei ihm das Gefühl der Angst: „also i' hab' angst vor diesem, diesen eskalationen, ist negativ, aber positiv ist, dass ich eigentlich glücklich sein möchte, erfüllt sein möchte, und:: da das andere höhlt eben aus, das finde ich dann als Regel noch mal schön, wo i' au' merk', des is' au' so, des macht mi' dann, das höhlt mich aus, und das hab' ich, der aspekt kam öfters vor, der negative sozusagen, dass ich mich dann oft, wo war das ((raschelt)) (---) dass ich mich klein fühl', pimpfig, wie' lächerlicher clown in diesen auseinandersetzungen.“

Neben diesen negativen Emotionen beschreibt Proband C auch emotional positive Momente. Er betont, dass seine Begeisterung an der Cahier-Methode im Nachhinein gewachsen ist. Seine Cahier-Aufzeichnungen möchte er seiner Partnerin zur Verfügung stellen. Davon erhofft er sich eine wertvolle Auseinandersetzung mit seiner Frau, die die gemeinsame Beziehung „ein paar Schritte“ weiterbringt.

Proband B, der sich gleich zu Beginn seiner Cahier-Aufzeichnungen für ein bestimmtes Verhalten und Handeln selbst verurteilt, vollzieht nach der Akzeptanz seines als negativ empfundenen Verhaltens eine emotionale Wende. Er beschreibt, dass ihm das Angehen seiner Problematik seine Gefühlswelt letztendlich in Zuversicht gewandelt hat. Diese Zuversicht verbalisiert er als ein „schönes Gefühl“: „grundsätzliche zuversicht, ich krieg' (-) mei:n thema, (-) das was ich mir vorgenommen hatte, das krieg' ich hin. das war mir KLA::R, schon wo mir der gedanke einfach durch den kopf ist, es ist nicht die frage OB, sondern nur WA:NN und wie.“ (vgl. 4.9.1).

Die Durchführung der Cahier-Methode von *Probandin D* ist geprägt von einer hohen Anfangsmotivation, die schnell in einen „genervten“ Zustand umschlug. Dabei beschreibt sie, dass es die intensive gedankliche Auseinandersetzung mit ihrem Anliegen war und die „Unruhe ihres Geistes“, die ihre Gefühlslage aus dem Gleichgewicht gebracht hat. Darüber hinaus berichtet sie von einer Phase in der zweiten Woche, in der sie sich „desillusioniert“ gefühlt hat: „rgendwie, IRGENDwie ein bisschen desillusioniert, ich, ich, ich hab' (.) vielleicht damit zu tun:: gehabt, dass ich nicht wirklich dran geglaubt habe.(-) (...) an der methodik. weil= (...) weil die frage so:, weil die frage so gross war, <<husten im hintergrund>> dass ich immer diesen zweifel hatte. es kann natürlich sein::, dass es, dass es ein einfluss gehabt hat.“ Dieses Zitat beinhaltet Kritik an der Wahl des eigenen Anliegens (vgl. 4.7). Dabei empfindet sie ihre eigene Zielformulierung als zu weit gefasst. Das Gefühl das eigene zu weit gefasste Ziel nicht erreichen zu können, scheint Auslöser für das Gefühl der Desillusionierung.

Sowohl bei *Proband E* als auch bei den *Probandinnen H* und *J* stehen die emotionale Entlastung und ein positives Gefühl im Vordergrund. Ihr Befinden drücken sie anhand von Aussagen wie „ich fühle mich wohler als vorher“[318], „die Cahiers bringen Erleichterung für den Tag“[319] und „ein sehr positives Gefühl“[320] aus (vgl. 4.2.1).

Auch *Probandin F* betont ihre positive Grundhaltung gegenüber der Cahier-Methode. Dabei beschreibt sie ihren Prozess als „sehr interessant“ und „erhellend“, begleitet vom Gefühl, dass es ihr gut geht. Ihren Lernprozess beschreibt sie phasenweise als „schmerzhaft“. Je tiefer sie in die Reflexion eingestiegen ist, desto mehr wurde diese negative Emotion hervorgerufen: „schmerzhaft, deswegen vergleich ich's mit dem zwiebelschälen, weil man so (.) je mehr man schält (.) umso unangenehmer ist es vielleicht dann auch für einen selbst, weil man so (.) ja, das ganze ein bisschen ehrlich reflektiert.“

Der Prozess von *Probandin G* zeichnet sich dadurch aus, dass die morgendlichen Aufzeichnungen und die Aufgaben, die sie sich täglich selbst gestellt hat, eine Motivation in sich darstellten. Sie beschreibt, dass sich bereits während

318 Siehe Proband E.
319 Siehe Probandin H.
320 Siehe Probandin J.

ihren morgendlichen Aufzeichnungen das Gefühl der Vorfreude auf den Tag eingestellt hat: „hab' ich am schluss meistens geschrieben (.) ich fühl' mich motiviert und gut und jetzt FREU' ich mich auf den tag." Des Weiteren beschreibt Probandin G einen Einbruch seiner Motivation am dritten und vierten Tag, von dem sie sich aber selbst wieder erholt hat: „ich hatte dann einen kurzen einbruch, das steht (.) auf dem dritten oder vierten brief steht, was soll ich weiterhin noch schreiben?" Im Zusammenhang mit dem elften fiktiven Cahier, das sie selbst als „ominös" betitelt, entstanden beim Schreiben zunächst positive Gefühle: „ja, da ging's mir sehr gut."

Dieses positive Gefühl wurde am darauffolgenden Tag durch das Gefühl der Unsicherheit abgelöst, woraus das ritualisierte Verbrennen dieses Cahiers folgte (vgl. 4.1. 8.6). Ihren Gesamtprozess beschreibt sie zusammenfassend als emotional unruhig: „hat mich sehr aufgewühlt, von der gef-, von der gefühlswelt her, weil ich (-) weil ich mir in vielen phasen begegnet bin, (-) ((kurzes aufstöhnen)) da hab' ich gar nicht gewusst, dass ich so sein kann, und das es mich so betrifft". Dabei betont sie die Emotion des Überraschtseins. Ihre Überraschung bezieht sich dabei auf die Themen, die im Rahmen der Cahier-Arbeit aufgekommen sind, auf ihre morgendlichen Gedanken und deren Wendungen. Im Abschlussinterview beschreibt sie ihr Befinden nach der Durchführung der Cahier-Methode als „sehr gut".

Die oben dargestellten Aussagen zur Kategorie der Motivation lassen sich nur schwer quantifizieren beziehungsweise klassifizieren, weshalb hier abschließend ganz auf diese Vorgehensweise verzichtet wird. Die Vielschichtigkeit der Ergebnisse repräsentiert die Tiefe des qualitativen Forschungsansatzes, der die Unterschiedlichkeit der Individuen untersuchen und beschreiben möchte.

Zusammenfassend kann festgehalten werden, dass das vorliegende Teilkapitel „Modellierung des Lernprozesses im Rahmen der Cahier-Methode" die Forschungsergebnisse dieser qualitativen Studie darlegt. Die Analyse und Interpretation der Daten erfolgt anhand des oben beschriebenen Kategoriensystems, welches aus insgesamt zehn Kategorien besteht. Zu den prozessorientierten Kategorien des Leitfadens kamen durch die Analyse der Interviews sowohl prozess- als auch methodenorientierte, induktive Kategorien hinzu (vgl. 3.1.5). Da die Kategorien „Selbstreflexion", „Ergebnisbewertung", „Innere und äußere Widerstände", „Assoziationen", „Austausch mit der Umwelt", „Anliegen der Probanden" und „Motivation" Erkenntnisse zum Lernprozess im Rahmen der Cahier-Methode liefern, werden sie als prozessorientierte Kategorien bezeichnet. Hinzu kommen die Kategorien „Selbstcoaching versus Coaching" und „Bewertung der Cahier-Methode", die als methodenorientierte Kategorien bezeichnet werden können. Die methodenorientierten Kategorien liefern weniger Erkenntnisse, die zur Modellierung des Lernprozesses dienlich sind, sondern ermöglichen vielmehr eine Bewertung von Selbstcoaching und eine Bewertung der Cahier-Methode. Dadurch rücken neben der Modellierung des Lernprozesses auch Optimierungsmöglichkeiten der Cahier-Methode in den Fokus dieser Studie. Die Kategorie „Umgang mit der Cahier-Methode“ wird hier als Kombination zwischen prozess- und methodenorientierter Kategorie betrachtet, weil sie sowohl Erkenntnisse zum Lernprozess, also auch zur Optimierung der Cahier-Methode liefert. Auf die ausführliche Darlegung des Kategoriensystems folgt im anschließenden Teilkapitel die „Zusammenfassende Interpretation der Daten“ (vgl. 5).

5 Zusammenfassende Interpretation der Daten

Das Kapitel „Zusammenfassende Interpretation der Daten“ hat die Funktion, die in dieser Studie erhobenen empirischen Daten inhaltlich zusammenzufassen und somit dem Leser ein Resümee zu den Forschungsergebnissen zu liefern. Das Teilkapitel „Zusammenfassung des Kategoriensystems“ (vgl. 5.1) fasst hierbei die wesentlichen Forschungsergebnisse zu den einzelnen Kategorien zusammen, während das Teilkapitel „Individuelle Zugänge der Probanden im Selbstcoaching“ (vgl. 5.2) deren persönliche Handhabung und Umsetzung in den Fokus der Betrachtung rückt.

5.1 Zusammenfassung des Kategoriensystems

Das Teilkapitel „Zusammenfassung des Kategoriensystems“ stellt die wesentlichen Forschungsergebnisse innerhalb der einzelnen Kategorien des dieser Forschungsarbeit zugrunde liegenden Kategoriensystems dar.

Die Modellierung des Lernprozesses im Rahmen der Cahier-Methode erfolgte anhand eines Kategoriensystems, das durch zehn Kategorien gebildet wird. Bei den untersuchten Kategorien handelt es sich um „Selbstreflexion“ (vgl. 4.1), „Ergebnisbewertung“ (vgl. 4.2), „Selbstcoaching und Coaching“ (vgl. 4.3), „innere und äußere Widerstände“ (vgl. 4.4), „Assoziationen“ (vgl. 4.5), „Austausch mit der Umwelt“ (vgl. 4.6), „Anliegen der Probanden“ (vgl. 4.7), „Umgang mit der Cahier-Methode“ (vgl. 4.8), „Bewertung der Cahier-Methode“ (vgl. 4.9) und „Motivation“ (vgl. 4.10). Die Kategorien werden differenziert in theoretische, sprich deduktive Kategorien, die dem Interviewleitfaden zugrunde liegen, und in induktive Kategorien, die aus dem Datenmaterial der qualitativen Interviews erhoben wurden.[321] Als induktive Kategorien wurden die Kategorien „Selbstcoaching und Coaching“, „Anliegen der Probanden“ und „Bewertung der Cahier-Methode“ herausgearbeitet.[322] Bei den oben zusätzlich aufgeführten Ka-

321 Begrifflichkeiten der „induktiven und deduktiven Kategorienbildung“ nach Mayring, P.; vgl. Mayring, P.: Qualitative Inhaltsanalyse, S. 74, 75, 82.

322 Vgl. induktive Kategorien: Kapitel 4.1.3, 4.1.7 und 4.1.9.

tegorien handelt es sich um dem Leitfaden zugrunde liegende theoretische Kategorien.[323] Die theoretischen Kategorien haben zusätzlich die Funktion, die Vorannahmen des Forschers für den Leser transparent zu gestalten.

Anhand dieses Kategoriensystems wurden die individuellen Lernprozesse, die anhand der Cahier-Methode durchlaufen wurden, analysiert, diskutiert und ausführlich dargelegt. Die vorliegende Studie verfolgt den Anspruch die qualitativ-empirischen Ergebnisse zu klassifizieren, identifizierte Effekte zu beschreiben, individuelle Lernprozesse aufzuzeigen sowie die Gemeinsamkeiten und Kontrastierungen der einzelnen Lernprozesse zusammenfassend darzulegen.

Insgesamt kann festgehalten werden, dass Lernen in Bezug auf die Cahier-Methode als assoziativ-reflexives Lernen definiert werden muss (vgl. 4.1; 4.5). Der Lernprozess anhand der Cahier-Methode hat bei allen zehn Probanden Selbstreflexion initiiert (vgl. 4.1.3; 4.1.4), deren Intensität von den Probanden mit einem hohen Durchschnittswert von 8,2 beschrieben wird (vgl. 4.1.2). Dieser Skalierungsfrage liegt eine Skala von 1 bis 10 zugrunde, wobei 10 der Wert ist, der die Selbstreflexion als sehr hoch und der Wert 1 den Grad der Selbstreflexion als sehr niedrig beschreibt.

Die Untersuchung der theoretischen Kategorie „Selbstreflexion“ (vgl. 4.1) liefert eine Klassifizierung der Selbstreflexionsprozesse der Probanden in die Bereiche „die Ursachendiskussion von eigenem unerwünschten Verhalten“, „die Diskussion des eigenen Wertesystems“, „die Analyse von Ist-Zuständen“ und „die Analyse von angestrebten Soll-Zuständen“ (vgl. 4.1.1). Die am Textmaterial induktiv herausgearbeitete Klassifizierung bestätigt und erweitert die theoretischen Vorannahmen aus dem Leitfaden und belegt das Auftreten von Selbstreflextion. Die induktiv gewonnene Klassifizierung wird deshalb eindeutig als Erweiterung des Leitfadens betrachtet, da sie eine viel spezifischere Differenzierung der von den Probanden (selbst-)reflektierten Themen wiedergibt.

Darüber hinaus konnten aufbauend auf die Klassifizierung der Selbstreflexionsprozesse zwei bezüglich der Motivation komplementär gerichtete Lernwege im Rahmen der Cahier-Methode herausgearbeitet werden, nämlich der der Hin-zu-Motivation und der Weg-von-Motivation. Beide Lernwege stehen im unmittelbaren Kontrast zueinander, da sie motivational betrachtet entgegengesetzt verlaufen (vgl. 4.1.1). Der Lernprozess der Probanden, die hin-zu-motiviert sind, wird charakterisiert durch das Verfolgen und gedankliche Bearbeiten eines Soll-Zustandes, sprich eines Lösungszustandes. Motiva- tional gesehen ist ihr Selbstcoachingprozess nach vorne gerichtet, das heißt lösungs- orientierter ausgerichtet als der der weg-von-motivierten Probanden. Im Gegensatz hierzu rich-

323 Vgl. deduktive (theoretische) Kategorien: Kapitel 4.1, 4.2, 4.4, 4.5, 4.6, 4.8 und 4.10.

ten die Probanden, die weg-von-motiviert vorgehen, das Hauptaugenmerk auf den unerwünschten Ist-Zustand, von dem sie sich wegentwickeln möchten.

Weiterhin sehr aufschlussreiche Ergebnisse zur Beschreibung des Selbstreflexionsprozesses im Rahmen der Cahier-Methode liefert der Aspekt des „Infragestellens eigener Verhaltensmuster“ (vgl. 4.1.4). Die vorliegende Forschungsarbeit arbeitete heraus, dass das „Infragestellen“ eigener Persönlichkeitsmerkmale und eigener Verhaltensmuster in Form von Selbstkritik, einen wesentlichen Bestandteil eines erfolgreichen Selbstreflexionsprozesses darstellt. Diese Selbstkritik, die Themen wie „Selbstakzeptanz“, „Selbstzweifel“, „Selbstschutz“, „Selbstrespekt“ und „Selbstbewusstsein“ impliziert, und die „Akzeptanz von negativ empfundenen Verhalten und Handeln“ (vgl. 4.1.5) werden als Grundvoraussetzung für erfolgreiche Lern- und Veränderungsprozesse im Rahmen der Cahier-Methode herausgearbeitet.

Die Untersuchung der theoretischen Kategorie „Ergebnisbewertung“ (vgl. 4.2) anhand des Textmaterials führte dazu, dass diese Kategorie zusätzlich zu den Interessen des Leitfadens in die Unterkategorien „Ergebnis“ (vgl. 4.2.1), „kein Ergebnis“ (4.2.2) und „offenes Ergebnis“ (4.2.3) differenziert werden musste. Nur so konnte gewährleistet werden, der Komplexität des vorliegenden Datenmaterials gerecht zu werden. Ziel der gesamten Kategorie „Ergebnisbewertung“ ist es, die Lösungen der Probanden, zu denen sie mit Unterstützung der Cahier-Methode gelangten, zu klassifizieren und dadurch die Wirkung der Cahier-Methode herauszuarbeiten.

Einer der zehn Probanden wird dabei der Unterkategorie „kein Ergebnis“ (vgl. 4.2.2), fünf der Probanden der Unterkategorie „Ergebnis offen“ (vgl. 4.2.3) zugeordnet. Insgesamt ist festzuhalten, dass drei dieser fünf Probanden zwar einen Maßnahmenplan entwickeln konnten, diesen aber bis zum Abschlussinterview nicht vollständig abgearbeitet hatten. Die Probanden wollten sich erst bei vollständiger Erledigung ihres Maßnahmenplans der Unterkategorie „Ergebnis“ zuordnen. Dies läuft der Auffassung der Forscherin entgegen, da ihrer Meinung nach der Grad der Zielerreichung der Cahier-Methode an den zunächst theoretisch erarbeiteten Maßnahmen festgemacht werden muss. Die Umsetzung der geplanten Maßnahmen müssen dann in einem zweiten Schritt seitens der Probanden eigenverantwortlich angegangen werden. Dies kann parallel zum Einsatz der Cahier-Methode, oder erst nach Beendigung der Cahier-Methode erfolgen. Hier wird bezüglich Umsetzung der Selbstcoachingergebnisse und Aufrechterhaltung der Umsetzungsmotivation, die Eigenverantwortlichkeit des einzelnen Probanden gefordert. Kurz gesagt: Der Einsatz der Cahier-Methode wird von der Forscherin dann als erfolgreich betrachtet, wenn neue Handlungsoptionen aus dem Selbstreflexionsprozess resultieren und nicht erst, wenn die Handlungsoptionen ausprobiert wurden.

Zusammenfassend kann festgehalten werden, dass der Anspruch der Probanden an die Cahier-Methode an dieser Stelle sehr hoch ist. Aus Perspektive der Forscherin, die praktische Erfahrungen im Bereich Coaching aufzuweisen hat, sind die Probanden mit erstelltem Maßnahmenplan (allerdings ohne deren vollständige Erledigung) bereits der Kategorie „Ergebnis" zuzuordnen. Somit muss die Umsetzung der erarbeiteten Maßnahmen im Selbstcoaching (wie auch im Coaching) eigenverantwortlich durch die Probanden beziehungsweise durch die Klienten erledigt werden. Die Cahier-Methode kann demnach eine Anbahnung der Umsetzung leisten, in dem sie bei der Entwicklung von individuellen Lösungsstrategien unterstützt, nicht aber die Umsetzung selbst. Das Ziel des Selbstcoachings anhand der Cahier-Methode ist es den Probanden darin zu unterstützen, Lösungsansätze und Handlungsanleitungen in einem Schonraum zu entwickeln, die dann aber von der betreffenden Person selbstgesteuert umgesetzt werden müssen. Das bedeutet, dass die Umsetzung nicht zwangsläufig Bestandteil der Cahier-Methode ist, sondern ein mögliches Resultat der Selbstreflexion im Rahmen der Cahier-Methode sein kann.

Die Untersuchung des sehr häufig genannten „Handlungsaspekts" bietet einen realistischen Blick auf die Wirkung und den Erfolg der Cahier-Methode: Da sieben der zehn Probanden in Verbindung mit der Unterkategorie „Ergebnis" (vgl. 4.2.1) den Handlungsaspekt thematisieren, kommt diesem in der vorliegenden Untersuchung eine besondere Bedeutung zu. Das Entwickeln von Handlungsalternativen, aber auch von Verhaltensalternativen ist der zentrale Faktor, an dem die Probanden die Zielerreichung anhand Cahier-Methode hauptsächlich festmachen.

Die Wirkung der Cahier-Methode kann zusätzlich zum Handlungsaspekt anhand von zwölf weiteren identifizierten Effekten festgehalten werden: (1) „Effekt der neuen Sichtweisen", (2) „Effekt des Bündelns", (3) „Effekt des Beschleunigers" von Handlung, (4) „Effekt des Ordnens", (5) „Effekt des Auftauchens von Gedanken, Ideen und Alternativen", (6) „Effekt der Erkenntnisgewinnung", (7) „Effekt des veränderten Verhaltens", (8) „Effekt der Verfestigung", (9) „Effekt der Intensivierung und Fokussierung" des Anliegens, (10) „Effekt der Klarheit", (11) „Effekt des Maßnahmenplans" beziehungsweise „Effekt der Erstellung einer To-Do-Liste" und (12) „Effekt der emotionalen Entlastung" (vgl. 4.2.4).

Bei den oben genannten zwölf Effekten handelt es sich um eine Zusammenstellung der positiven Erfahrungen und Effekte der Probanden, die diese bei ihren individuellen Lösungsfindungsprozessen im Rahmen der Cahier-Methode durchlaufen haben. Dem Effekt der „emotionalen Entlastung" kommt hierbei eine besondere Bedeutung zu, da dieser von 50 % der Probanden im Textmaterial thematisiert wurde.

Die induktive Kategorie „Selbstcoaching und Coaching“ (vgl. 4.3) hat sich aus der im Leitfaden aufgestellten theoretischen Kategorie „Umgang mit der Cahier-Methode“ (vgl. 4.8), genauer gesagt aus den Teilkapiteln „Anwendung der Cahier-Methode ohne Coach“ und „positive und negative Aussagen zum Selbstcoaching“ herausdifferenziert (vgl. 4.6.1). Diese Kategorie gibt die Meinungen und Haltungen der Probanden zum Thema Selbstcoaching und Coaching in Form von subjektiven Wertungen wieder. Anhand dieser Kategorie wird untersucht, wie die Probanden das Selbstcoaching bewerten und es darüber hinaus mit ihnen bekannten Coachingprozessen vergleichen und abwägen.

Zwei der untersuchten Probanden, *Proband A* und *Probandin F*, diskutieren den Selbstcoachingprozess kritisch. Während *Proband A* dem Selbstcoaching im Vergleich zum Coaching einen geringeren Nutzen zuspricht, räumt er ein, dass sein Selbstcoachingprozess ähnlich seiner zuvor erfahrenen Coachingprozesse abgelaufen sei. Als wesentlichen Unterschied hält er fest, dass er seinen Selbstcoachingprozess als unstrukturierter erlebt hat als die durch einen Coach angeleiteten Coachingsitzungen. Diesen für ihn unstrukturierteren Verlauf begründet er mit einer fehlenden Fragestellung seitens eines Coachs. Das führe seiner Meinung dazu, dass ein Selbstcoaching weniger zielführend im Sinne von zielorientiert und weniger effektiv sei. Seitens der Forscherin wird hier die Hypothese aufgestellt, dass die Technik des freien Assoziierens im Rahmen der Cahier-Methode den Probanden A verunsichert zu haben scheint. Eine strukturiertere Selbstcoachingmethode mit einer zum Beispiel linearen anstatt assoziativen Vorgehensweise hätte den Probanden A vermutlich dazu veranlasst, seinen Selbstcoachingprozess mit einer höheren Zufriedenheit zu bewerten.

Zusammenfassend kann festgehalten werden, dass die aufkommende Unzufriedenheit von Proband A, aber auch von Probandin D, im auf der Cahier-Methode basierenden Selbstcoachingprozess vermutlich weniger auf das Selbstcoaching an sich abzielt als vielmehr auf die methodische Vorgabe der „freien Assoziation“. Das „freie“, selbstgesteuerte Arbeiten scheint hier zur Verunsicherung der beiden Probanden geführt zu haben.

Probandin F thematisiert den Aspekt der Selbstreflexionskompetenz. Sie betont, dass ihrer Meinung nach nur Menschen mit einer hohen Selbstreflexionskompetenz und Menschen mit Vorerfahrung im (Selbst-)Coaching – sei das aus der Perspektive eines Coachs oder auch eines Klienten – zur Anwendung der Cahier-Methode fähig seien.

Im Kontrast zu den Aussagen von Proband A und Probandin F betonen fünf der zehn Probanden, dass sie die Auseinandersetzung mit sich selbst, sprich ohne einen Coach, im Rahmen des Selbstcoachings sehr schätzen.[324] Nur zwei Probanden gaben an, dass ihnen der Austausch mit einem Coach gefehlt habe.[325] Insgesamt kann festgehalten werden, dass das Selbstcoaching von fünf Probanden als sehr positiv erlebt wurde.

Die deduktive aufgestellte Kategorie „Innere und äußere Widerstände“ (vgl. 4.4) konnte anhand der untersuchten Interviews eindeutig bestätigt werden. Widerstände, die gegenüber Gedanken und Inhalten innerhalb der Cahier-Methode auftreten, werden hierbei als innere Widerstände definiert. Unter äußeren Widerständen werden Widerstände subsumiert, die sich gegen Rahmenbedingungen der Cahier-Methode richten, wie zum Beispiel die Kritik am frühen Aufstehen oder die Kritik am täglichen Schreiben. Die *Probandinnen D* und *I*, sowie die *Probanden E* und *H* betonen ihre Schwierig-keiten mit dem frühen Aufstehen, das entgegen ihres alltäglichen Schlaf- und Wachrhythmus‘ ablief. Als weiteren äußeren Widerstand können motivationale Schwankungen an den einzelnen Morgen von *Probandin J* festgehalten werden.

Richtet man den Blick der Analyse auf die inneren Widerstände, so kann als zentrales Ergebnis festgehalten werden, dass 80 % der Probanden innere Widerstände artikulieren.[326] Während insgesamt 40 % der Probanden konkret einen inneren Zensor thematisieren, nämlich die *Probanden A*, *B*, *C*, und *E*, so fällt auf, dass die *Probandinnen C* und *J* hingegen keine Widerstände angesprochen haben. *Proband I* kommentiert die Frage nach Widerständen sogar dahingehend, dass er ausdrücklich betont, keine Gedanken ausgeklammert und tabuisiert zu haben (vgl. 4.4.2).

Fokussiert man die mit inneren Widerständen und Zensur behafteten Themen der Probanden, so lassen sich diese in Aspekte wie „Ärger und Gewalt“[327], „Selbstzweifel und Selbstverurteilung“[328], „emotional belastende Gedanken“[329] und „negative Emotionen“[330] differenzieren.

Zusammenfassend kann hier festgehalten werden, dass die Probanden mit ihren inneren Widerständen sehr vielschichtig und individuell umgehen und Aspekte im Zusammenhang mit inneren Widerständen, wie „Schreiben in Abkürzungen“[331], „Infragestellen der eigenen Person und die Suche nach Antwor-

324 Siehe Probandinnen F, G, H, J; Proband B.
325 Siehe Probandin D; Proband A.
326 Siehe Probandinnen D, F, G, H, J; Probanden B, E.
327 Siehe Proband A.
328 Siehe Proband B.
329 Siehe Probandin D.
330 Siehe Probandin J.
331 Siehe Proband E.

ten“[332], „Verbrennen von Aufzeichnungen als Ritual“[333] und die „Wahl eines Fluchtthemas beim Schreiben“[334] alle einer Einfachnennung unterliegen. Hingegen benennen vier der zehn Probanden die „Verdrängung von Themen“, die emotional als schmerzhaft und belastend empfunden werden.[335] Konkludierend kann festgehalten werden, dass der Aspekt der „Verdrängung von Themen“ seitens der Probanden der am häufigsten genannten innere Widerstand im Rahmen der Cahier-Methode ist.

Anhand der theoretischen Kategorie „Assoziationen“ (vgl. 4.5) wird herausgearbeitet, dass das Lernen im Rahmen der Cahier-Methode nicht nur als reflexiver Lernprozess, sondern als assoziativ-reflexiver Lernprozess verstanden werden muss. Lernen basiert hierbei sowohl auf Selbstreflexion als auch auf dem Prinzip der freien Assoziation, was durch die Aufzeichnungen der Cahiers angeregt wird. Der Begriff der Assoziation wird beschrieben als das Auftreten neuer Ideen, Vorstellungen und Gedächtnisinhalte, die mit den ursprünglichen, bisher nicht eindeutig bestimmbaren Regeln verknüpft sein können (vgl. 4.5).

Die vorliegende Untersuchung der Kategorie „Assoziation“ ergibt, dass ein Hauptmerkmal der durch die Cahiers initiierten Assoziationen die „Verknüpfung von Erlebnisinhalten“ darstellt (vgl. 4.5.1). So lassen sich bei zehn der zehn der Probanden Aussagen zur Verknüpfung ihrer Erlebnisinhalte identifizieren. Die Beschreibungen der Probanden treffen Aussagen zu der Geschwindigkeit der Assoziationen, zum Vorgang des Aufschreibens sowie zum Aufbau und zum Inhalt ihrer Assoziationsketten (vgl. 4.5.2). Kam ein Assoziationsfluss seitens der Probanden zustande, so kann übergreifend festgehalten werden, dass die Probanden die Geschwindigkeit der Abfolge der einzelnen Assoziationen, sprich der Assoziationsketten, als sehr schnell erlebt haben. Dennoch gab es Tage, an denen sich keine richtige Assoziationsabfolge einstellte und somit die Geschwindigkeit des Gedankenflusses als schleppend empfunden wurde.[336]

Betrachtet man die Aussagen der Probanden zur Verknüpfung ihrer Erlebnisinhalte, so beschreibt *Proband A* diesen als „Brainstorming“ (vgl. 4.5.1). *Proband B* hingegen umschreibt den Vorgang des Gedankenflusses mit den Worten „keinen roten Faden“. Während sich *Proband C* des Begriffs des „assoziativen Schreibens“ bedient, findet *Probandin F* für die Beschreibung ihrer Gedankenflusses die Metapher einer „rollenden Kugel“ (vgl. 4.5.1). *Proband I* hingegen beschreibt seine Erfahrungen während der Cahier-Methode dahinge-

332 Siehe Probandin F.
333 Siehe Probandin G.
334 Ebd.
335 Siehe Probandin D; Probanden A, B, E.
336 Siehe Probandin J; Probanden B, E, I.

hend, dass er versucht habe, sich „nicht vom Bewusstsein steuern“ zu lassen. *Probandin D*, die die „Flüchtigkeit ihrer Gedanken“ hervorhebt, bewertet das schriftliche Festhalten ihrer Gedanken dahingehend als positiv, da es ihr die Möglichkeit eröffnet, jederzeit nachzulesen und somit ihre Tagesverfassung reflektieren zu können. Zum Inhalt der Assoziationsketten kann abschließend festgehalten werden, dass dieser häufig von Textfragmenten gespeist ist, die Eindrücke aus dem Alltag verarbeiten und wiedergeben.

Die theoretische Kategorie „Austausch mit der Umwelt“ (vgl. 4.6) legt ihr Hauptaugenmerk auf mögliche Wechselwirkungen, die zwischen den Probanden und deren Umwelt entstehen. Es werden hierunter die Personen gezählt, die man im allgemeinen Sprachgebrauch als Umfeld bezeichnet. Dieser Umweltbegriff beinhaltet aber neben dem personenbezogenen Umfeld auch andere Faktoren, wie zum Beispiel das Hinzuziehen zusätzlicher Informationsquellen, sprich unter anderem Fachliteratur (vgl. 4.6.2). Darüber hinaus werden positive und auch negative Reaktionen von Personen auf die Durchführung des Selbstcoachings und auch die Instruktionen der Probanden an diese Personen, wie zum Beispiel Familie und Lebenspartner, gezählt (vgl. 4.6.1).

Während fünf der zehn Probanden explizit positive Rückmeldungen ihres Umfeldes auf den Selbstcoachingprozess verzeichnen können[337], beschreibt ein Proband[338] mögliche negative Reaktionen aus dem Umfeld gegenüber Coaching und Selbstcoaching (vgl. 4.6.1). Zwei Probanden haben weder ihr Umfeld über den Einsatz der Cahier-Methode informiert noch sich mit diesem ausgetauscht.[339] Sieben Probanden haben ihr Umfeld formal[340] und eine Probandin hat auch inhaltlich informiert[341].

Zieht man das Kapitel „Zusätzliche Informationsquellen“ (vgl. 4.6.2) zur Analyse der Kategorie „Austausch mit der Umwelt“ hinzu, so lassen sich die in Wechselwirkung zum Selbstcoachingprozess stehenden Faktoren im Rahmen dieses Forschungsprojekts im Einzelnen als „laufende Weiterbildung“[342], „laufende Magisterarbeit“[343], „gesellschaftliche Entwicklungen“[344], „Telefonat mit Freunden“[345], „Aufnahme einer Paartherapie“[346] zusammenfassen. All diese

337 Siehe Probandinnen D, G, H; Probanden B und I.
338 Siehe Proband A.
339 Siehe Probandin J; Proband E.
340 Siehe Probandinnen D, F und H; Probanden A, B, C und I.
341 Siehe Probandin G.
342 Siehe Proband C.
343 Siehe Probandin F.
344 Siehe Proband I.
345 Siehe Probandin F.
346 Siehe Probandin G.

Wechselwirkungen zwischen Proband und Umwelt können den individuellen Selbstcoachingprozess und die damit verbundenen Selbstreflexionsprozesse in unterschiedlichem Ausmaß beeinflussen. Dabei kann das vorliegende Forschungsvorhaben keine Aussagen über Art und Grad der Wechselwirkungen treffen, da es sich um sehr viel komplexere Prozesse als um das Erkennen von Kausalzusammenhängen handelt.

Abschließend kann festgehalten werden, dass die Umweltfaktoren sich auf die Durchführung der Cahier-Methode auswirken. Selbstcoaching findet nicht in einem hermetisch abgeriegelten Raum statt, sondern muss immer im größeren Zusammenhang mit wechselwirkenden Faktoren betrachtet werden.

Die Kategorie „Anliegen der Probanden" (vgl. 4.7) wurde induktiv am Textmaterial erarbeitet. Dabei hat sie sich als eigenständige Kategorie aus dem Leitfaden, genauer gesagt aus der theoretischen Kategorie „Umgang mit der Cahier-Methode" (vgl. 4.8), herauskristallisiert.

Die Kategorie „Anliegen der Probanden" liefert dem Leser inhaltlichen Einblick in die Themen, die die einzelnen Probanden im Rahmen der individuellen Selbstcoachingprozesse bearbeitet haben (vgl. 3.1). Dabei wird diese Kategorie in die Teilkapitel „Auftreten von neuen und verwandten Themen" (vgl. 4.7.1.) und „Veränderung des Anliegens und der Zielformulierung" (vgl. 4.7.2) differenziert. Beide Teilkapitel liefern Erkenntnisse, die zusätzlich zur Kategorie „Assoziationen" (vgl. 4.5) die These fundieren, dass es sich bei der Cahier-Methode um eine assoziativ-reflexive Lernmethode handelt. Da die Untersuchung dieser Kategorie ergeben hat, dass keine „neuen Themen", sondern stets „verwandte", sogenannte „verzahnte Themen"[347] bei der Durchführung der Cahier-Methode auftreten, gilt dies als Fundierung der Annahme, dass es sich um einen assoziativ-reflexiven Selbstcoachingprozess handelt. Das heißt, dass alle aufkommenden Themen laut der Probanden mit der selbstgewählten Zielformulierung in enger Verbindung in Form von „Verkettungen"[348] und somit in gedanklicher Nähe zueinanderstehen. Lernen anhand der Cahier-Methode muss deshalb als assoziativ-reflexives Lernen bezeichnet werden.

Das Teilkapitel „Veränderung des Anliegens und der Zielformulierung" (vgl. 4.7.2) liefert das Ergebnis, dass keiner der Probanden eine Veränderung der Anliegens, sprich der ursprünglichen Zielformulierung, vorgenommen hat, sondern dass alle Probanden ihr selbst gewähltes Anliegen auch wirklich mit der Cahier-Methode bearbeitet haben. Alle zehn Probanden haben somit ihre Zielformulierung für das Selbstcoaching beibehalten und bearbeitet.

347 Siehe Probandin F; Probanden A, B, I.
348 Siehe Proband I.

Ein Proband gab an, dass er nach einer Woche sein Anliegen vollständig reflektiert habe. Aufgrund dessen setzte er die Cahier-Methode in der zweiten Woche mit einer selbstständig formulierten, neuen und somit zweiten Zielformulierung fort. Dieses zweite Anliegen bearbeitete er nach dem gleichen methodischen Prinzip wie das erste Anliegen, mit dem Unterschied, dass er die Cahier-Methode vorzeitig, nach insgesamt zehn Tagen abbrach (vgl. 4.8.6).[349]

Die Kategorie „Umgang mit der Cahier-Methode" (vgl. 4.8) verfolgt das Ziel, die Erfahrungen der Probanden mit der Cahier-Methode zu generieren. Die Untersuchung dieser Kategorie liefert einerseits aufschlussreiche Erkenntnisse über die Gestaltung der einzelnen Lernprozesse im Rahmen des Selbstcoachings. Andererseits wird das Ziel verfolgt, die Erfahrungen der einzelnen Probanden so zusammenzufassen, dass diese einen Beitrag zur Optimierung der Cahier-Methode leisten können. Ursprünglich handelt es sich bei der Kategorie „Umgang mit der Cahier-Methode" um eine im Leitfaden entwickelte theoretische Kategorie, der aufgrund der aussagekräftigen Äußerungen der Probanden in den einzelnen Interviews eine induktive Erweiterung widerfahren ist.[350] Zwei Aspekte der theoretischen Kategorie haben sich bei der Auswertung des Textmaterials zu vollwertigen induktiven Kategorien entwickelt, die daraus resultierend in diesem Kapitel „Zusammenfassende Interpretation der Daten" als eigenständige, induktive Kategorien behandelt werden müssen.[351]

Fasst man die Ergebnisse der einzelnen Teilkapitel zusammen (vgl. 4.8.1 bis 4.8.7), so lassen sich folgende zentrale Aussagen festhalten: Die Teilkategorie „Rahmenbedingungen" (vgl. 4.8.1) thematisiert sowohl die Gestaltung des morgendlichen Arbeitsplatzes der einzelnen Probanden sowie die Uhrzeiten, zu denen die Cahiers aufgezeichnet worden sind. Insgesamt kann festgehalten werden, dass die Probanden sich gleich einem Ritual einen festen Arbeitsplatz eingerichtet haben, an dem sie ihre morgendlichen Cahiers geschrieben haben. Die schriftlichen Aufzeichnungen erfolgten zwischen 4.00 und 7.00 Uhr.[352]

Richtet man den Fokus der Betrachtung auf den Umgang mit den „Cahier-Aufzeichnungen" (vgl. 4.8.2), kann festgehalten werden, dass sieben von zehn Probanden das einstündige Aufzeichnen der Cahier-Methode als lange empfunden haben.[353] Betrachtet man die Angaben der Probanden zum tatsächlich morgens aufgebrachten Zeitaufwand, so variieren diese entgegen der einstündigen

349 Siehe Proband A.

350 Vgl. 4.8.1 „Rahmenbedingungen"; 4.8.2 „morgendliche Aufzeichnungen"; 4.8.3 „Ruhephase"; 4.8.4 „Auswertung der Cahiers" und 4.8.5 „Abschlussgespräch".

351 Vgl. Siehe Kapitel 4.5 Kategorie „Selbstcoaching versus Coaching" und Kapitel 4.7 Kategorie „Anliegen der Probanden".

352 Siehe Probandin G; Probanden A, B.

353 Siehe Probandinnen F, G, J; Probanden A, C, E, I.

Vorgabe zwischen 30 und 60 Minuten. Es ergibt sich ein Gesamtdurchschnitt bezogen auf alle Probanden von 40 Minuten, die am Morgen für das Aufschreiben der Cahiers zeitlich investiert wurden. Die 14-tägige Aufzeichnungsspanne hingegen wird seitens der Probanden kaum kritisiert. Nur Proband A merkt kritisch an, dass er in diesem Zeitraum gerne von täglichen Aufzeichnungen abgesehen hätte. Im Kontrast hierzu sagt Probandin D aus, dass sie ihre Aufzeichnungen nach 14 Tagen aufgrund der Vorgaben des Forschungsdesigns beendet habe, den 14-tägigen Zeitraum außerhalb des Forschungsdesigns allerdings gerne selbstständig erweitert hätte.

Die Teilkategorie „Rahmenbedingungen“ (vgl. 4.8.1) untersucht die Gestaltung des morgendlichen Arbeitsplatzes der einzelnen Probanden sowie über die zeitliche Perspektive hinaus, den Schreibstil der Cahiers. Fasst man die einzelnen Schreibstile der Probanden zusammen, so kann festgehalten werden, dass einer der Probanden bei den Cahier-Aufzeichnungen mit Stichworten und Halbsätzen arbeitet[354], während andere Probanden betonen, dass sie sich bei ihren Aufzeichnungen eines Erzählstils bedienten, bei dem sie in ganzen Sätzen geschrieben haben.[355] Dabei erläutert Probandin G, dass ihre Schreibweise als ein sehr selbstkritisches Schreiben zu charakterisieren sei, da sie einzelne Wortstämme sehr genau analysiert hat. Die Probanden A, G und F thematisieren unabhängig voneinander den Aspekt der Fragen. Alle drei Probanden stellen fest, dass die Besonderheit der Cahiers ist, sich selbst Fragen zu stellen. Während Proband A betont, dass er sich mehr Fragen gestellt als Antworten erarbeitet habe, analysiert Probandin G, ihre Aufzeichnungen sehr ähnlich. Probandin G, die jahrelange Vorerfahrungen mit Tagebuchaufzeichnungen mitbringt, vergleicht die Qualität ihrer Cahier-Aufzeichnungen mit denen ihrer Tagebuchaufzeichnungen und stellt fest, dass die „Qualität der Gedanken am Morgen anders sind als die Gedanken am Abend“. Dabei betont sie, dass ihre Cahier-Aufzeichnungen am Morgen tendenziell eher in Fragestellung formuliert sind und im Unterschied dazu bei ihren abendlichen Tagebuchaufzeichnungen mehr das Geben von Antworten im Mittelpunkt des Schreibens steht. Auch Probandin F greift den Aspekt des Sich-selbst-Fragenstellens am Morgen auf, indem sie berichtet, dass sie sich bewusst „offene Fragen“ gestellt habe, die dann immer „detailspezifischer“ wurden.

Zusammenfassend kann hier festgehalten werden, dass beim Schreibstil der Cahiers dem Sich-selbst-Fragenstellen eine besondere Rolle zukommt. Zwei der zehn Probanden sagen konkret aus, dass der eigene Schreibstil davon beeinflusst wird, wann am Tag aufgezeichnet wird. Hiermit lässt sich als Resümee der Diskussion die Hypothese formulieren, dass der Schreibstil im Rahmen der Cahier-

354 Siehe Proband A.
355 Siehe Probandin G; Proband I.

Methode den Fokus auf Fragestellungen (an sich selbst) anstatt auf das Antwortgeben richtet.

Im Durchschnitt haben die Probanden drei DIN-A4-Seiten pro Morgen beschriftet, deren „inhaltlicher Aufbau" seitens der Probanden ganz unterschiedlich beschrieben wird. Die einzelnen Cahier-Aufzeichnungen werden charakterisiert als „Tagebuchaufzeichnungen"[356], als „Ursachendiskussion und -analyse"[357], als Verarbeitung von „assoziativ eingearbeiteten Eindrücken des Tagesgeschehens"[358], als „Dokumentation von Problemen im zyklischen Wechsel mit der Dokumentation von „Lösungsansätzen"[359] und als „Analyse des Ist-Zustandes"[360]. Während vier der zehn Probanden betonen, dass ihre Cahiers von „Momentaufnahmen" geprägt sind, die das Befinden und die Motivation zum Zeitpunkt des Aufschreibens wiedergeben, hebt Probandin H den „meditativen" Aspekt des Schreibens der Cahiers hervor.

Ein weiterer wichtiger Aspekt im Zusammenhang mit dem Schreibstil ist die Zielfokussierung, mit der die Probanden die Cahiers formulieren. Hierbei gilt es als wesentliche Erkenntnis festzuhalten, dass die Zielformulierung der einzelnen Probanden (trotz der Unterstützung bei der Zielformulierung durch einen Coach zu Beginn der Cahier-Methode) während des Schreibens nicht immer zielgerichtet verfolgt wurde.[361] Die Probanden berichten, dass es Morgen gab, an denen die Aufzeichnung der oben beschriebenen „Momentaufnahmen" überhandnahm oder das assoziative Schreiben noch vor der Zielfokussierung im Vordergrund stand.

Ein weiterer interessanter Untersuchungsaspekt liefert die Frage, ob die Cahiers Einfluss auf den Tagesablauf der Probanden erzielen oder ob mit dem Kuvertieren und Verschließen der Cahiers am Morgen die notierten Gedanken „beiseitegelegt" werden. Die Untersuchung der entsprechenden Textstellen ergab hierzu konträre Aussagen seitens der Probanden. Während vier Probanden im Interview thematisieren, dass die Inhalte der Cahiers sie am Tag gedanklich begleitet haben[362], geben weitere vier Probanden an, dass ihre Cahiers sie am Tag nicht bewusst begleitet und beeinflusst haben.[363]

356 Siehe Probandin J.
357 Siehe Proband A.
358 Siehe Proband B.
359 Siehe Proband I.
360 Siehe Proband C.
361 Siehe Probandinnen H, J; Proband I.
362 Siehe Probandinnen D, G, F; Proband E.
363 Siehe Probandin J; Probanden A, B, I.

Die Teilkategorie „Ruhephase“ (vgl. 4.8.3) beschreibt, wie die Probanden mit der vorgegebenen Zeit von einer Woche, in der sie die Cahiers ungelesen ruhenlassen sollten, umgegangen sind. Die Ruhezeit von sieben Tagen wurde von den Probanden entweder genau eingehalten[364] oder aus unterschiedlichen Gründen, wie zum Beispiel Urlaub, überschritten[365]; nicht aber unterschritten.

Probandin D betont nachdrücklich, dass sie sich eine Verlängerung der Ruhezeit von einer Woche auf mindestens zwei bis hin zu vier Wochen gewünscht habe, da sich ihrer Meinung nach dann erst der nötige Abstand einstellen würde. Zusammenfassend kann hier angemerkt werden, dass es im Rahmen des vorliegenden Forschungsvorhabens nicht möglich ist, wissenschaftlich fundierte Aussagen darüber zu treffen, wie sich die Länge der Ruhezeit auf die Auswertung der Cahiers auswirkt. Grundsätzlich muss auch die Frage gestellt werden, wie sich die Veränderung der variablen Ruhezeit auf die Auswertung der Cahiers der einzelnen Probanden auswirkt. Im Rahmen dieses Forschungsvorhabens kann der Umgang der einzelnen Probanden mit der Ruhephase ausschließlich auf deskriptiver Ebene beschrieben und verglichen werden.

Fasst man die Ergebnisse der Teilkategorie „Auswertung“ der Cahiers (vgl. 4.8.4) zusammen, so gilt es festzuhalten, dass vier der zehn Probanden die Strukturiertheit und Systematik der Auswertungsanleitung positiv hervorgehoben haben.[366] Drei Probanden hingegen äußerten sich gegenüber der Auswertungsanleitung eher negativ.[367] Während Proband A sich eine stärkere „Formalisierung der Auswertungsanleitung“ gewünscht hätte, empfanden die Probandinnen H und J den Umfang der Auswertung der Cahiers als Belastung. Grundsätzlich empfand Probandin J die Auswertung als sinnvoll; diese kollidierte aber für sie mit ihren privaten Plänen. Die Kritik der Probandin H geht nicht direkt gegen die Auswertungsanleitung – vielmehr hatte sie mehrfach Schwierigkeiten ihre eigene Handschrift zu entschlüsseln und auszuwerten.

Zusammenfassend kann hier festgehalten werden, dass sowohl Proband A, also auch Probandin J die freie Zeiteinteilung im Zusammenhang mit der Auswertungsanleitung als kontraproduktiv erlebt haben. Analysiert man das zeitliche Volumen, dass die Probanden für die Auswertung der Cahiers tatsächlich aufgebracht haben, so ergibt sich ein breites Spektrum von eineinhalb Stunden bis hin zu acht Stunden. Die längsten Auswertungszeiten sind den Probandinnen D und G und dem Probanden B zuzuordnen. Dabei haben sich die Probandinnen D und G jeweils einen Sonntag für das Durcharbeiten der Auswertungsschritte vorge-

364 Siehe Probandin J; Probanden B, E.
365 Siehe Probandinnen D, G, F; Proband I.
366 Siehe Probandinnen D, F, G, J; Probanden B, C, E.
367 Siehe Probandinnen H, J; Proband A.

nommen und Proband B, verteilt auf mehrere Tage, ein Zeitvolumen von fünf bis sechs Stunden.[368]

Betrachtet man die Beschreibung der „Grundzüge Cahier-Methode" (vgl. 2.4.3) stellt man fest, dass die Teilkategorie „Evaluationsgespräch" (vgl. 4.8.5) nicht als eigentliches Element der Cahier-Methode definiert ist. Das Evaluationsgespräch diente dazu, mit Hilfe einer offenen Interviewform Datenmaterial für das Forschungsprojekt zu generieren und somit eine wissenschaftliche Fundierung der Cahier-Methode zu ermöglichen. Diese Differenzierung zwischen Cahier-Methode und Forschungsmethode wurde seitens der Probanden nicht selbstständig vollzogen. Für die meisten der Probanden wurde das Evaluationsgespräch als fester Bestandteil der Cahier-Methode wahrgenommen.

Proband A betont auffallend die Notwendigkeit eines Abschlussgespräches zum Ende der Cahier-Methode. Interpretiert man die Aussagen von Proband A, so lässt sich die Hypothese aufstellen, dass Proband A ohne den extern auferlegten Evaluationstermin aus eigener Motivation heraus keine Auswertung der Cahiers vorgenommen hätte. Das Evaluationsgespräch glich in seinem Fall einem externen Motivator, das ihn dazu veranlasste, die Cahier-Methode überhaupt zu Ende zu führen.

Von Proband A ausgehend lässt sich die Hypothese aufstellen, dass die Durchführung der Cahier-Methode ohne ein zu Beginn angekündigtes Evaluationsgespräch seitens der Probanden eine höhere Eigenmotivation und ein höheres Maß an selbstständigem und intrinsisch motiviertem Vorgehen einfordert. Diese hohe Eigenmotivation bringt besonders Probandin J mit. Sie betont, dass das Abschlussgespräch für sie nicht notwendig gewesen wäre. Ihre Aussage spiegelt ebenfalls wider, dass sie das Abschlussgespräch als Teil der Cahier-Methode voraussetzt und nicht als Forschungsmethode differenziert.

Die verbleibenden acht Probanden bewerten das Abschlussgespräch nicht ausdrücklich, sondern setzen im Abschlussinterview den Schwerpunkt auf den Vergleich von Coaching- und Selbstcoachingprozessen.

Die Teilkategorie „Methodische Änderungen" (vgl. 4.8.6) trifft Aussagen drüber, welche Probanden entgegen der methodischen Vorgaben zur Cahier-Methode selbstständig methodische Änderungen vorgenommen haben. Sieben der zehn Probanden haben angegeben, dass sie kleinere oder auch größere me-

368 Dauer des aufgebrachten Zeitvolumens zur Auswertung der Cahiers pro Proband: Proband A - keine Angabe; Proband B - fünf bis sechs Stunden; Proband C - zwei Stunden; Probandin D - ein Sonntag; Proband E - zwei Stunden; Probandin F - keine Angabe; Probandin G - ein Sonntag; Probandin H - sechs bis acht Stunden; Proband I - eineinhalb bis zwei Stunden; Probandin J - dreieinhalb bis vier Stunden.

thodische Änderungen an der Cahier-Methode vorgenommen haben.[369] Diese methodischen Änderungen reichen von „Aussetzen der Aufzeichnungen an einem Tag“[370] über „Verkürzung der morgendlichen Aufzeichnungsdauer“[371] bis hin zu „zeitlicher Schwankung der morgendlichen Uhrzeit für die Cahier-Aufzeichnungen“.[372]

Dabei setzt sich zum Beispiel Proband I über die formale Vorgabe des Kuvertierens hinweg, das er als nicht notwendig ansah, da er darauf vertraut, dass seine Privatsphäre im familiären Kontext geschützt ist.

Die massivste methodische Änderung geht von Proband A aus, der die Cahier-Methode nach zehn Tagen abbrach, weil er das morgendliche Aufstehen als zu große Belastung erlebt hat. Von einem vermeintlichen Kausalzusammenhang zwischen frühzeitigem Abbruch der Methode und der Selbsteinschätzung, kein Ergebnis anhand der Cahier-Methode erarbeitet zu haben, wird Abstand genommen (vgl. 4.2.2). Es wird abschließend vermutet, dass Proband A kein Ergebnis für sein Anliegen erarbeiten konnte, da er die Methode für sich als ungeeignet erlebt hat und demnach seine Ausgangsmotivation während der Durchführung der Cahier-Methode so stark abgesunken ist, dass er den Abbruch der Methode vornahm.

Die auffallendste und überraschendste methodische Änderung wurde von Probandin G durchgeführt, die gleich einem ihr bekannten Ritual das elfte ihrer Cahiers verbrannte. Dieses Ritual hatte die Funktion einer „emotionalen Befreiung“ und versinnbildlicht für sie den „Prozess des Loslassens“.

Die Teilkategorie „Grundvoraussetzungen für die Cahier-Methode“ (vgl. 4.8.7) versucht die Fähigkeiten und Fertigkeiten seitens der Probanden herauszuarbeiten, die als Grundvoraussetzung für die Durchführung der Cahier-Methode angesehen werden können. Als grundlegende Fähigkeiten und Fertigkeiten wird neben der Schreibkompetenz ein gewisses Bildungsniveau vorausgesetzt, das mit Interesse an Coaching und Selbstcoaching einhergehen sollte. Als wesentliche Grundvoraussetzung für den erfolgreichen Einsatz der Cahier-Methode wird ein hohes Maß an Eigenmotivation und die Fähigkeit des selbstständigen und auch selbstgesteuerten Arbeitens identifiziert (vgl. 4.8.5). Hinzukommen die Anforderung, eigenverantwortlich zu arbeiten, und ein gewisses Durchhaltevermögen im Selbstcoachingprozess.

369 Siehe Probandinnen D, G,J; Probanden A, B, I.
370 Siehe Probandinnen D, J; Probanden A, I.
371 Siehe Probandinnen C, F, J; Probanden A, B.
372 Siehe Proband E: Er variierte den Beginn seiner morgendlichen Cahier-Aufzeichnungen um maximal 30 Minuten.

Probandin D bringt dies zusammenfassend auf die Formel „Disziplin“ und „Wille“. Die Kompetenz der Selbststeuerung beziehungsweise die des selbstständigen Arbeitens scheint sie bei einem erwachsenen Menschen als Fähigkeit und auch als Fertigkeit vorauszusetzen.

Die Kategorie „Bewertung der Cahier-Methode“ (vgl. 4.9) hat den Anspruch, sowohl negative als auch positive Bewertungen der Probanden zur Cahier-Methode zusammenzufassen (vgl. 4.9.1). Zusätzlich wird ein besonderes Augenmerk auf Optimierungsvorschläge zur Cahier-Methode seitens der Probanden gelegt, da das vorliegende Forschungsvorhaben auch das Ziel verfolgt, die Cahier-Methode als Selbstcoachingmethode anhand der Anregungen der Probanden zu optimieren (vgl. 4.9.2).

Insgesamt kann zu der Kategorie „Bewertung der Cahier-Methode“ festgehalten werden, dass sechs der zehn Probanden den Einsatz der Cahier-Methode als grundlegend positiv erlebt haben.[373] Während sich zwei Probanden kritisch gegenüber der Cahier-Methode äußern[374], thematisiert Proband B die Grenzen der Cahier-Methode (vgl. 4.9.1).

Als negative Bewertung der Cahier-Methode betont Proband A, dass er das morgendliche Führen der Cahiers als „Druck“ empfunden habe, welches sich in seinem Befinden des „Gestresstseins“ widerspiegelt. Auch Probandin D übt Kritik an der Cahier-Methode. Dabei kritisiert sie, „Instrumente vermisst zu haben“. Das Fehlen von bestimmten Hilfestellungen habe ihr den Selbstcoachingprozess erschwert.

Fasst man die am häufigsten genannten Kritikpunkte an der Cahier-Methode zusammen, so beziehen sich diese auf das morgendliche frühe Aufstehen und das daraus resultierende Schlafbedürfnis. Dies wurde von sieben der zehn Probanden kritisiert.[375]

Wie eingangs erwähnt, problematisiert Proband B über die oben genannte negative Kritik an der Cahier-Methode hinaus, das einzuschränkende Einsatzfeld der Cahier-Methode. Dabei spricht er die von ihm genannten „tiefergehenden Probleme“ an, bei denen man seiner Meinung nach an die Grenzen der Cahier-Methode stößt. Mit der Begrifflichkeit der „tiefergehenden Probleme“ thematisiert er im Interview das Auftreten von häuslicher Gewalt, die er selbst verursacht hat. Hier sieht und betont der Proband konform zur Definition von Selbstcoaching, die Grenze der Cahier-Methode (vgl. 2.4.1). Proband B geht einen Schritt weiter, in dem er selbst Vorschläge dahingehend macht, wie er diese „tiefergehenden Probleme“ statt mit der Cahier-Methode methodisch angehen

373 Siehe Probandinnen F, G, J; Probanden C, E, I.
374 Siehe Probandin D; Proband A.
375 Siehe Probandinnen D, H; Probanden A, B, C, E.

könne, um diesen Abhilfe zu leisten. Hier nennt er die Methode der Familienrekonstruktion.[376]

Im Unterschied zu den Probanden A und B, geben die Probanden C, E, J, F, G und I der Cahier-Methode positive Bewertungen, indem sie den Einsatz der Cahier-Methode als „spannendes Setting“, „einen Auszug aus sich selbst“[377], als „interessante Erfahrung“[378], als „runde Sache“, die „spannend“ und „überraschend“ war[379] und als Methode beschreiben, die zu „einem guten Freund geworden“ ist[380]. Darüber hinaus betonen zwei der Probanden, dass sie die Cahier-Methode beabsichtigen für neue, weitere Themen einzusetzen[381].

Die Teilkategorie „Optimierungsvorschläge der Probanden zur Cahier-Methode“ (vgl. 4.9.2) richtet ihren Fokus auf Anregungen der Probanden, die es ermöglichen, die Cahier-Methode methodisch zu optimieren. Insgesamt konnten elf Optimierungsvorschläge seitens der Probanden festgehalten werden. Die Optimierungsvorschläge der Probanden sind (1) „Offenere Methodengestaltung“[382], (2) „Kombination mit einem Abschlussgespräch“[383], (3) „ Einbindung des Bewegungsaspekts“[384], (4) „Dauer der Methode in Abhängigkeit vom Anliegen“[385], (5) „Fragen aus unterschiedlichen Perspektiven“[386], (6) „Präzisierung der Anleitung der Methode“[387], (7) „Formalisierung der Auswertungsanleitung“[388], (8) „Verlängerung der Ruhezeit“[389], (9) „Verlängerung der Schreibphase“[390], (10) „Verkürzung der Gesamtschreibphase“[391], (11) „Verkürzung der morgendlichen einstündigen Aufzeichnungen“[392].

Insgesamt kann festgehalten werden, dass sieben Probanden Optimierungsvorschläge zur Cahier-Methode im Interview äußern. Dabei ist festzuhalten, dass die meisten Optimierungsvorschläge durch Probandin D erfolgen. Auffallend ist insgesamt, dass bei den Optimierungsvorschlägen keine klare Signifikanz im

376 Vgl. Sparrer, I.: Systemische Strukturaufstellungen, S. 9 ff.
377 Siehe Proband C.
378 Siehe Probandin F.
379 Siehe Probandin G.
380 Siehe Proband I.
381 Siehe Probandin J; Proband E.
382 Siehe Probanden A, B.
383 Siehe Probandin J.
384 Siehe Proband E.
385 Siehe Probandin D.
386 Ebd.
387 Ebd.
388 Siehe Proband A.
389 Siehe Probandin D.
390 Ebd.
391 Siehe Probandin G.
392 Siehe Probandin H.

Sinne einer klaren Mehrfachnennung zu verzeichnen ist. Die Verschiedenartigkeit der Optimierungsvorschläge spiegelt somit die unterschiedlichen Persönlichkeiten und deren individuelle Arbeitsweise wider. Abschließend kann hier augenscheinlich der Trend festgehalten werden, dass sich bei den Probanden ganz unterschiedliche Bedürfnisse in Abhängigkeit vom individuellen Anliegen, aber auch in Abhängigkeit von der Persönlichkeit des Probanden bezüglich des Lernprozesses anhand der Cahier-Methode gezeigt haben.

Die Kategorie „Motivation“ (vgl. 4.10) untersucht die emotionalen Erlebnisinhalte der Probanden, die aufgrund des Einsatzes der Cahier-Methode hervorgerufen wurden. Ziel dieser Kategorie ist es, Aussagen zu Motivation, Empfinden, Gefühlen und Emotionen der Probanden zu ermitteln und gegenüberzustellen.

Da die Emotionen der Probanden breit gefächert sind, erfolgt im Anschluss eine knappe Einzeldarstellung in Form einer Aufzählung: Manche Probanden berichten von einer „hohen Anfangsmotivation“[393], ihrer „positiven Grundhaltung“[394] gegenüber der Cahier-Methode bis hin von einem „Gespanntsein“ auf den Einsatz der Cahier-Methode[395] im Vorfeld.

Die Emotionen, die Gefühle und die Motivation während der Durchführung der Cahier-Methode splitten sich in positive und negative Erlebnisinhalte der Probanden. Zu den positiven Erlebnisinhalten zählen Zitate, wie „emotional positive Momente“[396], „emotionale Wende“[397] , „Zuversicht“[398] und „emotionale Entlastung“[399]; aber auch die Emotion, „sich wohler fühlen als vorher“[400], ist hervorzuheben.

Auf der anderen Seite werden negative Emotionen verbalisiert. Zu diesen negativen Emotionen können Zitate wie „demotiviert“[401], „Angst“[402], „sich selbst verurteilen“[403], „genervt sein“[404], „Unruhe des Geistes“[405], „schmerzhaft“[406],

393 Siehe Probandin D.
394 Siehe Probandin F.
395 Siehe Proband A.
396 Siehe Proband C.
397 Siehe Proband B.
398 Ebd.
399 Siehe Probandinnen H, J; Proband E.
400 Siehe Proband E.
401 Siehe Proband A.
402 Siehe Probanden A und C.
403 Siehe Proband B.
404 Siehe Probandin D.
405 Ebd.
406 Siehe Probandin F.

„motivationaler Einbruch"[407] und der Ausdruck von „Unsicherheit"[408] subsumiert werden.

Abschließend kann festgehalten werden, dass die Vielschichtigkeit der Ergebnisse bezüglich der Aspekte Motivation, Empfinden, Gefühle und Emotionen der Probanden die Tiefe des qualitativen Forschungsansatzes widerspiegelt. Hier stehen nicht die Klassifizierung oder auch die Quantifizierung der Forschungsergebnisse im Vordergrund, sondern – ganz im Sinne der qualitativen Forschung – die Betonung der Unterschiede der emotionalen Erlebniswelt der Probanden.

5.2 Individuelle Zugänge der Probanden im Selbstcoaching

Das Teilkapitel „Individuelle Zugänge der Probanden im Selbstcoaching" möchte dem qualitativen Forschungsansatz gerecht werden, indem die Individualität der Lernprozesse der einzelnen Probanden im Selbstcoaching über das Kategoriensystem hinaus beschrieben wird. In diesem Zusammenhang sollen die personenspezifischen Handhabungen, die individuellen Umsetzungen und Zugänge der Probanden dargelegt und kontrastiert werden.

Proband A ist der einzige Proband, der die Cahier-Methode frühzeitig nach zehn Tagen, statt der vorgegebenen 14 Tage, abgebrochen hat. Als Ursache für den Abbruch seines Selbstcoachings beschreibt er, dass er sich von der Methode „unter Druck gesetzt" gefühlt habe. Sowohl das „frühe Aufstehen" als auch „das tägliche schriftliche Aufzeichnen" von einer Stunde – „unabhängig von der äußeren Situation" – haben bei ihm „Stress" und das Gefühl von „Belastung" verursacht. Dieses „Druckgefühl", so Proband A, war in den ersten Tagen nicht vorhanden, spitzte sich dann aber bis zum zehnten Tag, dem Tag des Abbruchs der Cahier-Methode, zu. Sein fehlendes Durchhaltevermögen führt er daraufhin zurück, dass sein formuliertes Anliegen nicht schwerwiegend genug war, um vierzehn Tage daran konsequent zu arbeiten.

Proband A analysiert selbst, dass dieses Druckgefühl für die Durchführung der Cahier-Methode „nicht förderlich" war. Hinzu kamen „Blockaden", die sich darin äußerten, dass ihm bei seinen morgendlichen Aufzeichnungen „nichts mehr eingefallen" ist und er „keinen klaren Gedanken mehr fassen" konnte. In Verbindung mit dem Abbruch der Cahier-Methode manifestierte sich bei Proband A ein „schlechtes Gewissen", das Selbstcoaching nicht regelkonform durchgeführt zu haben.

407 Siehe Probandin G.
408 Ebd.

Neben dem ursprünglich gewählten Selbstcoachingthema „Ärger“, welches Proband A mit Hilfe der Cahier-Methode zehn Tage bearbeitete, traten übergeordnete Themen wie sein Perfektionismus in den Vordergrund. Aus zu hoch gesteckten Zielen für sich selbst und für andere, aus dem Wunsch „perfekt zu sein“ und dem Willen, „Dinge zu erreichen“, resultiert seine Thematik des „Ärgers“ und der „Unzufriedenheit“.

Eng verknüpft mit dem Aspekt des „Ärgers“ beschäftigte sich Proband A mit dem Thema des eigenen „Selbstwerts“ und „Selbstbewusstseins“. Korrelierend zum Aspekt „Selbstwert“, fällt bei Proband A auf, dass er sich im Verlauf des Interviews mehrfach selbst degradiert. So spricht er von „Blockaden“ während der Durchführung der Cahier-Methode bezogen auf das morgendliche Schreiben der Cahiers. Er bezeichnet sich selbst als einen Menschen, der „alles vergisst“, als Person mit einem „schlechten Gedächtnis“ und zieht Vergleiche zu seiner Schulzeit, in der er ebenfalls „keine Aufsätze schreiben konnte“. Die Bedeutung des Themas „Selbstwert“ für Proband A spiegelt sich anhand des Textmaterials und in der Art und Weise des „Sich-selbst-Degradierens“ wider.

Insgesamt kann zu Proband A festgehalten werden, dass sein starkes „Druckgefühl“ während der Durchführung der Cahier-Methode der Selbststeuerung des Selbstcoachings im Wege stand. Darüber hinaus zeigt das Interview mit Proband A, dass er tendenziell Schwierigkeiten damit hat, die Eigenmotivation im selbstgesteuerten Lernprozess aufrechtzuerhalten. Dabei fällt auf, dass ihm die intrinsische Motivation bei der Durchführung der Cahier-Methode gefehlt hat. Er gesteht ein, dass er als Person eher „faul“ sei und „Arbeit vor sich herschiebt“. Auch der Wunsch nach einer stärkeren Formalisierung der Auswertungsanleitung bis hin zu einer konkreten Stundenangabe, wie lange die Cahiers ausgewertet werden sollen, zeigt auf, wie schwer Proband A sich selbst motivieren kann. Die Schwierigkeit sich selbst zu motivieren äußert sich sichtlich in dem Wunsch nach exakteren methodischen Vorgaben. Im Interview räumt er ein, dass er nicht aus „innerem Antrieb“ heraus, sprich intrinsisch motiviert ausgewertet habe, sondern nur deshalb, weil er nicht gegen die „Spielregeln“ verstoßen und nicht „unvorbereitet“ zum Abschlussinterview kommen wollte. Einerseits wirkt Proband A sehr angepasst und betont mehrfach regelkonform vorgehen zu wollen, dennoch bricht er „nicht regelkonform“ die Cahier-Methode vorzeitig ab.

Zusammenfassend heißt das, dass Proband A das Abschlussinterview, das im engen Sinne nicht Teil der Cahier-Methode, sondern ein Element des Forschungsprojekts zur Generierung der Interviewtexte darstellt, als externen Motivationsfaktor benötigt hat, um die Auswertung seiner Cahiers durchzuführen. Aufgrund dessen kann er sich eine Cahier-Methode ohne Abschlussgespräch nur schwer vorstellen.

Besonders charakteristisch für *Proband B* ist, dass er im Unterschied zu den anderen Probanden innerhalb der 14 Tage ein zweites Thema anhand der Cahier-Methode bearbeitete. Die Wahl des zweiten Themas resultierte daraus, dass er nach sieben Tagen das Gefühl hatte sein erstes Thema „vollständig beleuchtet" zu haben und diesem auch schon durch verändertes Verhalten im Alltag Abhilfe geleistet hatte. Die Formulierung der Zielsetzung für das zweite Thema erfolgte eigenständig durch Proband B.

Anhand des zweiten Themas stößt Proband B für sich an Grenzen der Cahier-Methode. Proband B zeigt die Grenze der Cahier-Methode dahingehend auf, indem er thematisiert, dass die Cahier-Methode bei für ihn „tiefergehenden" Problemen nicht geeignet sei. Hier analysiert Proband B im Abschlussinterview die Grenze zwischen Selbstcoaching und therapeutischen Maßnahmen (vgl. 2.4.1)

Entgegen der Auffassung von Proband A, der sich für eine stärkere Formalisierung der Cahier-Methode ausgesprochen hat, betont Proband B, dass es für seinen Selbstcoachingprozess besser gewesen wäre, wenn er mehr Freiraum bezüglich der Handhabung und somit bezüglich der Selbststeuerung der Cahier-Methode gehabt hätte. So äußerte er für sich als zentrale Erkenntnis, dass eine Variation der morgendlichen Aufzeichnungsdauer der Cahiers von einer Stunde notwendig gewesen ist. Deshalb nahm er eine eigenständige Variation der Aufzeichnungsdauer von ca. 40 bis 60 Minuten vor. Dabei betont er, dass er die Stunde nach „Bedarf" und nach „Tagesform" variiert habe. An „intensiven Tagen" mit einem guten Schreibfluss hielt er die Stunde ein, an den anderen Tagen, an denen er nur „an der Oberfläche kratzte", passte er die Vorgaben an seine Bedürfnisse selbstständig und im Unterschied zu Proband A scheinbar ohne schlechtes Gewissen an. Dabei räumt er als selbstkritische Hypothese ein, dass es eventuell auch dem Durchhalten einer Stunde mit wenig Schreibfluss bedarf, um am Folgetag zu aufschlussreichen Erkenntnissen zu kommen.

Während des Interviews mit Proband B fällt auf, dass er sich intensiv mit der Kinesiologie, aber auch mit der systemischen Aufstellungsarbeit auseinandergesetzt hat und sein Umgang mit der Cahier-Methode dadurch stark geprägt wird. Das zeigt sich darin, dass er beim Schreiben der Cahiers hauptsächlich zwei Methoden aus der Kinesiologie, nämlich die Methode des „Katz- und Mausspiels" und das „Stirn-Hinterkopf-Halten", anwendet und beschreibt. Während die „Katz- und Mausspiel-Methode" ihm dazu dient die Geschwindigkeit seiner Assoziationsketten zu verlangsamen, setzt er die „Stirn-Hinterkopf-Halten-Methode" dazu ein, einen ausbleibenden Gedankengang zu aktivieren.

Beim Schreiben der Cahiers berichtet Proband B von völlig konträren Erlebnissen wie Proband A. Proband B fand das Schreiben der Cahiers an den ersten zwei bis drei Morgen schwierig, bis er einen Rhythmus für sich gefunden hatte. Im Unterschied hierzu beschreibt Proband A vom Schreibfluss her betrachtet den ersten Tag für sich als den einfachsten Tag. Darüber hinaus bringt Proband B der Auswertung der Cahiers mehr Interesse entgegen als Proband A. Allerdings verlängerte Proband B, ebenfalls wie Proband A, entgegen der Vorgaben, die Ruhewoche der Cahiers um einige Tage. Erst das Abschlussgespräch scheint Proband B, genauso wie Proband A, dazu veranlasst zu haben, die Auswertung der Cahiers durchzuführen. Vergleicht man den Zeitaufwand, den Proband A und Proband B für die Auswertung der Cahiers aufgebracht haben, so sieht man, dass Proband B mit einem Zeitvolumen von fünf Stunden mehr Zeit investiert, als Proband A. Insgesamt scheint Proband B motivierter zu sein als Proband A, sich die Auswertung der Cahiers vorzunehmen.

Abschließend kann zu Proband B festgehalten werden, dass er trotz der Konfrontation mit inneren Widerständen gegenüber Gedanken, die sich mit „Selbstzweifel" befasst haben, das Selbstcoaching anhand der Cahier-Methode als „positiv" erlebt hat. Dabei betont er, dass es in seinem „Naturell" liege, „Dinge mit sich selbst auszumachen". Ihm kam nie der Gedanke oder Wunsch eine Person oder Coach während der Cahier-Methode hinzuzuziehen. Eine andere Person hätte er hierbei eher als „Störung" erlebt. Im Unterschied zu Proband A scheint Proband B das Abschlussgespräch nicht als zwingend notwendig empfunden zu haben, um für sich die Cahier-Methode abzuschließen.

Charakteristisch für das Selbstcoaching anhand der Cahier-Methode bei *Proband C* ist die Suche nach Lösungsvorschlägen für eine „Balance zwischen Berufs- und Privatleben". Mit 44 Jahren möchte er als Pädagoge „weg von der Jugendarbeit" „hin zur Erwachsenenarbeit". Besonders interessiert ihn hier das Arbeiten als Coach, auch im Wirtschaftssektor. Um diese berufliche Veränderung auszuarbeiten und sich das entsprechende methodische Wissen anzueignen, absolviert er parallel zum Durchführungszeitpunkt der Cahier-Methode eine Coachingausbildung. Für ihn ist es wichtig, dass seine berufliche Neuorientierung in Absprache mit seiner Ehefrau erfolgt, da es in der Vergangenheit hier durch fehlende Abstimmung zu massivem Streit geführt habe.

Ergebnis der Cahiers ist, dass er an seiner Beziehung arbeiten möchte, wie zum Beispiel an der Art und Weise, wie sie miteinander kommunizieren. Die Werte des Coachings, wie „Wertschätzung, Anerkennung und Zurückhaltung", möchte er in seiner Beziehung verstärkt leben. Unter dem Begriff der Zurückhaltung versteht Proband C die von ihm genannte „gepflegte Zurückhaltung" in Coachings, die von einem guten Kontakt zum Redner sowie einem respektvollen Umgang zeugt.

Bei Proband C fällt auf, dass er bei der Auswertung seiner Cahiers ein besonderes Augenmerk darauf gelegt hat, die einzelnen Cahiers thematisch zu benennen. So gibt er im Interview umfassenden Einblick in die Inhalte seiner

Cahiers, indem er den einzelnen Tagen eine thematische Überschrift zuordnet, wie zum Beispiel für den ersten Tag der Cahier-Aufzeichnung „Paarsituation", den zweiten Tag „berufliche Situation", den dritten Tag „Verbindung von Paarsituation und beruflicher Situation", vierter Tag „Analyse der Beziehungsdynamik zu seiner Frau", fünfter Tag „Steigerung der Kritik an der Beziehung". Am sechsten Tag hebt er rückblickend hervor, sei das Thema „Glück" auffallender Weise hinzugekommen und damit verbunden die Thematik „Angst vor eskalierender Kommunikation" mit seiner Ehefrau.

Während Proband C am siebten Tag seiner Cahier-Aufzeichnung in „Alltagsthemen weggeglitten" scheint, ist der elfte Tag zum Thema „Selbstwert" wieder besonders aufschlussreich. Auffallend am Selbstcoachingprozess von Proband C ist das immer wiederkehrende Thema des „Selbstzweifels", sei das im Beziehungskontext, aber auch im beruflichen Kontext, wenn es darum geht, selbst als Coach zu arbeiten. Diese Thematik führt er auf seine „schwere Jugend" bei einer „Adoptivfamilie" zurück.

Da Proband C sich in seiner Coachingausbildung fast zeitgleich zu den Cahiers mit der Transaktionsanalyse, den „(Lebens-)Skripten" beschäftigt hat, analysiert er seine Einstellung zum Leben und kommt zu der Vermutung, dass er sich selbst im Leben nicht als „Gewinnertyp" sieht, sondern als „Verlierertyp".[409]

Als einziger von zehn Probanden beschreibt Proband C seine erstellten Cahiers als einen „kritischen Auszug seiner selbst", auf den er jetzt von „außen" – gleichkommend mit einem Perspektivenwechsel – blicken kann. Zusätzlich möchte er gemeinsam mit seiner Frau die Cahiers besprechen, nachdem sie diese gelesen hat. Er erhofft sich daraus, dass in seiner Beziehung einiges „in Gang gebracht" wird.

Die Frage, ob er seine Cahiers zensiert habe, wohl wissend, dass seine Frau diese zu lesen bekommen wird, beantwortet er mit nein. Er habe sich dahingehend Mühe geben, „selbstkritisch" und „ohne Vorwürfe" zu schreiben. Charakteristisch für die Cahiers von Proband C ist es, dass er „vieles infrage gestellt" hat, anstatt sich selbst oder andere „anzuklagen".

Als besonders aufschlussreich erlebte Proband C die Auswertungsfrage nach den persönlichen Werten. Zum Ende des Abschlussgespräches hin, benennt er seine aus den Cahiers abgeleiteten Werte, wie „Bedürfnis nach Ordnung",

409 Die Transaktionsanalyse arbeitet mit Lebensskripten. Dabei wird davon ausgegangen, dass alle Menschen in ihrer Kindheit, spätestens bis zum siebten Lebensjahr eine eigene Lebensgeschichte, sprich ein Skript, entwerfen. Dieses Skript hat eine Dramaturgie und baut sich auf durch einen Anfang, einen Hauptteil und ein Ende. Diese in der Kindheit entwickelten Lebensskripte können im weiteren Verlauf des Lebens eines Erwachsenen dienlich, aber auch hinderlich sein.

„altersangemessene Entwicklung“, „Zurückhaltung“, „Glück“, „Aufrichtigkeit“, „Verantwortung für die eigenen Bedürfnisse übernehmen“, „Balance finden“, „Aktivität“, „Paarwerte“, „Verbundenheit“, „Effizienz“, „Bewusstheit“, „gemeinsame Entwicklung“, „Anerkennung“ und „Beziehungsfähigkeit“. Die Reflexion seines eigenen Wertesystems sagt Proband C, wird ihm in zukünftigen Gesprächen, zum Beispiel mit Freunden, Sicherheit im eigenen Standpunkt geben.

Analysiert man das Interview mit *Probandin D*, so fällt auf, dass sie ein sehr weites und somit auch ein eher unkonkretes Ziel für ihren Selbstcoachingprozess formuliert hatte.[410] Dieses unkonkrete Ziel führte bei Probandin D bald zu einer Skepsis gegenüber der Methode, die sich darin äußerte, dass sie den Erfolg der Cahier-Methode schnell infrage stellte. Hinzu kommt, dass Probandin D bereits während dem Selbstcoachingprozess die Cahier-Methode versuchte, kritisch zu durchleuchten. Dieses Durchleuchten spiegelt sich in ihrer Kritik an der Cahier-Methode wider. Sie betont bereits während der Durchführung der Cahier-Methode „Instrumente vermisst zu haben“, wie zum Beispiel „konkrete Fragen“, die ihr „Impulse zu bestimmten Betrachtungsweisen“ zu ihrem Anliegen ermöglichen. Dies hätte sie sich in Form einer schriftlich fixierten Frageliste vorstellen können.

Erste Unsicherheiten haben sich bei Probandin D zu Beginn der Cahier-Methode eingestellt, als sie sich ganz praktische Fragen gestellt habe, wie zum Beispiel, ob sie von Hand schreiben müsse oder auch den PC wählen dürfe, und ob sie in den Cahiers auch zeichnen dürfe. Ohne Rücksprache mit dem Forschungsteam entschied sie sich gegen das Zeichnen und für die Form der handschriftlichen Notizen.

Ein weiterer Optimierungsvorschlag von Probandin D bezieht sich auf die Verlängerung der morgendlichen Cahier-Aufzeichnungen bezüglich der Anzahl der Aufzeichnungstage und der Ruhezeit der Cahiers. Dabei schlägt Probandin D vor, sowohl die Phase des Cahier-Schreibens sowie die Ruhephase jeweils auf einen Monat zu verlängern, räumt aber auch ein, dass dies je nach Anliegen an den Probanden angepasst werden müsse. Sie regt an, dass der Klient zur Anwendung der Cahier-Methode mehrere Optionen bezogen auf die Dauer der Schreibphase und der Ruhephase gestellt bekommen solle. Dieser Verbesserungsvorschlag von Probandin D resultiert sowohl aus ihren Erfahrungen mit der Cahier-Methode aber auch aus einem früheren Projekt, bei dem sie mehrere Monate mit den „Morgenseiten“ nach Julia Cameron gearbeitet hat.

410 Ziel der Probandin D im Selbstcoaching: „Am Ende des Selbstcoachings werde ich mir darüber im Klaren sein, was ich mir wert bin.“

Insgesamt kann bei Probandin D festgehalten werden, dass sie sich gegenüber ihrem Ergebnis anhand der Cahier-Methode als „enttäuscht" bezeichnet hat, räumt aber gleichzeitig ein, dass das an ihrer zu groß gewählten Zielformulierung für das Selbstcoaching läge. Dennoch bezeichnet sie die Durchführung der Cahier-Methode als „etwas Besonderes", dass sie sicher „nicht nur in guter Erinnerung" behalten wird, da sie sich auch mit dem Thema „Selbstrespekt und deren Grenzen" befasst habe und unter anderem auch dieses Thema dazu geführt hat, dass ihre Gedanken sie seelisch „sehr beschäftigt" haben. Probandin D bezeichnete dies als „Unruhe ihres Geistes", die für sie daran zu erkennen war, dass unmittelbar nach dem Aufstehen ihre Gedanken um ihr Anliegen kreisten und „rotierten und ratterten". Dabei beschreibt Probandin D, dass ihr die Intensivierung ihrer Selbstreflexion „nicht immer gut getan habe", sondern dass die verdichtete Konfrontation mit ihrem Anliegen sie phasenweise so „beschäftigt" habe, dass sie von den wiederkehrenden Gedanken schlussendlich „genervt" war.

Auch Probandin D versäumt einen Tag, vermutlich den siebten Tag und holt diesen nicht mehr nach. Sie erzählt im Abschlussinterview, dass sie sich bei diesem Versäumnis darüber Gedanken gemacht habe, ob sie dem Forscherteam eine E-Mail hierzu schreiben müsse und ob sie die Methode dadurch „kaputt" gemacht hätte. Darin spiegeln sich Ängste der Probandin D durch Anpassung der Methode an ihre Bedürfnisse, die Forschungsergebnisse zu verfälschen. Probandin D entschied sich dazu, ohne Kontaktaufnahme zum Forschungsteam, ihre Cahier-Aufzeichnungen regulär fortzuführen.

Als Besonderheit an der Cahier-Methode empfand sie, dass sie ihre Gedanken nach Beendigung der Ruhephase nachlesen konnte und sie somit der „Flüchtigkeit" ihrer Gedanken entgegenwirken konnte. Probandin D betont hierbei, dass sie bei der Auswertung ihrer Cahiers festgestellt habe, dass es von Vorteil ist, an mehreren Tagen auszuwerten, anstatt an einem einzelnen Tag. So hat sie zum Beispiel an einem Tag intensiv ausgewertet, dann eine Woche weniger intensiv, indem sie immer wieder einzelne Aspekte in den Cahiers nachgeschaut hat, um schließlich eine Woche später sich noch einmal die Auswertungsschritte gezielt vorzunehmen. Sie betont, dass es von Vorteil sei, an mehreren Tagen auszuwerten, da sich die „Betrachtungsweise", gemeint ist hier die Perspektive, auf die eigenen Aufzeichnungen bereits im Laufe dieser Zeitspanne verändert habe.

Bei *Proband E* gilt es hervorzuheben, dass er sein Befinden nach dem Einsatz der Cahier-Methode mit seinem Befinden vor dem Einsatz der Cahier-Methode vergleicht. Dabei betont er, dass er sich nach der Durchführung der Cahier-Methode wohler fühle als vorher. Das beschriebene Wohlbefinden resultiert aus dem „Sich-Zeit-nehmen", sich mit seinem Anliegen zu beschäftigen und intensiv darüber nachzudenken. Das von Proband E beschriebene „Wohlbefinden“ wird in der vorliegenden Forschungsarbeit unter dem Aspekt der „emotionalen Entlastung“ subsumiert.

Die Inhalte seiner Cahiers beschreibt Proband E als „Verstärkung seiner Gedanken“ aus dem letzten Viertel- bis halben Jahr. Damit möchte er aussagen, dass die morgendlichen Cahiers bei ihm schwerpunktmäßig keine neuen Themen und Gedanken hervorgebracht haben, sondern sich thematisch „vier Säulen“ herauskristallisiert haben, wie zum Beispiel die Säule „Musik“ und „Bewegung“, die er schon in seinem bisherigen Leben als lebensnotwendig deklariert hatte.

Auffallend an den Cahiers von Proband E ist das Schreiben in Abkürzungen, um vermeintlichen Lesern der Cahiers keinen Einblick in seine schriftlichen Aufzeichnungen zu geben. Auf die Skalierungsfrage hin, wie sehr er denn ins Nachdenken über sich selbst gekommen sei, gibt er einen Spielraum von sechs bis sieben an. Er betont, dass er im Rahmen der Cahier-Methode eine „völlige Wundfreilegung“ zum Selbstschutz vermieden habe. Proband E umschreibt dies mit dem Bild der „angezogenen Bremse“.

Ähnlich wie die Probanden A und B hat auch Proband E die Ruhephase der Cahiers eigenständig verlängert. Proband E fordert weder mehr Struktur, wie zum Beispiel die Probanden A und D, noch mehr Freiraum bezüglich der methodischen Handhabung ein, wie Proband B. Seinen einzigen Optimierungsvorschlag an der von ihm als „strukturiert“ empfundenen Methode sieht er in der Dauer der morgendlichen, schriftlichen Aufzeichnungen der Cahiers. Während er einerseits diese eigenständig von einer Stunde auf einen Schnitt von fünfundvierzig Minuten verkürzt hat und dabei an einem Tag aufgrund Müdigkeit ausgesetzt hat, bringt er andererseits einen neuen innovativen Aspekt in die Durchführung der Cahier-Methode hinein. Er betont, dass er in einigen Monaten die Cahier-Methode noch einmal durchführen möchte. Dabei könne er sich eine Methodenvariante vorstellen, indem er auf einem morgendlichen Waldspaziergang seine Cahiers auf ein Aufnahmegerät spricht, anstatt diese schriftlich festzuhalten. Für das Forschungsprojekt wäre es im Rahmen einer Anschlussstudie sicher aufschlussreich, die auf digitalen Tonaufnahmen basierenden Abschlussinterviews mit den vorliegenden, auf den schriftlichen Cahiers basierenden Abschlussinterviews zu vergleichen, und somit die Ähnlichkeiten und Unterschiede in den Aussagen der Probanden herauszuarbeiten.

Probandin F beschreibt den Lernprozess im Rahmen der Cahier-Methode deshalb als „produktiv“, weil sie mehr persönlichen Nutzen daraus gezogen hat, als sie zu Beginn „erwartet“ hatte. Dabei umschreibt sie den Lernprozess im Rahmen der Cahier-Methode mit der Metapher des „Zwiebelschälens“. Sie näherte sich „langsam dem Kern“ und beschreibt diesen Vorgang der Selbstreflexion einerseits als „schmerzhaft“ und „unangenehm“, andererseits allerdings auch als „heilsam“.

Bezeichnend für den Lernprozess von Probandin F ist ihr lösungs- und handlungsorientierter Umgang mit der Cahier-Methode, der eine „To-Do-Liste" mit acht abzuarbeitenden Punkten hervorgebracht hat. Bereits während der Durchführung der Cahier-Methode kam es zu themenbezogenen Gesprächen mit Freunden und Bekannten, die als erste Intervention bewertet werden können. Die zielführende Gestaltung des Lernprozesses von Probandin F steht im unmittelbaren Kontrast zu dem unstrukturiert wirkenden Lernprozess von Proband A.

Ähnlich wie Proband C beschäftigt sich Probandin F mit der Thematik „Berufliches und Privates miteinander vereinbaren" zu können. Im Unterschied zu Proband C, stellt Probandin F fest, dass ihr „Lebenspartner im Problemfeld nicht auftaucht", sondern dass sie viel stärker als im Vorfeld gedacht im „beruflichen Umfeld" ansetzen muss.

Basierend auf ihrer zum Zeitpunkt des Abschlussinterviews aktuellen Magisterarbeit abstrahiert sie ihr Anliegen auf die Ebene eines gesellschaftlichen Problems, das unter dem Schlagwort „Work-Life-Balance" zusammengefasst werden kann. Sie prognostiziert für unsere Leistungsgesellschaft, dass Arbeitnehmerinnen und Arbeitnehmer zunehmend mit dem Spannungsverhältnis „Vereinbarkeit von Beruflichem und Privatem" konfrontiert und dadurch psychisch belastet sein werden.

Ein besonderes Merkmal für *Probandin G* ist, dass sie im Unterschied zu den anderen untersuchten Probanden, umfassende Erfahrung im Schreiben von Tagebüchern mitsichbringt. Dabei kann Probandin G auf eine 20-jährige Erfahrung im Schreiben von Tagebüchern zurückgreifen, die sie in für sich schwierigen Lebenssituationen geführt hat. Somit ist sie es gewohnt, sich mit sich selbst in Form von schriftlichen Aufzeichnungen selbstgesteuert auseinanderzusetzen. Diese Auseinandersetzung mit sich selbst anhand der Cahier-Methode beschreibt Probandin G als „sehr selbstkritisch". Dabei betont sie, ähnlich wie Probandin D, dass sie „sich selbst sehr nahe" war und dass es „nicht immer lustig" sei, „sich selbst zu begegnen", um sich mit bestimmten Aspekten auseinanderzusetzen.

Vor diesem Hintergrund erscheint ihr die Cahier-Methode von vorneherein als eine für sie passende Interventionstechnik. Das geht so weit, dass sie im Kontext mit ihren Tagebucheinträgen angeeignete Rituale eigenständig auf die Cahier-Methode überträgt. Gemeint ist hier das Ritual des Verbrennens von schriftlichen Aufzeichnungen (vgl. 4.8.6).

Die Auseinandersetzung mit sich selbst in Form von Selbstreflexion – ohne Rückkopplung an einen Coach – ist ihr vertraut. Somit beurteilt sie das Abschlussinterview zwar grundsätzlich als passend, jedoch für sie persönlich zur Abrundung der Cahier-Methode als nicht notwendig.

Die morgendlichen, schriftlichen Aufzeichnungen der Cahiers über einen Zeitraum von 14 Tagen stellen für sie im Unterschied, wie zum Beispiel zu den

Probanden A und B und der Probandin D, kein motivationales Hindernis dar. Probandin G zeigt sich hierbei überrascht über die in ihren schriftlichen Aufzeichnungen vorkommenden Themen. In diesem Zusammenhang betont sie, dass ihrer Erfahrung nach schriftliche Aufzeichnungen am Abend eine andere Qualität haben, als die am Morgen. Sie resümiert, dass der hauptsächliche Unterschied darin liegt, dass man bei morgendlichen Aufzeichnungen mehr infrage stellt, als bei schriftlichen Notizen am Abend. Somit artikuliert Probandin G deutlich eine Korrelation zwischen schriftlich fixierten Gedanken in Abhängigkeit von der Tageszeit.

Recht schnell kam Probandin G während ihrer Cahier-Aufzeichnungen zu dem Schluss, dass sie „nicht nur Schreiben" könne, sondern dass sie parallel auch „ins Tun kommen" müsse. Als Konsequenz daraus stellte sie sich am Tag verschiedene, selbst entwickelte Aufgaben. So machte sie es sich an einem Tag explizit zur Aufgabe, ihr Verhalten gegenüber ihrem Mann aufmerksam bezüglich ihrer Mimik, Gestik und Stimmlage zu analysieren, da dieser Teil ihres Anliegens war, die Cahier-Methode durchzuführen.

Insgesamt bewertet Probandin G die Cahier-Methode für sich als „Beschleuniger", der dazu führte, ihre Paartherapie aufzunehmen. Bereits während der Cahier-Methode unternahm sie Schritte ihren Mann von der Notwendigkeit der Paartherapie zu überzeugen. Erste Gespräche zwischen dem Therapeuten, ihrem Mann und ihr haben während der Durchführung der Cahier-Methode stattgefunden.

Abschließend kann festgehalten werde, dass aus Sicht der Forscherin Probandin G einen souveränen Umgang mit ihrem Selbstcoachingprozess zeigt und sehr selbstbewusst neue Elemente in die Methode einfließen lässt, die zum positiven Gelingen der Methode beitragen. Dabei fühlt sie sich in erster Linie stets sich selbst und ihrem Lernprozess gegenüber verpflichtet. Im Unterschied zu Proband A und Probandin D hegt Probandin G keine Bedenken, die Cahier-Methode dahingehend zu verfremden, dass sie als Probandin für das Forschungsprojekt unbrauchbar werden könnte.

Beim Versuch aus dem Interview mit *Probandin H* personenspezifische Handhabungen und individuelle Zugänge im Umgang mit der Cahier-Methode herauszuarbeiten, gilt es besonders hervorzuheben, dass Probandin H sowohl Vorerfahrungen im Bereich Coaching als auch im Selbstcoaching mitsichbringt. Als Outplacementberaterin hat sie neben einer abgeschlossenen Coachingausbildung bereits zusätzlich Vorerfahrung mit Selbstcoaching. Probandin H berichtet, vergleichbar mit Probandin D, dass sie sich bereits vor mehr als zehn Jahren intensiv mit der Methode der „Morgenseiten" von CAMERON befasst hat. Das Selbstcoaching anhand dieser Methode stellte ihrer Aussage nach „ihr Leben im positiven Sinn auf den Kopf". Darüber hinaus berichtet sie, dass sie, wenn es ihr die Zeit ermöglicht, ein Selbstcoaching anhand eines Buches mit dem Titel „Selbstcoaching" durchführt und sich parallel dazu mit einer Freundin, die das gleiche Buch als Arbeitsgrundlage benutzt, in Form eines „Dialoges" abgleicht.[411] Zusätzlich nimmt sie selbst maximal zweimal im Jahr eine Supervision bei einer Person in Anspruch, die ihr Arbeitsumfeld gut kennt.

Diese Vorerfahrungen erlauben es Probandin H methodische Vergleiche zwischen der Cahier-Methode und anderen Selbstcoachingmethoden zu ziehen. Dabei stellt Probandin H fest, dass sich ihr Leben nach der Anwendung der Cahier-Methode nicht gleichermaßen „auf den Kopf gestellt" habe wie vor zehn Jahren bei der Anwendung der Methode der „Morgenseiten". Auf die Frage hin, weshalb sie die Methode der „Morgenseiten" intensiver erlebt habe, antwortet sie, dass das zum einen daran liegen könnte, dass man während der Durchführung dieser Methode Rahmenübungen gestellt bekommen habe, die bei der Durchführung der Cahier-Methode ausblieben. Als weiteren Einflussfaktor betont sie, dass sie heute zehn Jahre älter sei als bei der Durchführung der „Morgenseiten" und sie aufgrund völlig „anderer Lebensumstände" gefestigter im Alltag stehe. Die Cahier-Methode hingegen habe „viel Kleines für sie in Bewegung gebracht" und gab ihr die Möglichkeit sich zu „sortieren". Als Resultat habe sie „Lösungsmöglichkeiten zu ihrem Anliegen genauer recherchiert" und eine „Erleichterung" im Sinne von emotionaler Entlastung verspürt.

Insgesamt erlebte sie das tägliche Ritual der Cahier-Methode als „meditatives" Element, das ihr an den meisten Tagen leichtgefallen ist. Ihre einzelnen Cahiers, die im Schnitt „sieben bis acht Seiten" umfassten, beschreibt sie formal als „Fließtext", der mit einzelnen „Abkürzungen" gespickt ist, wobei diese ausschließlich zur Aufrechterhaltung des Schreibflusses dienten und nicht zur Zensur einzelner Gedankengänge. Den Grad der Selbstreflexion gibt sie aufgrund der gestellten Skalierungsfrage als einzige der Probanden mit dem Maximalwert von „10" an. Sie bezeichnet sich selbst als eine Person, die sich selbst immer stark reflektiert, und skaliert die Intensität außerhalb der Cahier-Methode mit dem Wert „8". Darüber hinaus merkt sie kritisch an, dass sie ihrer Meinung nach zu den Personen gehört, die sich „zu sehr reflektieren".

Das tägliche Aufschreiben der Cahiers, so stellt Probandin H fest, fordert ihrer Meinung nach ein gewisses Maß an „Disziplin" und das Aufbringen dieser Disziplin trug bei ihr zur „Steigerung des Selbstrespektes" bei. Rückblickend würde Probandin H, wie auch die Probandinnen F, G und J und die Probanden A, C, E, und I eine Verkürzung der morgendlichen Schreibdauer bevorzugen. Dabei schlägt Probandin H eine Verkürzung auf 30 Minuten statt der Vorgabe von

411 Vgl. Schulz von Thun, F.: Selbstcoaching: Hintergrundwissen, Anregungen und Übungen zur persönlichen Entwicklung.

einer Stunde vor. Die Stunde habe sie für sich als zu lange erlebt und nur deshalb „durchgehalten", weil sie das Ergebnis für die Forschungsarbeit „nicht verzerren" wollte.

Abschließend kann festgehalten werden, dass Probandin H die Cahier-Methode für sich als „ihre Methode der Selbstklärung" bezeichnet, sprich als eine geeignete Interventionsmethode, um „mit sich selbst ins Reine" zu kommen. Dabei ist es für sie elementar, „Dinge mit sich selbst zu klären", bevor sie diese mit anderen bespricht. In diesem Kontext betont sie, dass sie den Anspruch an sich selbst hegt, an für sich relevanten „Themen selbst ran zu kommen", da sie aufgrund ihres beruflichen Kontextes „allergisch", im Sinne von empfindlich, gegenüber Ratschlägen von anderen Personen, wie zum Beispiel eines Coachs sei. Diese Einstellung spiegelt sich in ihrer Arbeitsweise dahingehend wider, dass sie sich selbst gegenüber ihren Klienten diesbezüglich stark zurücknimmt und die Prozessberatung entgegen der Expertenberatung fokussiert.

Das Abschlussinterview mit *Proband I* musste verschoben werden, da sich die Anwendung der Cahier-Methode aufgrund privater Umstände zeitlich zunächst nicht zum vereinbarten Zeitpunkt durchführen ließ. Er begründete das Nichtdurchführen der Cahier-Methode zunächst damit, dass der Zeitpunkt aufgrund „starker privater und beruflicher Einflüsse" und damit verbundenen einer „chaotischen Gefühlswelt" „ungeschickt" gewesen sei. Es erfolgte eine neue Terminabsprache mit dem Probanden, die er im zweiten Schritt auch einhielt.

Als das Abschlussinterview mit Proband I letztendlich stattfand, betonte er, dass er sich anhand der Cahier-Methode „Dinge durch das Schreiben bewusster gemacht" habe und er sich nach der Dokumentation der einzelnen Cahiers ebenfalls „wohler gefühlt" habe. Das Thema, mit dem er sich befasst hat, ist das des „Alleinlebens" nach einer Trennung. Die Cahier-Methode stellte für ihn „eine intensive Auseinandersetzung mit sich selbst" dar, anhand welcher er sich seinen „Stärken und Schwächen" bewusst geworden ist. Die Cahier-Methode sei ihm bereits über die vierzehn Tage hinweg „ans Herz gewachsen" und „zum guten Freund" geworden, von dem es nach Beendigung der Methode „Abschied zu nehmen" galt. Dabei betont Proband I, dass er während des Schreibens keine Zensur vorgenommen habe, sondern „ehrlich und offen" bis hin zu „schonungslos" sich selbst gegenüber war. Er habe dabei „nichts ausgeklammert" oder „tabuisiert" und sich deshalb auch mit „negativen Gedanken" und mit „Themen wie Selbstzweifel" befasst.

Als Resümee zur Anwendung der Cahier-Methode formuliert er seine Erkenntnis, dass seiner Meinung nach jeder Mensch die Lösungen zu seinen Anliegen „selbst im Kopf trägt" und dass man diesen Lösungen meist nur „habhaft" wird, wenn man die Gedanken dazu aufschreibt.

Den Schreibprozess anhand der einzelnen Cahiers bezeichnet Proband I als ein Schreiben „ohne Nachdenken“, das von „zyklisch wiederkehrenden Gedanken“ geprägt wird. Dabei versuchte er, „ohne zu überlegen zu schreiben“, weil er die Inhalte nicht „kopfgesteuert verfremden“ wollte. Als zyklisch wiederkehrend bezeichnet er Schreibphasen, in denen er seine Situation, sprich sein Anliegen analysiert und im Wechsel hierzu Lösungsansätze versucht zu entwickeln. Darüber hinaus berichtet er, wie die anderen Probanden auch, dass diese Zyklen zusätzlich von „Aspekten des Tagesgeschehens“ durchzogen sind. Proband I beschreibt, dass das „Wiederkehren von Gedanken“, die „Verzahnung und Verkettung der Themen“ und darüber hinaus die „Verkettungen der Themen immer sehr ähnlich“ waren.

Proband I betont, dass für ihn zusätzlich „überraschende Themen“, wie das von „Verlustängsten“ und das Lernen, „Nein zu sagen“, wenn andere Personen bestimmte Grenzen überschreiten, aufgetreten sind. Die Reflexion dieser Gedankengänge ermöglichte ihm am Arbeitsplatz ein verändertes Verhalten in Konfliktsituationen mit dem Vorgesetzten, für welches er „positive Rückmeldung“ erhalten habe.

Insgesamt kann hier festgehalten werden, dass auch Proband I assoziatives Schreiben im Rahmen der Cahier-Methode erlebt hat, was man daran erkennt, dass er sein Schreiben „nicht immer als zielgerichtet“ beschreibt und bestimmte Assoziationsketten immer wiederkehren.

Proband I hat sich mit Freunden nur formal über die Cahier-Methode ausgetauscht, da diese das Thema seines Anliegens bereits kannten. Dabei stellte er fest, dass „sich einige“ Personen für die Cahier-Methode interessiert haben. Dieses Interesse begründet Proband I damit, dass viele Menschen Ziele haben, die sie „nicht konsequent“ verfolgen. Anhand der Cahier-Methode könne man diese Ziele selbst zunächst „wertfrei“ und „offen“ analysieren und hinterfragen. Er fasst insgesamt zusammen, dass seiner Meinung ein großes Interesse an der Cahier-Methode bestehen müsste, da viele Menschen Probleme haben, für welche sie „in Therapien“ und durch „Einnahme von Psychopharmaka“ einen „Ausweg“ aus ihrer Lage suchen. Er betont, dass sich Leute, „von denen er es nicht gedacht hätte“, für die Cahier-Methode interessierten.

Insgesamt bezeichnet Proband I den Lernprozess anhand der Cahier-Methode als „Nachdenkphase“, welcher es ihm ermöglicht hat, über bestimmte Dinge „klarer“ zu werden. Auf diese „Nachdenkphase“ müssen jetzt konkrete Handlungen folgen, wie zum Beispiel sein Umzug. Eine Hilfestellung durch einen Coach hätte er im Verlauf der Cahier-Methode als „störend empfunden“, da er kein „Gefühl des Mangels“ an Begleitung durch einen Coach erlebt habe, sondern das Arbeiten „mit sich alleine“ geschätzt habe.

Probandin J betont im Interview die Bedeutung der „Disziplin“, die es bei der Anwendung der Cahier-Methode aufzubringen gilt. Auf der einen Seite berichtet sie, wie die Durchführung, sprich das tägliche „Aufraffen“, ihr Disziplin abgerungen hat, sich aber gerade dadurch bei ihr, wie auch bei Probandin H, ein „positives Gefühl“ eingestellt hat. Den Lernprozess im Rahmen des Selbstcoachings charakterisiert sie als „ordnenden Prozess“, der dazu führte, dass sie zu ihrer Zielformulierung alle „inhaltlichen Gedanken“ aufschrieb.

Insgesamt wertet sie die Cahier-Methode als „positive Erfahrung“ und als „großen Gewinn“ für sich, da sie sich dadurch einen „persönlichen Raum“ geschaffen hatte, in dem sie „neue Gedanken und Ideen“ und auch „Alternativen“ zu ihrem Anliegen herausarbeiten konnte, ohne von anderen Personen im Gespräch beeinflusst zu werden. Konkret hat sie anhand der Cahier-Methode berufliche Alternativen reflektiert, wie zum Beispiel eine Existenzgründung, das Schreiben eines Buches, aber auch eine vollständige berufliche Umorientierung.

Probandin J bezeichnet die Cahiers als „Tagebuchaufzeichnungen“ und „Selbstreflexionsprozess“, die neben ihrer „beruflichen Thematik“ mit „privaten Themen“, aber auch mit „Momentaufnahmen“, die ihr Gefühlsleben beschreiben, gespickt sind. Wenn ihr während der Cahier-Aufzeichnungen nichts zu ihrem Anliegen und zu ihrem formulierten Ziel eingefallen ist, so berichtet Probandin J, habe sie „einfach angefangen zu schreiben, was ihr in den Sinn kam“. Hiermit umschreibt Probandin J mit eigenen Worten das Auftreten von Assoziationsketten im Rahmen der Cahiers. Als besonderes Merkmal ist festzuhalten, dass Probandin J von sich aus äußert, dass sie sich ein erneutes Arbeiten mit der Cahier-Methode zu einem weiteren Anliegen vorstellen könne.

Auffallend am Interview von Probandin J ist, dass die ihr bekannte Problematik bezüglich zeitlicher Strukturierung von Arbeitsprozessen bei der Durchführung der Cahier-Methode auftrat. Erschwert wurde die Einhaltung des Zeitmanagements von Probandin J durch ihren Familienurlaub, der mit der Ruhephase, aber vor allem mit der Auswertungsphase der Cahiers kollidierte. Die versendete Auswertungsanleitung zu den Cahiers erreichte die Probandin J aufgrund ihres Auslandsaufenthalts erst nach ihrer Rückkehr. Probandin J hatte sich für den Urlaub selbst vorgenommen, alle ihre Cahiers zu lesen. Da sie aber erst am letzten Urlaubstag damit begann, geriet sie in „Stress“. Erst am Tag ihrer Rückkehr fand Probandin J die E-Mail mit den Auswertungsschritten in ihrem Posteingang vor, was dazu führte, dass Probandin J das Abschlussgespräch kurzfristig verschieben musste. Insgesamt hat sie anhand der Auswertungsanleitung „drei bis vier Stunden“ ausgewertet, bevor sie dann zum verschobenen Abschlussgespräch kam.

Auf die Einzeldarstellungen der Selbstcoachingprozesse folgt das Kapitel „Resümee und Ausblick“ (vgl. 6). Im Abschlusskapitel dieser Forschungsarbeit werden zentrale Erkenntnisse des Forschungsprojekts zusammengefasst, die Forschungsergebnisse bewertet und ein Ausblick auf potenzielle Anschlussstudien gegeben.

6 Resümee und Ausblick

Das vorliegende Kapitel verfolgt das Ziel, zentrale Erkenntnisse des Forschungsprojekts „Modellierung des Lernprozesses im Selbstcoaching anhand der Cahier-Methode“ zu resümieren, die Forschungsergebnisse zu bewerten und dem Leser einen Ausblick auf potenzielle Anschlussstudien zu geben.

Die Frage nach der Repräsentanz der Auswahl der Probanden kann positiv beantwortet werden. Als Kriterien bei der Auswahl der Probanden wurden a) das grundsätzliche Interesse an Coaching und Selbstcoaching sowie b) die Freiwilligkeit der Teilnahme am Forschungsprojekt definiert. Da die Probandengewinnung über einen Coachingnewsletter erfolgte, sind die Kriterien des bestehenden Interesses (a) sowie die freiwillige Anmeldung (b) über die Onlinemaske definitiv gewährleistet (vgl. 3.1). Dieses Prinzip der Freiwilligkeit ist ein Kriterium der Definition von Selbstcoaching, die dieser Forschungsarbeit zugrunde gelegt wird, und muss somit ein wesentlicher Bestandteil des Forschungsdesigns sein (vgl. 2.3.2).

Anknüpfend an die Einzeldarstellungen der „Individuellen Zugänge der Probanden im Selbstcoaching“ (vgl. 5.2) kann festgehalten werden, dass die Cahier-Methode bei den Probanden gut angekommen ist. Die einzige Ausnahme stellt ein Proband dar, der die Cahier-Methode frühzeitig abgebrochen hat.[412]

Zunächst könnte der Eindruck erweckt werden, dass der Abbruch der Methode durch diesen Probanden dem Forschungsdesign hinderlich war. Dies ist allerdings nicht der Fall, wenn man die Perspektive der Selbststeuerung des eigenen Lernprozesses konsequent verfolgt. Hieraus ergibt sich ein klarer Perspektivenwechsel: Bewertet man den Abbruch der Cahier-Methode durch diesen Probanden, so stellt der Abbruch eine Form der Selbststeuerung dar, nämlich eine Anpassung an das eigene Befinden und die eigenen Bedürfnisse. Der Proband konnte die Cahier-Methode nicht zu Ende führen, weil ihm die Sinnhaftigkeit der Methode bezogen auf sein Anliegen im Lernprozess verloren gegangen ist. Lernen in der Erwachsenenbildung ist überwiegend nutzen-orientiert und somit auch sinnstiftend angelegt. Nimmt man den Grundgedanken der Selbststeuerung von Lernprozessen ernst (vgl. 2.2.3), so ist aus dieser Sicht der eigen-

412 Siehe Proband A.

ständige Abbruch einer Methode, die als nicht zielführend erlebt wird, als selbstbestimmtes, emanzipatorisches Handeln zu bewerten.

Unter Berücksichtigung der Ergebnisse des Teilkapitels „Methodische Änderungen“ (vgl. 4.8.6) gilt es im Sinne der Selbststeuerung festzuhalten, dass sich diese schwerpunktmäßig auf die Verkürzung der morgendlichen Aufzeichnungszeit[413], die Variation der Uhrzeit der morgendlichen Aufzeichnungen[414] und auf das Auslassen der Cahiers an einzelnen Tagen[415] verdichten.[416] Analysiert man die Gestaltung der Lernprozesse der Probanden[417] unter dem Fokus der Selbststeuerung genauer, so fällt auf, dass sich diese Freiräume bezüglich der Handhabung der Cahier-Methode geschaffen und somit selbstgesteuert in ihre Lernprozesse eingegriffen haben. Dabei war für die Mehrheit der Probanden die Variation der morgendlichen Aufzeichnungsdauer ein zentraler Punkt.

Interpretiert man die Aussagen der Probanden[418], so kann man erkennen, dass bei der Selbststeuerung ihrer Lernprozesse Bedenken entstehen, dem Forschungsdesign nicht mehr gerecht zu werden und gegen Regeln zu verstoßen. Deshalb kann insgesamt festgehalten werden, dass das Forschungsdesign einem gewissen Maß an Selbststeuerung im Wege stand. Die Probanden haben dahingehend Bedenken geäußert, dass sie für das Forschungsvorhaben „unbrauchbar“ werden könnten, wenn sie die Vorgaben zur Cahier-Methode zu stark variieren. Sie haben bestimmte Aspekte modifiziert, jedoch meist mit einem mehr oder weniger großen schlechten Gewissen.

Ausgehend von den Erfahrungsberichten der Probanden zu ihren einzelnen Lernprozessen könnte daraus das abschließende Resümee gezogen werden, dass die Aufzeichnungsdauer der morgendlichen Cahiers methodisch zukünftig von 60 Minuten auf 45 Minuten verkürzt werden muss. Einerseits entspricht das den Rückmeldungen der einzelnen Probanden zur Optimierung der Cahier-Methode (vgl. 4.8.6 und 4.9.1), andererseits stehen Anschlussstudien aus, die belegen, dass die Probanden bei einer Vorgabe von 45 Minuten nicht wieder für eine Verkürzung der Aufzeichnungszeit plädieren würden.

Darüber hinaus muss auch der Zusammenhang zwischen der Verkürzung der Aufzeichnungsdauer, den Ergebnissen der einzelnen Probanden (vgl. 4.2.1) und den dann zu identifizierenden Effekten (vgl. 4.2.4) anhand der Cahier-

413 Siehe Probandinnen C, F; Probanden A, B, J.
414 Siehe Probandin F; Proband E.
415 Siehe Probandin D, J; Probanden A, I.
416 Siehe alle Probandinnen und Probanden B bis J.
417 Mit Ausnahme des Probanden A, der die Cahier-Methode abgebrochen hat.
418 Ebd.

Methode untersucht werden. Derzeit kann keine Korrelation zwischen diesen Variablen klar definiert werden, da hierzu keine Vergleichsstudien vorliegen.

Die vorliegende Untersuchung hat gezeigt, dass die Cahier-Methode sich als sinnvolle Selbstcoachingmethode erweist, sofern der Anwender eine gewisse Selbstdisziplin und Eigenmotivation mit in das Selbstcoaching hineinbringt. Diese Selbstdisziplin und Eigenmotivation beziehen sich sowohl auf die tägliche, kontinuierliche Durchführung der Cahier-Methode über einen Zeitraum von 14 Tagen, aber auch auf das Einhalten des vorgegebenen Zeitmanagements bezüglich Einhaltung der Ruhephase und Durchführung der Auswertungsschritte. Durch das Aufbringen von Selbstdisziplin und Eigenmotivation wird verhindert, dass die Probanden bei der Anwendung der Cahier-Methode in Stress geraten. Somit wird der Erfolg der Methode begünstigt.

Dennoch wird Selbstcoaching im Allgemeinen und auch die Anwendung der Cahier-Methode im Speziellen das klassische Coaching in Form eines Coach-Klienten-Settings nicht ersetzen oder sogar verdrängen. Auf den vorliegenden Untersuchungen basierend hat die Forscherin festgestellt, dass viele Menschen ihre Anliegen gerne im persönlichen Gespräch klären und sich durch professionelle Coachings neue Impulse erhoffen, wenn sie das Gefühl haben, sich gedanklich festgefahren zu haben. Festgelegte Coachingtermine über einen längeren Zeitraum können auch als externe Motivationsfaktoren bezeichnet werden. Sie begünstigen die Aufrechterhaltung der Motivation des Klienten und fördern eine gewisse Kontinuität bei der Umsetzung der erarbeiteten Handlungsschritte. Im Selbstcoaching hingegen ist jeder für den eigenen Prozess noch stärker verantwortlich und auf sich alleine gestellt, beziehungsweise auf das Feedback von Freunden und Bekannten angewiesen.

Die in der Einleitung (vgl. 1) angedeutete Gefahr, dass die Erforschung von Selbst-coachingprozessen und ein verstärkter praktischer Einsatz von Selbstcoaching das klassische Coaching überflüssig machen könnte, löst sich durch diese Erkenntnisse auf und ist demnach als provokante Eingangsthese zu bewerten, die die intellektuelle Auseinandersetzung mit dem Forschungsgegenstand fördern soll.

Grundsätzlich sind Selbstcoachingmethoden, hier explizit auch die Cahier-Methode, in Ergänzung mit einem klassischen Coaching denkbar. Hierfür soll der Begriff des kombinierten Coachings verwendet werden. Gemeint ist der Einsatz von Selbstcoachingmodulen zwischen den einzelnen Coachingeinheiten, die dem Klienten sozusagen als Hausaufgaben mitgegeben werden. Die Ergebnisse der vorliegenden Studie weisen darauf hin, dass die Aktivierung von Selbstreflexion basierend auf der Cahier-Methode ein Face-to-face-Coaching bereichern kann.

Während der intensiven Auseinandersetzung mit dem Forschungsgegenstand sind auch Anknüpfungspunkte für mögliche Anschlussstudien entstanden. Während die vorliegende Studie ihren Schwerpunkt auf die Untersuchung schriftlich fixierter Cahiers legt (vgl. 2.4.3), wäre eine Vergleichsstudie von Interesse, die zur Aufzeichnung der Cahiers ein anderes Medium wählt. Hierzu soll die Idee eines Probanden aufgegriffen werden, die täglichen Cahiers bei einem Spaziergang digital Aufzunehmen (vgl. 5.2).[419] Hierbei könnte eine vergleichende Studie untersuchen, ob und wie sich der Bewegungsaspekt auf die Assoziationen und somit auf den Selbstreflexionsprozess auswirkt. Für das Forschungsprojekt wäre es im Rahmen einer Anschlussstudie sicher aufschlussreich, die auf digitalen Tonaufnahmen basierenden Cahiers mit den schriftlichen Cahiers zu vergleichen und Ähnlichkeiten sowie Unterschiede herauszuarbeiten.

Die Untersuchung der Kategorie „Selbstreflexion" (vgl. 4.1) ergab, dass sich die Probanden im Selbstcoaching mit Kritik an eigenen Persönlichkeitsmerkmalen und Verhaltensmustern konfrontiert sahen. Die Tatsache, dass sich die Probanden aufgrund der Cahier-Methode mit den Themen Selbstakzeptanz, Selbstzweifel, Selbstschutz, Selbstrespekt und Selbstbewusstsein beschäftigten, erweckte bei der Autorin ein weiterführendes Forschungsinteresse zum Thema Selbstwert und daraus resultierend das Thema Selbstwertgefühl. Eine Leitfrage für eine Anschlussstudie könnte die Frage sein, wie (und ob) Selbstwert durch (Selbst-)Coaching beeinflusst wird und anhand welcher Methoden der Selbstwert eines Klienten nachhaltig gestärkt und auch gesteigert werden kann. Ein fortführender Forschungsansatz könnte die Untersuchung von möglichen Korrelationen zwischen Selbstwert und Glück im Sinne von Lebenszufriedenheit sein.

Abschließend kann festgehalten werden, dass die vorliegende Forschungsarbeit sich sowohl mit der theoretischen (1) als auch praktischen (2) Zielsetzung der Studie (vgl. 2.1) intensiv auseinandergesetzt hat. Es wurde qualitativ aus andragogischer Perspektive geforscht. Dabei fand eine Bearbeitung der theoretischen Zielsetzung (1) statt, die das erkenntnisleitende Interesse verfolgt, den Lernprozess im Selbstcoaching zu modellieren. Die „Modellierung des Lernprozesses im Rahmen der Cahier-Methode" (vgl. 4) erfolgte anhand der Erarbeitung eines theoretischen Konzepts. Dieses theoretische Konzept besteht aus zehn deduktiven und induktiven Kategorien, welche erforscht, dargelegt und ausführlich diskutiert wurden (vgl. 4.1).[420]

---

419 Siehe Proband E.

420 Die zehn Kategorien lauten im einzelnen: „Selbstreflexion" (vgl. 4.1), „Ergebnisbewertung" (vgl. 4.2), „Selbstcoaching und Coaching" (vgl. 4.3), „innere und äußere Widerstände" (vgl. 4.4), „Assoziationen" (vgl. 4.5), „Austausch mit der Umwelt" (vgl. 4.6), „Anliegen der Pro-

Die praktische Zielsetzung (2) hingegen ermöglicht einen kompetenten Einsatz der Cahier-Methode im Selbstcoaching. Anhand der vorliegenden Forschungsarbeit konnten methodische Optimierungsvorschläge zur Cahier-Methode erhoben, diskutiert und abschließend bewertet werden. Diese Erkenntnisse ermöglichten die Optimierung der Cahier-Methode in der praktischen Anwendung. Mit der Cahier-Methode kann eine methodisch ausgearbeitete Selbstcoachingmethode für Personen zur Verfügung gestellt werden, die daran interessiert sind, selbstgesteuert eigene Anliegen zu bearbeiten und individuelle Ziele zu erreichen.

Die positiven Ergebnisse des Forschungsprojekts zeigen auf, dass durch Selbstcoaching anhand der Cahier-Methode wichtige Anliegen individuell und selbstgesteuert bearbeitet werden können. Die Cahier-Methode stellt demnach eine ernstzunehmende Interventionsmethode sowohl im Selbstcoaching als auch im kombinierten Coaching dar.

---

banden" (vgl. 4.7), „Umgang mit der Cahier-Methode" (vgl. 4.8), „Bewertung der Cahier-Methode" (vgl. 4.9) und „Motivation" (vgl. 4.10).

Literaturverzeichnis

Aebli, H.: Zwölf Grundformen des Lehrens. Eine allgemeine Didaktik auf psychologischer Grundlage. Medien und Inhalte didaktischer Kommunikation, der Lernzyklus. 12. Aufl. Stuttgart: 1997 Klett-Cotta Verlag

Argyris, C./ Schön, D.: Die Lernende Organisation. Grundlagen, Methoden, Praxis. Stuttgart: 1999 Klett-Cotta Verlag

Arnold, R./ Schüßle, I.: Wandel der Lernkulturen. Ideen und Bausteine für ein lebendiges Lernen. Darmstadt: 1998 Wissenschaftliche Buchgesellschaft

Arnold, R./ Schüßle, I. (Hrsg.): Ermöglichungsdidaktik. Erwachsenenpädagogische Grund-lagen und Erfahrungen. Grundlagen der Berufs- und Erwachsenenpädagogik. Band 35. Baltmannsweiler: 2003 Schneider Verlag Hohengehren

Berne, E.: Was sagen Sie, nachdem Sie ′Guten Tag′ gesagt haben? Psychologie des menschlichen Verhaltens. 19. Aufl. Frankfurt am Main: 2004 Fischer Taschenbuch Verlag

Berne, E.: Spiele der Erwachsenen. Psychologie der menschlichen Beziehung. 9. Aufl. Reinbek bei Hamburg: 2002 Rowohlt Taschenbuchverlag GmbH

Birker, G./ Birker, K.: Was ist NLP? Grundlagen und Begriffe des Neuro Linguistischen Programmierens. Reinbek bei Hamburg: 2000 Rowohlt Verlag

Böning, U./ Fritschle, B.: Coaching fürs Business. Bonn: 2005 managerSeminare Verlags GmbH

Böning, U.: Coaching: Der Siegeszug eines Personalentwicklungs-instruments. Eine 10-Jahres-Bilanz. 2002. In: Rauen, C. (Hrsg.). Handbuch Coaching. 2. Aufl. Göttingen: 2002 Hogrefe

Cameron, J.: Der Weg des Künstlers. München: 2000 Knaur MensSana

Deppermann, A.: Gespräche analysieren. Wiesbaden: 2008 VS Verlag für Sozialwissenschaften

Dilger, B.: Der selbstreflektierende Lerner. Eine wirtschaftspädagogische Rekonstruktion zum Konstrukt der „Selbstreflexion". Paderborn: 2000. In: Euler, Dieter und Sloane, Peter F. E. (Hrsg.) Wirtschaftspädagogisches Forum. Band 33. Eusel-Verlagsgesellschaft mbH

Dilling, H./ Mombour, W./ Schmidt M. H. (Hrsg.): Internationale Klassifikation Psychischer Störungen. Klinisch diagnostische Leitlinien. Aufl. 7. Bern: 2009 Verlag Hans Huber

Dörner, D.: Selbstreflexion und Handlungsregulation. Die psychologischen Mechanismen und ihre Bedingungen. In: Lübbe, W. (Hrsg.): Kausalität und Zurechnung. Über die Verantwortung in komplexen kulturellen Prozessen. Berlin: 1994

Dohmen, G.: Das Lebenslange Lernen. Leitlinie einer modernen Bildungspolitik. Bonn: 1996 Bundesministerium für Bildung, Wissenschaft, Forschung und Technologie

Fallner, H./ Pfohl M.: Coaching mit System. Die Kunst nachhaltiger Beratung. Leske, Budrich: 2001 Opladen

Fischer- Epe, M.: Coaching: Miteinander Ziele erreichen. 3. Aufl. Reinbek bei Hamburg: 2003 Rothwohlt Taschenbuch Verlag GmbH

Fischer-Epe, M./ Epe, C./ Schulz von Thun, F. (Hrsg.): Selbstcoaching: Hintergrundwissen, Anregungen und Übungen zur persönlichen Entwicklung. Reinbek bei Hamburg: 2007 Rotwohlt Taschenbuch Verlag

Flick, U.: Qualitative Sozialforschung. Eine Einführung. 3. Aufl. Reinbek bei Hamburg: 2005 Rowohlt Taschenbuch Verlag

Fromm, E.: Escape from Freedom. New York: 1941 H B Fann and Company Ltd.

Goldstein, K.: Der Aufbau des Organismus. Haag: 1934 Nijhoff

Greif, S.: Coaching und ergebnisorientierte Selbstreflexion. Göttingen: 2008 Hogrefe Verlag Gmbh & Co. KG

Greif, S./ Kurtz, H.- J. (Hrsg.): Handbuch Selbstorganisiertes Lernen. Göttingen: 1996 Verlag für Angewandte Psychologie

Harris, T. A.: Ich bin o.k. – du bist o.k. 41. Aufl. Reinbek bei Hamburg: 2006 Rowohlt Verlag GmbH

Helfferich, C.: Die Qualität qualitativer Daten. Manual für die Durchführung qualitativer Interviews. 2. Aufl. Wiesbaden: 2005 VS Verlag für Sozialwissenschaften

Henninger, M./ Mandl, H./Law, L.-C.: Training der Reflexion. In: Klauer, K. J. (Hrsg.): Handbuch kognitives Training, 2. Aufl. Göttingen: 2000 Hogrefe Verlag

Hof, C.: Lebenslanges Lernen. Eine Einführung. Stuttgart: 2009 W. Kohlhammer GmbH

Horney, K.: Selbstanalyse. Frankfurt am Main: 1995 Fischer Taschenbuch Verlag GmbH

Jäger, R.: Praxisbuch Coaching. Erfolg durch Business- Coaching. Offenbach: 2001 Gabal- Verlag

Jung, C. G.: Psychologische Typen. Zürich: 1921 Rascher Verlag

Kelly, G. A.: The Psychology of Personal Constructs. Vol. I, II. New York: 1954/1955

Köhler, H. und Schmidt-Radefeld, J. (Hrsg.): Paul Valéry. Cahiers/ Hefte Band 1 bis 6

König, K.: Abwehrmechanismen. 4. Aufl. Göttingen: 2007 Vandenhoeck & Ruprecht

König, E./ Zedler, P. (Hrsg.): Bilanz qualitativer Forschung Band II: Methoden. Weinheim: 1995 Deutscher Studien Verlag

König, E./ Volmer G.: Systemisches Coaching. Handbuch für Führungskräfte, Berater und Trainer. Weinheim: 2002 Beltz-Verlag

Kron, F. W.: Wissenschaftstheorie für Pädagogen. München, Basel: 1999 Ernst Reinhardt Verlag

Kruse, J. Reader: Einführung in die Qualitative Interviewforschung. Freiburg: Januar 2007 (Bezug über http://www.soziologie.uni-freiburg.de/Personen/kruse/UniHomepage/Workshop/Weitere Angebote.html)

Kuckartz, U.: Computergestützte Analyse Qualitativer Daten. Eine Einführung in Methoden und Arbeitstechniken. Opladen/ Wiesbaden: 1999 Westdeutscher Verlag GmbH

Kuckartz, U./ Dresing, T./Rädiker, S./Stefer, C.: Qualitative Evaluation. Der Einstieg in die Praxis. Aufl. 1. Wiesbaden: 2007 VS Verlag für Sozialwissenschaften

Lamnek, S.: Qualitative Sozialforschung. Lehrbuch. Weinheim, Basel: 2005 Beltz Verlag

Lechler, P.: Kommunikative Validierung. In: Huber, Günter L./ Mandl, Heinz (Hrsg.): Verbale Daten. Weinheim: 1982 Beltz Verlag

Leitner, C.: Die Cahiermethode. Ein neues Instrument für das Coaching? Bad Soden: 2004. (Unveröffentlichte Diplomarbeit an der Pädagogischen Hochschule Ludwigsburg.)

Maslow, A. H.: Dynamics of Personalty organization. In: Psych. Review: 1943

Maslow, A. H.: Motivation und Persönlichkeit. Olten/Freiburg im Breisgau: 1977 Walter-Verlag GmbH

Mayring, P.: Einführung in die Qualitative Sozialforschung. Aufl. 5. Weinheim und Basel: 2002 Beltz Verlag

Mayring, P.: Qualitative Inhaltsanalyse. Grundlagen und Techniken. Aufl. 8. Weinheim und Basel: 2003 Beltz UTB Verlag

Halimi, S.: Lifelong Learning for Equity ans Social Cohesion: A new Challenge for Higher Education. In: McIntosh, C./ Varogul, Z. (Hrsg.). Lifelong Learning & Distance Higher Education. 2005 Commonwealth of Learning/ UNESCO Publishing

Menne, A.: Definition. In: Krings, H./ Baumgartner H.-M./ Wild, C. (Hrsg.). Handbuch philosophischer Grundbegriffe. Band 1. Das Absolute- Gesellschaft. München: 1973 Kösel-Verlag

Migge, B.: Handbuch Coaching und Beratung: Weinheim und Basel: 2005 Betz Verlag

Offermanns, M.: Braucht Coaching einen Coach? Eine evaluative Pilotstudie. Stuttgart: 2004 ibidem-Verlag

Perls, F.: Ego, Hunger and Agression. New York: 1946

Piaget, J./ Fatke, R. (Hrsg.): Meine Theorie der geistigen Entwicklung. 1. Aufl. Weinheim/Basel/Berlin: 2003 Beltz Verlag

Rauen, C.: Coaching. Praxis der Personalpsychologie. Band 2. Göttingen, Bern: 2003 Hogrefe-Verlag

Rauen, C.: Coaching. Innovative Konzepte im Vergleich. 3. Aufl. Göttingen, Bern: 2003 Hogrefe-Verlag

Rauen, C.: Handbuch Coaching (Hrsg.). 3. Aufl. Göttingen: 2005 Hogrefe-Verlag

Rauen, C.: Coaching-Tools (Hrsg.). 4. Aufl. Bonn: 2006 ManagerSeminare Verlag

Regenbogen, A. (Hrsg.): Wörterbuch der philosophischen Begriffe. Hamburg: 1998 Felix Meiner Verlag- Methodik

Rogers, C. R.: The Clinical Treatment oft the Problem Child. New York: 1939 Houghton Mifflin

Rogers, C. R.: Die klientenzentrierte Gesprächspsychotherapie. Frankfurt am Main: 1989 Fischer Taschenbuch Verlag GmbH

Rogers, C. R.: Die nicht-direktive Beratung. Frankfurt am Main: 1989 Fischer Taschenbuch Verlag GmbH

Rogers, C. R.: Entwicklung der Persönlichkeit. Psychotherapie aus der Sicht eines Terapeuten. 17. Aufl. Stuttgart: 2009 Klett-Cotta

Rückerl, T./ Rückerl, T.: Coaching mit NLP-Werkzeugen. Weinheim: 2008 WILEY-VCH Verlag GmbH & Co. KGaA

Rychners, M.: Paul Valéry. Zone des Schweigens. In: Buchner, Carl H./ Köhn, Eckhardt (Hrsg.): Annährung an Paul Valéry. Frankfurt am Main: 1991 Fischer Taschenbuch Verlag GmbH

Schindler, M.: Wissensmanagement in der Projektabwicklung. Lohmar/Köln: 2003 Josef Eul Verlag GmbH

Schön, B./ Hurrelmann, K.: Schulalltag und Empirie. Neuere Ansätze in der schulischen und beruflichen Sozialisationsforschung. Weinheim und Basel: 1979 Beltz Verlag

Schreyögg, A.: Coaching. Eine Einführung für Praxis und Ausbildung. 4. Aufl. Frankfurt/Main: 2003 Campus Verlag GmbH

Sparrer, I.: Systemische Strukturaufstellungen. Theorie und Praxis. Heidelberg: 2006 Carl Auer Verlag

Spektrum Akademischer Verlag (Hrsg.): Lexikon der Psychologie. Band 1 A bis E. Heidelberg: 2000 Spektrum Akademischer Verlag GmbH

Schwadorf, H.: Berufliche Handlungskompetenz. Eine theoretische Klärung und empirische Analyse in der dualen kaufmännischen Erstausbildung. Hohenheim: 2003

Tewes, U./Wildgrube, K.: Psychologie-Lexikon. München: 1990 Oldenbourg Wissenschaftsverlag GmbH

Wilker, F.- W.: Supervision und Coaching (Hrsg.). 3. Aufl. Bonn: 1995 Deutscher Psychologen Verlag GmbH

Wuthenow, R.- R.: Paul Valéry zur Einführung. 1. Aufl. Hamburg: 1997 Junius Verlag

Internetquellen

http://www.helmutheim.de/Definition_Coaching.doc (Begriffsdefinition Coaching DBVC; letzter Abruf 01.08.2011)

http://www.rauen.de/services/werbung.htm (Informationen zum Newsletter; letzter Abruf 01.08.2011)

http://www.coaching-report.de (Informationen zum Coaching-Report; letzter Abruf 01.08.2011)

http://www.coaching-newsletter.de (Coaching-Newsletter; letzter Abruf 01.08.2011)

http://www.coaching-newsletter.de/archiv/2007/2007_04.txt (Veröffentlichte Anzeige im Newsletter zur Probandengewinnung; letzter Abruf 01.08.2011)

http://www.coaching-magazin.de (Coaching-Magazin; letzter Abruf 01.08.2011)

http://www.coachingforschung.de/index.php?id=cfor_caroline_lieser (Informationen zum Forschungsprojekt; letzter Abruf 01.08.2011)

http://lexikon.meyers.de/wissen/Assoziation (Definition Assoziation; letzter Abruf 23.03.2009)

www.coaching-report.de/definition_coaching (Definition Coaching nach RAUEN; letzter Abruf 01.08.2011)

Abbildungsverzeichnis

Tabellenverzeichnis

Anhang

Veröffentlichte Anzeige im Newsletter von RAUEN
vom 25. April 2007:
……………………………………………..

Perspektivenwechsel GmbH unterstützt Forschungsprojekt zum„Selbst-Coaching"

Interessierte Personen aus Baden-Württemberg und Bayern mit einem sie belastenden Anliegen können im Juli und August 2007 teilnehmen. Im Rahmen ihrer Forschungsarbeit möchte Caroline Lieser den Lernvorgang beider Durchführung der Cahier-Methode in Form eines theoretischen Modells festhalten. Darüber hinaus beschäftigt sie die Frage, ob der Klient, derdie Cahier-Methode anwendet, wirklich in der Lage ist, ein zuvordefiniertes Anliegen ohne weiteres Zutun eines externen Coachs zu lösen. Diese Forschungsfragen sollen der neu auf den Markt kommendenInterventionsmethode eine wissenschaftliche Fundierung geben und stellen somit einen Schritt im Rahmen der Qualitätssicherung von Coachings dar. Eine Einsatzmöglichkeit dieser neuen Methode, deren Ursprung in denCahiers des französischen Literaten Paul Valéry (1871 - 1946), der Journalistin und Drehbuchautorin Julia Cameron (1948) und der Psychologin Karen Horney (1885 - 1952) wurzeln, besteht zum Beispiel darin, ein privatbelastendes Thema im Kontext einer beruflichen Veränderung herauszutrennenund im Selbstcoaching zu bearbeiten.Wissenschaftlich gestützt wird die Forschungsarbeit durch die Pädagogische

Hochschule in Freiburg.Interessentinnen und Interessenten, die die Rahmenbedingungen desForschungsdesigns erfüllen können, sind eingeladen, sich online direktvormerken zu lassen. Die Teilnahme am Projekt ist begrenzt.

Weitere Informationen
http://www.coachingforschung.de/caroline_lieser.shtml

Online Anmeldemaske für potenzielle Probanden
http://www.coachingforschung.de/caroline_lieser.shtml

....

Forschungsprojekt „Cahier“

Willkommen beim Forschungsprojekt „Cahier“, das im Sommer 2007 durchgeführt werden wird und den Aspekt des Selbstcoachings beleuchtet. Wenn Sie die erforderlichen Prozessschritte realisieren können, dann freuen wir uns über Ihre Teilnahme. Ihre Bereitschaft mitzumachen zeigen Sie uns an, indem Sie auf der Folgeseite Ihre Kontaktdaten eintragen. In den ersten beiden Juniwochen werden wir auf Sie zukommen, um den genauen Start und die Thematik mit Ihnen abzustimmen.
Das Forschungsprojekt steht unter der wissenschaftlichen Betreuung des Lehrstuhls für Erwachsenenbildung der

Pädagogische Hochschule Freiburg
Université des Sciences de l'Education · University of Education

Das Forschungsprojekt wird zwischen dem 1. - 31.7.2007 begonnen und spätestens zum 31.8.2007 abgeschlossen. In der Zeit vom 1. - 31.7.2007 habe ich die Möglichkeit, ohne Unterbrechung zwei Wochen lang jeden Morgen, eine Stunde vor Sonnenaufgang, spätestens jedoch um 5.30 Uhr aufzustehen, um dann meine morgendlichen Aufzeichnungen vorzunehmen.

Nein, das geht nicht:Schade, das Projekt kann von Ihnen nicht durchgeführt werden.

Ja, das kann ich einrichten. In diesem Fall prüfen Sie bitte die folgenden weiteren Details:

Forschungsprojekt „Cahier“

Willkommen beim Forschungsprojekt „Cahier“, das im Sommer 2007 durchgeführt werden wird und den Aspekt des „Selbstcoachings“ beleuchtet. Wenn Sie die folgenden Prozessschritte realisieren können, dann freuen wir uns über Ihre Teilnahme. Ihre Bereitschaft mitzumachen zeigen Sie uns an, indem Sie ganz unten Ihre Kontaktdaten eintragen. In den ersten beiden Juniwochen werden wir auf Sie zukommen, um den genauen Start und die Thematik mit Ihnen abzustimmen.

Das Forschungsprojekt wird zwischen 1. - 31.7.2007 begonnen und spätestens zum 31.8.2007 abgeschlossen. In der Zeit vom 1. - 31.7.2007 habe ich die Möglichkeit, ohne Unterbrechung zwei Wochen lang jeden Morgen, eine Stunde vor Sonnenaufgang, spätestens jedoch um 5.30 Uhr aufzustehen, um dann meine morgendlichen Aufzeichnungen vorzunehmen.

Wenn ich in der Projektzeit morgens aufstehe, dann kann ich ...
(Erforderlich: Bitte klicken Sie bis zu Ihren Kontaktdaten alle Kästchen an.)

... mich mit einem normalen Wecker wecken lassen (ein Radiowecker kann nur genutzt werden, wenn kein Wecken durch Musik oder Nachrichten etc. erfolgt, sondern durch einen neutralen Ton).

... das tun, ohne ein Gespräch mit einem anderen Menschen führen zu müssen oder angesprochen zu werden.

... nach dem Aufstehen an allen Tagen möglichst immer am selben Ort eine volle Stunde ungestört meine Aufzeichnungen machen.

... mir diesen Ort an jedem Vorabend entsprechend vorbereiten (z.B. Glas, Wasser, Schreibblock, Kugelschreiber, Couvert, warme Decke).

... meine Aufzeichnungen (die jeweiligen Seiten erhalten auf der ersten Seite das Datum und alle Seiten ggf. eine Seitenzahl) an jedem Tag in einem Couvert verschließen und diese Couverts an einem nur mir privaten Platz aufbewahren (alle Couverts werden an diesem Ort chronologisch gesammelt; auch auf das Couvert kommt das Datum. Die Couverts werden fest verschlossen. Sie dürfen erst nach Ablauf der 14-tägigen Arbeitsphase geöffnet werden).

Wenn die Projektzeit beendet ist (nach Beginn mit den Cahiers sind dies zuerst zwei Wochen, dann ruhen die Aufzeichnungen eine Woche, dann erhalten Sie eine Information, was Sie nun mit Ihren Aufzeichnungen tun sollen – dies bedarf nur wenige Stunden der weiteren Reflexion), wollen wir mit Ihnen ein Abschlussgespräch führen.

Ja, ich kann ca. 3,5 - 4,5 Wochen nach Beginn der Aufzeichnungen nach Lützelburg kommen, um das Evaluationsgespräch zu führen (Dauer: ca. 2 Stunden). (Je nach Zusammenstellung der Probanden werden wir ggf. alternative

Wege des Evaluationsgesprächs noch anbieten können. Bislang ist der Projektabschluss in Lützelburg vorgesehen.)

Kontaktdaten

Name

Vorname

Mail

Telefonnummer

Telefonnummer zur Zeit des Projektes

Nach derzeitiger Planung könnte ich mit den Aufzeichnungen beginnen am:

Ich befinde mich in der Projektzeit (Mehrfachnennungen möglich):

- Zu Hause
- Im Inland
- Im Ausland
- Im Urlaub

Grob skizziert möchte ich mich mit diesem Thema befassen:

Ich bin auf das Forschungsprojekt aufmerksam geworden über:

- ☐ Coaching-Newsletter
- ☐ CoachPro-Netzwerk
- ☐ Zufälligen Besuch der Internetseite
- ☐ Information über eine/n Freund(in)/Bekannte(n)
- ☐ Direkte Information über C. Lieser
- ☐ Direkte Information über den praxisbegleitenden Coach
- ☐ Sonstiges

Absenden

Maske des Mailtexts

Erster E-Mail-Kontakt zwischen Caroline Lieser und den Probanden:

………………………………………………..

Sehr geehrte Frau/ geehrter Herr XY,

herzlichen Dank für Ihre Teilnahme am Forschungsprojekt „Cahier-Selbstcoaching".

Das Forschungsprojekt steht unter der wissenschaftlichen Betreuung des Lehrstuhls für Erwachsenenbildung an der Pädagogischen Hochschule Freiburg. Ihre Teilnahme an dieser Studie unterstützt die wissenschaftliche Fundierung von Selbstcoaching.

Im Anhang finden Sie eine Checkliste, die Ihnen nochmals die wichtigen Informationen zur Durchführung Ihrer „Cahiers" übersichtlich zusammenstellt, sodass Sie an Ihrem individuell vereinbarten Termin mit Ihren Aufzeichnungen zu Ihrer persönlichen Themenstellung beginnen können. Gerne können Sie sich diese Checkliste auch an Ihren Arbeitsplatz legen, an dem Sie Ihre morgendlichen Aufzeichnungen durchführen.

Viel Erfolg bei der Durchführung Ihrer „Cahiers".

Ich freue mich Sie im Rahmen des Evaluationsgespräches persönlich kennenzulernen.

Herzliche Grüße

Dipl.-Päd. Caroline Lieser

Checkliste: Forschungsprojekt „Cahier-Selbstcoaching“

Attachement der ersten E-Mail an die Probanden:

……………………………………………..

Wichtig: Ihre Aufzeichnungen wird außer Ihnen später niemand lesen oder sehen, sondern Sie machen diese ganz privat für sich.

Ab dem vereinbarten Starttermin werde ich **ohne Unterbrechung zwei Wochen lang jeden Morgen**, **eine Stunde** vor Sonnenaufgang, **spätestens** jedoch **um 5.30 Uhr** aufstehen, um dann meine morgendlichen Aufzeichnungen vorzunehmen.
Ich lasse mich mit einem **normalen Wecker** wecken (ein Radiowecker kann nur genutzt werden, wenn kein Wecken durch Musik oder Nachrichten etc. erfolgt, sondern durch einen neutralen Ton).
Ich gehe an meine Aufzeichnungen **ohne vorher mit einem anderen Menschen gesprochen zu haben beziehungsweise** angesprochen zu werden.
Ich mache an allen **14 Tagen** möglichst immer am **selben Ort** eine volle Stunde ungestört meine Aufzeichnungen.
Diesen Ort bereite ich mir an jedem **Vorabend entsprechend vor** (z.B. Glas Wasser, Schreibblock, Kugelschreiber, Couvert, warme Decke). Meine **Zielformulierung** für die Arbeit mit den „Cahiers“ liegt dort auch bereit.
Meine Aufzeichnungen (die jeweiligen Seiten erhalten auf der ersten Seite das Datum und alle Seiten gegebenenfalls eine Seitenzahl) **verschließe ich an jedem Tag direkt nach der Aufzeichnungsarbeit in einem Couvert**. Dieses Couvert bewahre ich an einem **privaten Platz** auf.
Ich sammle an diesem Platz alle **Couverts chronologisch;** auch das Couvert wird mit einem **Datum** versehen. Die Couverts werden fest verschlossen. Sie dürfen erst nach Ablauf der 14-tägigen Arbeitsphase und **einer Woche Ruhenlassen** – also **drei Wochen nach Beginn** der ersten Aufzeichnungen – chronologisch geöffnet werden.

Nachdem Ihre Aufzeichnungen **eine Woche geruht** haben, erhalten Sie von uns Informationen, was Sie genau mit den **Aufzeichnungen** tun sollen.

Informationen zur Auswertung Ihrer Cahiers

Zweiter E-Mail-Kontakt zwischen Caroline Lieser und den Probanden nach Ablauf der Ruhezeit der Cahiers: Arbeitsanweisung zur Auswertung der Cahiers:

……………………………………………..

Sehr geehrte Frau/ geehrter Herr XY,

morgen endet die Ruhezeit Ihrer Cahiers. Ab übermorgen sind Sie eingeladen, Ihre Aufzeichnungscouverts zu öffnen und alles, was Sie geschrieben haben, nun aus einer zeitlichen Distanz erneut wahrzunehmen, zu reflektieren und zu bestaunen. Als kleine Anregung sollen Ihnen die Auswertungsformen dienen, die wir Ihnen heute senden. In verschiedenen Schritten regen wir zu unterschiedlichen Perspektiven an, die Sie natürlich um Ihre eigenen Empfindungen und Erkenntnisse bereichern können.

Mit dieser Auswertung endet das offizielle Selbstcoachingprojekt.
Wir freuen uns auf das Evaluationsgespräch mit Ihnen.

Mit freundlichen Grüßen

Ralph Schlieper-Damrich und Caroline Lieser
(Leitung Forschungsprojekt Cahier Selbst-Coaching)

Informationen zur Auswertung Ihrer Cahiers

Attachement der zweiten Mail an die Probanden:

…………………………………………………

Die beiden Aufzeichnungswochen sind nun vorbei und Ihre Cahiers haben auch einige Tage geruht. Heute können Sie einige Schritte der Auswertung gehen.

Damit nichts durcheinanderkommt, prüfen Sie bitte, ob Sie auf allen Seiten das jeweilige Datum des Aufzeichnungstages notiert haben. Öffnen Sie dazu nach und nach die Couverts und bringen alles in eine chronologische Reihenfolge.

Wenn Sie nun die verschiedenen Auswertungsschritte gehen, dann empfiehlt es sich, dazu
genügend ungestörte Zeit einzuplanen und einen Schreibblock mit Notizen verfügbar zu haben. Weder Ihre Cahiers noch Ihre Auswertungsaufzeichnungen sind später im Rahmen Ihres Evaluationsgesprächs relevant – Sie sollten jedoch die Auswertung vorgenommen haben, bevor Sie mit uns das Abschlussgespräch führen.

Schritt 1: Lesen Sie Ihre Cahiers tageweise von Anfang bis Ende durch und achten Sie dabei darauf, an welchen Tagen Gedanken in Bezug zu Ihrer Zielsetzung durch Sie notiert wurden. Änderten sich über die Zeit hinweg einzelne Aspekte, die mit Ihrer Zielsetzung zu tun haben? Kommen früher gedachte Bezüge wieder und wiederholen sich dadurch? Erscheinen einzelne Gedanken nur einmal oder wenige Male? Gibt es einen Gedanken, der kontinuierlich immer wieder erscheint? Wenn Ihr bester Freund/Ihre beste Freundin parallel zu Ihnen Ihre Cahiers lesen würde, auf welche Seite welchen Tages würde er/sie Sie auf ein wichtiges Thema aufmerksam machen und warum?

Schritt 2: Nehmen Sie die Cahiers von Tag 1, 5, 9 und 14 und analysieren Sie, in welcher sprachlichen Weise Sie in diesen Aufzeichnungen über die Aspekte Ihres Ziels schreiben. Schreiben Sie für jeden dieser Tage ein „mächtiges" Wort auf, das Sie in Ihren Aufzeichnungen als wesentlich im Kontext zu Ihrem Ziel erspüren.

Schritt 3: Schreiben Sie aus allen Cahiers die Themen auf, die Sie nicht erwartet hätten und prüfen Sie anschließend, in welcher Weise diese Themen mit Ihrer Zielsetzung direkt oder indirekt zu tun haben.

Schritt 4: Lesen Sie alle Cahiers vom Ende zum Anfang hin durch und schreiben Sie heraus, welche Ausführungen Sie über Ihre persönlichen Wertemaßstäbe getroffen haben. Worin besteht für Sie die Essenz Ihrer Ausführungen?

Schritt 5: Lesen Sie noch einmal alle Cahiers von Anfang an durch und schauen Sie, ob Sie ein neues Thema entdecken, das schwerer wiegt als Ihr ursprüngliches.

Schritt 6: Welche Handlungen und Entscheidungen sind Ihnen während Ihrer Aufzeichnungen in Bezug auf Ihre Zielsetzung in den Sinn gekommen? Was werden Sie nun konkret tun oder was haben Sie bereits seit den zweiwöchigen Aufzeichnungen entschieden oder getan? Welche zusätzlichen Impulse haben Ihnen die Cahiers vermittelt?

Herzlichen Dank. Wir freuen uns auf das Evaluationsgespräch mit Ihnen und verbleiben mit freundlichen Grüßen

Forschungsprojekt Selbstcoaching-Cahier
Ralph Schlieper-Damrich - Caroline Lieser

www.ingramcontent.com/pod-product-compliance
Lightning Source LLC
LaVergne TN
LVHW010920051026
849532LV00003B/775
9783531192215